Veronika Schantz

# Bei sich selbst ankommen

Eine achtsame
Entdeckungsreise

Klett-Cotta

Klett-Cotta

www.klett-cotta.de

© 2018 by J. G. Cotta'sche Buchhandlung
Nachfolger GmbH, gegr. 1659, Stuttgart

Alle Rechte vorbehalten

Printed in Germany

Cover: Rothfos & Gabler, Hamburg

Gesetzt von Kösel Media GmbH, Krugzell

Gedruckt und gebunden von CPI – Clausen & Bosse, Leck

ISBN 978-3-608-96185-0

Bibliografische Information der Deutschen Nationalbibliothek
Die Deutsche Nationalbibliothek verzeichnet diese Publikation in der
Deutschen Nationalbibliografie; detaillierte bibliografische Daten
sind im Internet über http://dnb.d-nb.de abrufbar.

# Inhalt

## Widmung und Dank

*Für Sylvia Wetzel in großer Dankbarkeit. Ohne sie würde es dieses Buch so nicht geben.*

*Mein Dank gilt außerdem Thomas Schönwälder, der mir half, das Projekt auf den Weg zu bringen, meiner Lektorin Dr. Christine Treml-Begemann, die mich geduldig und einfühlsam auf diesem Weg begleitet hat, und natürlich Stephan, Linus und Luise, die ihr Leben mit mir teilen.*

# Wozu bei sich ankommen?

Wo bin ich, wenn ich nicht bei mir bin? Was mache ich da eigentlich den ganzen Tag? Wozu überhaupt bei mir ankommen? Was nehme ich mit auf die Reise – und was besser nicht?

## »Fragen Sie das Navi!«

Einen Großteil unserer wachen Lebenszeit sind wir nicht bei uns, und wenn wir doch hin und wieder dort ankommen, werfen wir einen kritischen Blick aufs Ambiente, beschließen, dass eine Grundsanierung dringend ansteht, und machen uns rasch vom Acker. Nicht-bei-sich-Sein ist kein neues Phänomen des 21. Jahrhunderts. Bereits in einer alten Zen-Geschichte wird von einem Mann erzählt, der auf einem geschwind dahin galoppierenden Pferd sitzt. Es hat den Anschein, als wolle er ganz schnell irgendwo hin. Am Wegesrand steht ein weiser alter Mann, der »Wohin des Weges?« ruft. Worauf der Reiter gerade noch »Keine Ahnung! Frag das Pferd!« antwortet, bevor er hinter einer Staubwolke verschwindet. In unseren rastlosen Zeiten sitzen wir nicht mehr auf dem Pferderücken, sondern in einem selbstfahrenden Auto, jagen mit 180 km/h die Autobahn entlang, und falls wir den weisen alten Mann nicht überfahren haben, rufen wir ihm »Frag das Navi!« hinterher. Was auch immer das Ziel sein mag, bei uns kommen wir so nicht an.

## Im Reich des Tuns und Denkens

Der Ort, an dem wir uns stattdessen am häufigsten aufhalten, heißt Alltag und liegt im Reich des Tuns und Denkens. Dort diktieren wir uns morgens unter der Dusche die tägliche To-do-Liste, hetzen vom Kindergarten zum Arbeitsplatz, stopfen dabei achtlos etwas Essbares in uns hinein, planen währenddessen das Abendessen und verfluchen all die für den täglichen Stau verantwortlichen Schwachköpfe. Im Büro angekommen, springt unsere Aufmerksamkeit im Minutentakt zwischen wichtigen Aufgaben, Mails, privaten und beruflichen WhatsApps und all den anderen digitalen oder analogen Störenfrieden hin und her. Nebenbei organisieren wir den Arztbesuch der Schwiegermutter, bereiten das 15-Uhr-Meeting vor, was eigentlich der Job der rücksichtslosen Kollegin wäre, die mit einer klitzekleinen Erkältung einfach daheim bleibt. Nach Büroschluss bemerken wir an der Kassenschlange im Supermarkt weder die ausgetrocknete Kehle noch den schmerzenden Rücken, sondern nur den alten Mann vor uns, der seinen Geldbeutel nicht findet, weshalb wir nun wahrscheinlich zum dritten Mal im Monat die Kinder nicht rechtzeitig vor Kita-Schluss abholen können. Im Auto, mit dem gerade so noch pünktlich eingepackten Nachwuchs auf dem Rücksitz, wiederholen wir in Endlosschleife das letzte Personalgespräch, malen uns für den nächsten Tag das Schlimmste aus und bemerken die Anwesenheit der lieben Kleinen erst wieder, als sie die Sicherheitsgurte öffnen, um sich gegenseitig besser an den Haaren ziehen zu können. Auch nachdem sie schließlich im Bett liegen, das Geschirr in der Spülmaschine verstaut ist, die Einladung zum Elternabend unterschrieben und die morgendliche To-do-Liste bis auf den letzten Punkt abgearbeitet ist, kommt keine Entspannung auf. Während der

Körper ermattet auf dem Sofa liegt, ermahnt uns eine lebhafte Stimme im Kopf, in Zukunft geduldiger mit den Kindern zu sein, den Verlockungen von Chipstüten zu widerstehen und auch im Büro endlich einmal nein zu sagen. Um diese Litanei zum Schweigen zu bringen, hilft der Griff zur Fernbedienung, wo die Nachrichtensprecherin von einem im Mittelmeer gekenterten Flüchtlingsboot berichtet. Dann lieber Netflix, was allerdings dauert, weil zuerst noch die neusten Likes auf Facebook oder Instagram überprüft werden müssen. Zum Serienende wachen wir wieder auf, putzen noch kurz die Zähne und fallen schließlich ins Bett. In diesem Reich des Denkens und Tuns gibt es keine Pausen, das Ziel kennt nur das Navi, die Spielräume werden immer enger, bis nur noch ein letztes freies Plätzchen in der Lücke zwischen Wunsch und Wirklichkeit übrigbleibt.

*In der Lücke zwischen Wunsch und Wirklichkeit*

Ganze Tage sind wir mit nichts anderem beschäftigt, als die Lücke zwischen dem, was ist, und dem, was sein soll, zu schließen, um dann unmittelbar nach erfolgtem Lücken-schluss in die nächste Lücke zu springen. So will ich zum Beispiel, dass meine Wohnung aufgeräumt ist. Ich sehe, dass ich jetzt im Chaos bin, möchte es aber ordentlich haben. Also entscheide ich mich für eine Methode, die Lücke zwischen Chaos und Ordnung zu schließen: Putzfrau engagieren, selber aufräumen, Fremdverursacher bestrafen, Ansprüche runter-schrauben etc. Mein Fokus liegt immer auf der Lücke. Ich handle, um die Lücke zu verkleinern, hole den Staubsauger, prüfe den Beutel. Wird der Spalt nicht schmaler, passe ich meine Handlungen an. Gleiches gilt für den umgekehrten

Fall, wenn ich handle, damit etwas *nicht* eintritt. Weshalb ich den Versuch der Kinder, mit ihren schlammtriefenden Gummistiefeln über den frisch gewischten Boden zu laufen, mit allen Mitteln zu verhindern suche.

Diese Fähigkeit zum Lückenschluss hat sich in der Entwicklung der Menschheit als sehr hilfreich erwiesen. Egal was wir tun, die Tatsache, dass wir uns zumindest ein ungefähres Bild von dem Ergebnis unserer Handlungen machen können, bildet die Grundlage kultureller, sozialer, wissenschaftlicher und technologischer Errungenschaften. Mit Hilfe dieser Fähigkeit erforscht, erinnert, plant und vergleicht der Mensch. Die Vorgehensweise ist zielorientiert und eine Funktion des rationalen Denkens. Stets geht es darum, etwas zu erreichen. Gelingt dies, ist es gut, gelingt es nicht, ist es schlecht. Richtig ist, was die Lücke schließt, falsch, was sie vergrößert.

### Grenzen des Lückenschlusses

So erfolgreich diese Herangehensweise im Reich des Tuns und Denkens auch sein mag, sie stößt durchaus an Grenzen. Denn springen wir atemlos von Lücke zu Lücke und gönnen uns keine zweckfreie Zeit, brauchen wir uns nicht zu wundern, wenn Körper, Seele oder Geist irgendwann streiken. Wer nur noch dem ominösen Navi folgt, schaut nicht mehr im eigenen Leben vorbei. Sind wir mit den Gedanken stets einen großen Schritt voraus, nebendran oder hintendrein, bemerken wir den gegenwärtigen Moment nicht mehr. Schauen wir dort nicht hin und wieder vorbei, verengt sich unser Aufmerksamkeitsfeld zu einem Tunnel, doch das Licht an dessen Ende erreichen wir nie. Stattdessen nimmt der Stress zu, die körperliche, seelische und geistige Belastbarkeit sinkt und lässt sich auch durch kurze Erholungsphasen nicht mehr regulieren. Aus Zeitnot singen wir nicht mehr im Chor oder treten aus dem Sportverein aus, treffen Freundinnen und Kumpels nur noch auf WhatsApp und stellen irgendwann fest, dass uns der Sinn des Lebens irgendwie abhandengekommen ist. Dann schließen wir gar keine Lücken mehr, sondern fallen ins tiefe Loch des Burnouts und der Erschöpfungsdepression, aus dem es meist kein leichtes Entrinnen mehr gibt.

Die Fähigkeit zum Lückenschluss verliert auch schnell ihren Glanz, wenn wir sie eins zu eins auf körperliche, geistige und seelische Zustände übertragen. Frage ich im Reich des Tuns und Denkens nach meinem Befinden, bekomme ich als Antwort, wie es mir eigentlich gehen sollte. Vor meinem geistigen Auge erscheint das Wunschbild eines schmerzfreien, gesunden, begehrenswerten, unendlich belastbaren, bestens gelaunten Ichs, das vor klugen, schönen und weisen Gedanken nur so sprudelt. Auf den zweiten Blick offenbart sich ein anderes Bild. Hier sitze ich: abgehetzt, müde, angenagt von Selbstzweifeln und mit einem seltsamen Grummeln in der Magengegend. Heitere Gelassenheit ist gerade ein Fremdwort für mich, und die Gedanken kreisen höchst eigenständig um ein Gespräch, bei dem mir all die schlagfertigen Antworten erst hinterher einfielen.

### One-Way-Trip zum Ideal-Ich

Doch was tue ich, wenn zwischen Real- und Idealbild nicht einmal mehr eine Schnittmenge existiert? Ich wende mich vom real existierenden Häufchen Elend ab und buche lieber einen One-Way-Trip in die verheißungsvollen Sphären der Selbstoptimierung, wo immer die Sonne scheint und dennoch niemals ein Schatten auftaucht. Dort kann ich in aller Ruhe die Wirklichkeit ignorieren und brauche mich mit unerfreulichen Zuständen nicht länger herumzuschlagen. Weil ich nicht so sein will, wie ich bin, mache ich mich mit großem Elan und theoretischer Überzeugungskraft auf den Weg, zu der, die ich eigentlich sein sollte. All meine Konzentration gilt dem Schließen der Lücke zwischen Wunschbild und Wirklichkeit, weshalb im Reich des Tuns und Denkens die Frage nach dem derzeitigen Befinden so lästig ist wie eine sirrende Stechmücke im Schlafzimmer. Am besten, sie kommt gar nicht erst dort hinein, und sollte sie es doch geschafft haben, hilft nur noch der zielsichere Schlag mit der Fliegenklatsche. Wie es mir jetzt geht, interessiert mich nicht, wichtig ist, dass es mir, bin ich erst einmal bei Mrs. Makellos angekommen, großartig gehen wird. Doch die weite Reise zum Ideal-Ich scheitert meist schon am Gebirge der höchsten Ansprüche, und wem die mühsame Überquerung dennoch gelingt, erliegt in der angrenzenden Wüstenlandschaft dem tückischen Perfektionswahn. Bekanntermaßen hat es nie ein Mensch dorthin geschafft, doch das Ideal-Ich behauptet unangefochten Platz eins der beliebtesten Reiseziele aller Zeiten.

### Vor dem Ankommen wird gewarnt

Und obwohl es sich inzwischen im Land des Tun und Denkens herumgesprochen hat, dass in unmittelbarer Nähe ein Reich des Bei-sich-Seins existieren soll, in dem ganz andere Sitten und Bräuche herrschen, kann von einer Massenflucht dorthin bisher keine Rede sein. Warum eigentlich?

Vielleicht liegt es an unzureichenden Informationen und gezielten Verleumdungen, die hierzulande über das Nachbarland in Umlauf sind. Vor zeitverschwenderischen Expeditionen zur inneren Einkehr wird jedenfalls eindringlich gewarnt. Etwas anderes als die eigenen Abgründe gäbe es dort nicht zu entdecken. Diese dunklen Regionen, heißt es, erinnerten an Mordor, wo die Schatten drohen und finstere Mächte ihr Unwesen treiben. Kein Wunder, dass sich das Interesse, innere Landschaften neugierig zu erkunden, angesichts dieser und ähnlicher Schauermärchen in Grenzen hält. Wohlmeinende Stimmen raten lieber zu alternativen Reisezielen, beispielsweise in die Vergangenheit oder Zukunft, auf den Gipfel des Erfolgs, ins Reich der Phantasie, zu virtuellen Gamer-Welten, auf die Inseln der Seligen oder gleich ins verlorene Paradies. Überall hin, nur nicht zu sich selbst.

### Wellness-Enklave im Reich des Bei-sich-Seins

Ausgenommen von sämtlichen Reisewarnungen bleibt lediglich eine winzige Wellness-Enklave. Diese Sonderwirtschaftszone im Reich des Bei-sich-Seins wird derzeit sogar heftig beworben und allseits gerühmt. Gelehrt wird dort Sammlung und Konzentration. Man trainiert und schult den Geist, sich auf ein einziges »Objekt« der Aufmerksamkeit zu fokussieren. Wer sich dabei nicht entspannt, reist alsbald frustriert wieder ab. Wem es mit ein wenig Übung gelingt, wird diese Erfahrung meist als ausgesprochen angenehm schildern. Wer die Aufmerksamkeit also einigermaßen mühelos aufrechterhält, fühlt sich im wohltemperierten Spa-Bereich zu Hause und genießt das Erlebnis. Es bietet die schöne Gelegenheit, ein wenig bei sich zu sein, ohne sich selbst zu nahe zu treten. Unsere Konzentrationsfähigkeit lässt sich steigern, wir brauchen dafür nicht das Geringste über uns selbst herauszufinden. Ein derartiger Besuch in der Wellness-Enklave im Reich des Bei-sich-Seins hilft erschöpften Menschen, sich zu erholen. Doch wenn Sammlung nicht mit Einsicht verbunden ist, kehren wir nach der Erholung fit, leistungsfähig und vermeintlich »unkaputtbar« ins Reich des Tuns und Denkens zurück und machen weiter wie zuvor – bis der nächste Burnout die Fühler nach uns ausstreckt. Den wahren Zauber des Bei-sich-Seins entdecken wir so nicht.

## *Auf Entdeckungsreise ins Reich des Bei-sich-Seins*

Es geht nicht darum, den Wert der Wellness-Enklave zu schmälern. Sie bietet den idealen Ausgangspunkt für die Reise tief hinein ins Reich des Bei-sich-Seins. Ohne etwas Sammlung und Konzentration sind »Ein-Sichten« schwer möglich. Wer sich also vom zweifelhaften Ruf des Bei-sich-Seins nicht abschrecken lässt, wer lieber bei sich selbst ankommt, als sich selbst ewig ein Rätsel zu bleiben, wird auf verborgene Schätze und magische Plätze stoßen, die nirgends sonst zu finden sind. Und vielleicht wird mancher Reisender herausfinden, dass ihn die unerwartet lieblichen auenländischen Hügel und Täler mehr ängstigen als der altbekannte Feuer und Asche speiende Schicksalsberg.

Was macht nun den Weg dorthin frei? Wer oder was unterstützt mich, im Reich des Bei-sich-Seins öfter vorbeizuschauen? Was kann ich tun oder lassen, um meinen Erstwohnsitz dorthin zu verlegen? Wer mit den Regeln, Gepflogenheiten und Verhaltensregeln fremder Länder nicht vertraut ist, wird vor Reiseantritt ein paar Infos einholen. Schließlich möchte niemand gleich wieder außer Landes verwiesen werden oder sich die Eingewöhnungsphase schwerer als nötig machen. Was erleichtert den Aufenthalt? Und welche landestypischen No-Gos und Tabus sind zu beachten?

## Antworten müssen draußen bleiben

Wer sich also auf Entdeckungsreise ins Land des Bei-sich-Seins begibt, tut gut daran, im Vorfeld einen Blick auf die Importbestimmungen zu werfen. Da die Gegend unter Kennern auch als »Land des Nicht-Wissens« bekannt ist, sollten vorgefertigte Antworten, absolute Gewissheiten und unerschütterliche Wahrheiten an den Sondermüll-Sammelstellen vor den Grenzübergängen abgegeben werden. Spätestens beim Anblick der riesigen Deponie-Flächen können wir erkennen, wie viel wir davon tagtäglich mit uns herumschleppen: Bei »Wer wird Millionär« wählen wir aus vier Antworten die Richtige aus. Führerscheinprüfung, Medizinertest oder Assessment-Center, immer sind die Antworten schon da. Zunehmend bestimmen auch in der Schule Multiple-Choice-Tests Schulaufgaben und Jahrgangsstufentests, sodass niemand mehr in Verlegenheit kommt, selbst Antworten zu finden. Siri, Alexa & Co. erledigen das für uns. Wenn die Antwort sowieso schon vor der Tür steht, sparen wir uns die Frage gleich mit. Eine Flut von Tipps, Ratschlägen und Anleitungen rollt täglich über uns herein; auch sie nichts anderes als verkappte Antworten.

## Die Kunst des Fragens

Und wie steht es mit den Fragen? Dass Fragen wichtiger sind als Antworten, hat bereits Sokrates erkannt. Sein Ruhm gründet sich nicht darauf, schlaue Antworten gefunden, sondern neue Fragen gestellt zu haben. Der frühe Verfechter der Ratlosigkeit verzichtete schon vor knapp 2500 Jahren auf die Sicherheit am Anfang der Fragestellung, um schließlich bei der Erkenntnis »Ich weiß, dass ich nichts weiß« anzukommen. Viele seiner Athener Zeitgenossen hatten an dieser auf dem Marktplatz herumschwirrenden »Stechmücke« allerdings kaum Freude. Seine elende Fragerei leugne die Götter und verderbe die Jugend, behaupteten sie und verurteilten Sokrates zum Tode. Heute würde man vielleicht sagen: »Was ich nicht weiß, macht mich nicht heiß«, doch diese Art des Nicht-wissen-Wollens hat mit Sokrates' Erkenntnis des Nicht-Wissens gar nichts zu tun.

## Kakerlakenfragen

Während für Antworten im Reich des Bei-sich-Seins ein generelles Einreiseverbot herrscht, wird bei Fragen nach Gattungsart unterschieden. So unterliegen beispielsweise die im Reich des Tuns und Denkens so beliebten Suchanfragen strengen Einfuhrbeschränkungen. Auch sogenannte Kakerlakenfragen sollte man nicht über die Grenze schmuggeln. Sie gelten als die letzten Überlebenden des immer noch grassierenden *Großen Fragesterbens*. Denn Fragen und Insekten teilen das gleiche Schicksal: Sie sterben mehr oder weniger unbemerkt allmählich aus. Und wie das so ist, wenn eine Art untergeht, macht sich auf deren Territorium eine andere breit. Fehlen dann natürliche Fressfeinde, kommt es zur ungehemmten Vermehrung der widerstandsfähigsten Exemplare.

Als Unerwünschte Nummer eins und zwei gelten die Zwillingskakerlaken-Fragen »Warum ich?« und »Warum jetzt?«.

Schauen wir uns das breite Spektrum dieser Art einmal genauer an. »Warum ich?«, beschwert sich mindestens eines der Kinder, wenn es ums Tischabdecken geht. »Warum ich?«, fragt die Assistenzärztin, wenn gerade sie dem Patienten eine niederschmetternde Diagnose vermitteln soll. »Warum ich?« frage ich am frühen Sonntagmorgen, wenn ich raus muss und alle anderen süß schlummernd im Bett bleiben dürfen. Ich bin aber auch ein Pechvogel! Nur mir passiert so etwas! Die ganze Welt hat sich gegen mich verschworen! Bei allen anderen läuft immer alles glatt! Kennen Sie das auch? Da begegnet Ihnen etwas, das Sie nicht mögen, nicht vorhergesehen und sich nicht gewünscht haben. Sie vergleichen die Wirklichkeit mit Ihren Vorstellungen und beklagen sich erst über die Diskrepanz und dann über die Wirklichkeit, auch wenn Sie rein theoretisch natürlich verstehen, dass das große und kleine Weltgeschehen nicht nur nach Ihrer Pfeife tanzen.

Ebenso beliebt und eng damit verwandt ist »Warum jetzt?« Warum werde ich ausgerechnet vor dem Urlaub krank? Jetzt, wo noch so viel zu erledigen ist. Warum werde ich ausgerechnet im Urlaub krank? Jetzt muss ich das Bett hüten, statt am Strand zu liegen. Warum werde ich ausgerechnet nach dem Urlaub krank? Jetzt, wo sich so viel angesammelt hat? Etwas Unangenehmes geschieht, und die Frage lässt mich glauben, dass es einen günstigen Zeitpunkt für das Eintreten ungünstiger Umstände gäbe.

Haben sich »Warum ich?« und »Warum jetzt?« abgenutzt, führen sie zwangsläufig zur im Reich des Tuns und Denkens anerkanntesten aller Fragen: »Wer ist schuld?« Darum drehen sich Talkshows, Familienstreitigkeiten, Meinungskommentare, Chats und Foren, Trash-TV, Parteitage und Stammtischrunden. Etwas geschieht, und reflexartig taucht diese Frage auf. Auch »Wer ist schuld?« bezieht sich auf die Vergangenheit und trägt keinen Lösungsansatz in sich. Wer ist schuld an Eurokrise, Terrorattacken, Klimawandel, Menschen auf der Flucht, Bildungsmisere und Pflegenotstand? Oder für den Hausgebrauch: am Kita-Streik, der fruchtlosen Diskussion gestern Abend, an rot verfärbter Wäsche, verkochtem Gemüse, der Smartphonesucht des Sohns und der Magersucht der Tochter? Die obsessive Beschäftigung mit »Wer ist schuld?« unterdrückt Alternativ-Fragen wie: »Was können wir tun?« Erst muss die Schuldfrage geklärt sein. Doch weder Erderwärmung noch Magersucht lassen sich auf eine einzelne Ursache zurückführen, und schon gar nicht auf eine, mit der alle Beteiligten übereinstimmen. Im Zweifelsfall sind sowieso die anderen schuld oder in der nur scheinbar klarsichtigeren Variante ich selbst. Die Frage nach der Schuld kann sogar die Lösung des Problems verhindern. Denn die Schuldfrage entzieht unzähligen anderen Spielarten die Lebensgrundlage, bis eine nach der anderen im Museum der verlorenen Fragen aufgespießt im Glaskasten endet. Mit der Fragenvielfalt ist das wie mit der Artendiversität im Tierreich. Erst fällt das Verschwinden keinem auf, und wenn es zu spät ist, fragen alle: Wer ist schuld?

### Schokoladenfragen

Während also Suchanfragen, Multiple-Choice-Fragen, »Warum ich?«, »Warum-jetzt?« und »Wer ist schuld?« der Zutritt ins Reich des Bei-sich-Seins verwehrt bleibt, erweisen sich sogenannte Schokoladenfragen im Gepäck als gern gesehene Gäste.

Fragen wie »Wie geht es mir?«, »Wie komme ich zu Sinnen?«, »Was sind eigentlich Gedanken?« spalten sich in ein-

zelne Aromen auf und offenbaren ungeahnte Geschmacks-
nuancen. Schokoladenfragen sinken tiefer, gebären neue
Fragen und eröffnen ungewohnte Blickwinkel, auch wenn
keine »richtige« Antwort parat steht. Sie zergehen auf der
Zunge und lassen Herz und Verstand miteinander tanzen.
Diese Fragengattung begleitet uns durch den Tag wie eine
gute Freundin, und ihr Lebenszweck erschöpft sich nicht in
der Antwort. Sie, und nicht die Antworten, machen unser
Wesen aus, behauptet der Psychoanalytiker Erich Fromm.
Wer sich also für das eigene Wesen mehr interessiert als
für ungefragt zugesandte Restaurantempfehlungen und Stau-
meldungen, kann das bekannte Google-Motto lustvoll gegen
den Strich bürsten. Ja, ich möchte fragen, ohne antworten zu
müssen! Mit Sokrates' Schokoladenfragen im Gepäck hebt
sich der Schlagbaum zum Reich des Bei-sich-Seins von ganz
alleine.

### Andere Länder – andere Sitten

Im Reich des Tuns und Denkens gehört es zum guten Ton,
für alles eine Antwort parat zu haben, allenfalls Kakerlakenfragen zu stellen und Schokoladenfragen um jeden Preis zu
vermeiden. Unser – ach so kostbarer – Verstand ist der einzige Maßstab, auf die Stimme des Herzens hören nur Loser
und sentimentale Heulsusen. Ebenso ist es dort Usus, über
alles und jeden so rasch wie möglich ein Urteil zu fällen, um
dann nach Schema F darauf zu reagieren. Da es stets darum
geht, etwas zu erreichen, führen wir einen ständigen Klein-
krieg gegen Dinge, Mitmenschen und Situationen, die nun
mal anders sind, als wir sie gern hätten. Und bekommen wir
nicht sofort, was wir wollen, ist sofort Schluss mit lustig. Wir

haben immer schon alles gesehen, wissen über alles Bescheid und finden nichts Neues mehr unter der Sonne. Mit diesen Einstellungen werden wir – jenseits der Landesgrenzen – nicht weit kommen. Warum also nicht mit inneren Haltungen experimentieren, die für eine Entdeckungsreise besser geeignet sind?

## Wer weiß, wozu's gut ist

Nicht immer vorschnelle Schlüsse zu ziehen, ist gar keine so dumme Idee, wie die folgende Zen-Geschichte beweist. Sie handelt von einem alten Mann und seinem Pferd, das eines Tages einfach verschwindet. Die Nachbarn bedauern den Alten, jetzt hat er kein Pferd mehr, das ist schlecht. Der alte Mann selbst sagt nur: »Wer weiß, wozu's gut ist?«, und regt sich nicht weiter auf. Nach ein paar Tagen kommt das Pferd mit einer ganzen Herde Wildpferde zurück nach Hause. Die Nachbarn beneiden den Alten. Jetzt ist er reich. Das ist gut. Doch dieser meint nur: »Wer weiß, wozu's gut ist?« Dann bricht sich sein Sohn beim Einreiten der Tiere ein Bein und wird zum Krüppel. Die Nachbarn bedauern Vater und Sohn wegen der traurigen Wendung. Doch der Alte meint nur: »Wer weiß, wozu's gut ist?« Schließlich beginnt ein Krieg mit dem Nachbarland und alle Söhne des Dorfes werden eingezogen, alle bis auf den Krüppel ...

Heißt das, man soll nichts mehr bewerten? Alles gleich toll oder gleich doof finden? Keine Meinung mehr vertreten? Ohne Werten bin ich doch gar nicht lebensfähig! Wie soll ich über die Straße gehen, wenn ich nicht mehr beurteile, ob es sicher ist oder nicht? So zu handeln wäre nicht achtsam, sondern dumm. Doch wie schnell sind wir mit Urteilen, Bewertungen, Vergleichen und Zuschreibungen bei der Hand, ohne sie an der eigenen Erfahrung zu überprüfen. Wir sehen sie nicht als sinnvolle Arbeitshypothesen, sondern als in Stein gemeißelte Wahrheiten: Pferd zugelaufen ist gut, Sohn Krüppel ist schlecht. Schaue ich heute zurück auf mein Leben, fällt mir einiges ein, das ungeprüft in der »Ist-schlecht-Schublade« gelandet ist und sich später als sehr nützlich herausstellte.

Wenn wir uns *bewusst* darüber sind, dass wir jedes Ereignis, jeden Zustand und jeden Menschen automatisch bewerten, können wir anders fragen: Dann wird aus »Wie geht es mir – jetzt?« eine Schokoladen-Frage und keine blindwütige Abwehrschlacht. Wenn Sie sich im Reich des Tuns und Denkens unruhig fühlen und das dann auch tatsächlich bemerken, suchen Sie verzweifelt nach einer Lösung für Ihr Unruhe-Problem. Im Reich des Bei-sich-Seins üben Sie, die Unruhe freundlich und mitfühlend zur Kenntnis zu nehmen. »Aha«, stellen Sie dann fest, »da ist Unruhe und der Wunsch nach Ende der Unruhe.« Sie brauchen das Gefühl nicht zu mögen, es reicht, wenn Sie sich dem, was gerade ist, mit Interesse zuwenden: Wie genau fühlt sich Unruhe eigentlich an? Wo im Körper nehmen Sie sie am intensivsten wahr? Oder: Woher wissen Sie eigentlich, dass Sie unruhig sind?

## Es ist, wie es ist

Diesem ungewohnten Einfach-nur-Sein Raum zu verschaffen, erweist sich in unserer Instant-Gesellschaft als schwieriges Unterfangen. »Es ist, wie es ist« schmeckt schnell nach Resignation, Fatalismus und Selbstoptimierungsverweigerung. Was?!? Da ist Unruhe und nichts geschieht, dass dieses falsche, unproduktive, lästige Gefühl endlich weggeht? Man denke nur an den eingängigen Apotheken-Umschau-Song: »Whatever we do, we feel ok, we feel alright on every single day.« Sie fühlen sich nicht bei allem, was Sie tun, an jedem einzelnen Tag Ihres Lebens »alright«? Dann machen Sie etwas falsch. Höchste Zeit, Ihren Arzt oder Apotheker zu fragen, ob es dagegen eine Pille oder ein Pülverchen gibt.

## Geduld

»Schneller kann keiner« wirbt die Telekom, »DHL is faster« verspricht der Paketservice, und Traubenzucker von Dextro Energy macht »Einfach schneller im Kopf«, um »im richtigen Moment die optimale Leistungsfähigkeit herzustellen«. Wir verbinden die klassische Tugend der »Geduld« mit »dulden« oder »erdulden«. Wer nicht am schnellen Internet hängt, länger als einen Tag auf sein Paket wartet und von der Möglichkeit, dem Körper schnell und gezielt Traubenzucker zuzuführen, keinen Gebrauch macht, für den springt in dieser Ich-will-alles-und-zwar-sofort-Gesellschaft bestenfalls noch ein befristeter Duldungsstatus raus. Ob »Langmut« bessere Überlebenschancen gehabt hätte als »Geduld«, sei dahingestellt.

Einen schon zu seiner Zeit radikalen Vorschlag machte vor mehr als 100 Jahren Rainer Maria Rilke. In einem Brief an einen jungen Dichter schrieb er: »Ich möchte dich bitten, so sehr ich kann, all dem gegenüber, was in deinem Herzen ungelöst ist, geduldig zu sein und zu versuchen, die Fragen an sich zu lieben, wie verschlossene Räume, wie Bücher, die in einer sehr fremden Sprache geschrieben sind. Suche jetzt nicht nach den Antworten, die dir nicht gegeben werden können, weil du noch nicht fähig wärst, sie zu leben. Und es geht darum, alles zu leben. Jetzt lebe die Fragen! Vielleicht wirst du allmählich, ohne es zu bemerken, eines fernen Tages in die Antworten hineinwachsen.«

Wie wäre es, nur die Fragen zu leben, auch wenn es dauert, bis sich ein winziger Spalt zu diesen verschlossenen Räumen auftut? Rilke sagt nicht, wir sollen uns an den Fragen die Zähne ausbeißen oder sie abnagen wie alte Knochen. Fragen führen nicht zu Stillstand.

## Die Grenzen des Verstands

Noch viel älter als Rilkes Worte ist eine Tradition aus dem Rinzai-Zen. Hier »gibt« der Meister seinem Schüler einen »Koan«. Das berühmteste dieser paradoxen Rätsel ist wahrscheinlich die Frage, wie das Klatschen einer einzigen Hand klingt. So eine Frage lässt sich nicht beantworten. Ihr Zweck liegt darin, den analytischen Verstand an die eigenen Grenzen zu treiben. Denn erst in dieser Grenznähe erhält er die Chance, die eigene Beschränktheit zu erkennen und seine sokratische Größe zu offenbaren: Ich weiß, dass ich nichts weiß. Dann beschränkt sich das Denken nicht mehr auf den alltäglichen »Problemlöser-Modus«. Das Herz und alle Sinne dürfen lustvoll miträtseln, bis wir allmählich, ohne es zu bemerken, eines fernen Tages in die Antworten hineinwachsen. Gut gemeinte Koan-Spoiler verderben den Spaß.

## Herz und Verstand

Welche inneren Haltungen lassen diesen Alles-darf-so-sein-wie-es-sowieso-schon-ist-Modus aufblühen und unterstützen die Freude am Sich-Kennenlernen-Spiel? Rilke riet dem jungen Dichter, sich in Geduld zu üben und die Fragen zu leben. Aber hat der Verstand tatsächlich einen Alleinanspruch auf »richtige« Antworten? Dazu die Autorin, Publizistin und Meditationslehrerin Sylvia Wetzel: »Wer nicht auf sein Herz hört, sondern nur auf das, was er denkt, kommt in Teufels Küche, das heißt, in das Reich der klugen Gedanken, die man für die Wirklichkeit hält.« (Wetzel 2010, S. 34)

## Gwundrig sein

Auf keiner Reise sollte die Kunst des Staunens und eine gesunde Portion Neugier fehlen. Die Dosierung mag individuell sein, aber ohne diese beiden Zutaten ist ein Misserfolg absehbar. Wenn Sie nicht herausfinden wollen, wie Sie eigentlich so ticken, brauchen Sie sich auch keine Fragen zu stellen. Wenn Sie sich nicht von sich selbst überraschen lassen wollen, auch nicht. Hier geht es nicht darum, die Nase in fremde Angelegenheiten zu stecken, sondern ums blanke Gegenteil: die Nase ganz tief in die eigenen Angelegenheiten zu stecken. Je vertrauter Sie mit Ihren Mustern, Sonnen- und Schattenseiten, Macken und Tugenden sind, desto weniger bringt Sie aus dem Gleichgewicht, desto mehr Spielraum steht zur Verfügung.

Auch Staunen öffnet den Raum. In der deutschsprachigen Schweiz gibt es das wunderbare Wort »Gwunder«. Gwundrig sein heißt, sich öffnen für die Wunder des Lebens. Wie ein Kleinkind, das zum ersten Mal eine Banane isst. Es hat noch keinen Vergleich und keine Worte dafür. Nimmt den Geschmack wahr, so wie er ist, und nicht das Konzept Banane. Wir glauben, immer schon alles zu kennen und zu wissen: ein alter Hut! Das ist langweilig, das habe ich schon hundertmal gemacht! Dabei ist alles im Leben ständig neu, wir haben nur verlernt, gwundrig auf das Leben zu sein. Wann standen Sie das letzte Mal mit offenem Mund und weit aufgerissenen Augen vor einem Phänomen und haben einfach nur gestaunt? Brauchen Sie dafür eines der sieben Weltwunder oder reicht ein vom Baum fallendes Blatt?

Bereits Ende der 50er Jahre bemerkte Erich Fromm den Verlust dieser Art von »Sehfähigkeit« bei seinen Zeitgenossen. Fällt unser Blick zum Beispiel auf eine rollende Erbse, können wir diesen Gegenstand erkennen und mit dem richtigen Wort klassifizieren. Die Erbse besitzt keine Individualität. Sie ist nur die Stellvertreterin der Abstraktion einer Erbse. Werde ich einer Erbse wirklich gewahr, gibt es keine Verallgemeinerung. Fromm zitiert eine Frau, die Erbsen enthülst hat und davon voller Begeisterung erzählt: »Ich habe heute Morgen etwas Wunderbares erlebt: Ich habe zum ersten Mal gesehen, dass Erbsen rollen.« (Fromm 2015, S. 142)

### Die eigene Backmischung finden

Das waren nur ein paar Ideen, die Sie als Reiseproviant in den Rucksack packen könnten. Ein Patentrezept auf dem Weg zu sich selbst gibt es nicht. Vielleicht nehmen Sie eine Tasse Geduld und einen halben Liter Neugier mit, rühren die Mischung im Zauber des Bemerkens, fügen eine Prise Akzeptanz und einen Teelöffel Anfänger-Geist hinzu, füllen das Ganze in eine passende Zeitform, und schwupp: Fertig ist Ihre Spezialmischung! Halten Sie sich nicht an strenge Rezeptvorgaben. Eine freundliche, mitfühlende, nicht-wertende innere Haltung und die Fähigkeit zu staunen bilden die Grundzutaten. Damit gilt es nun lustvoll zu experimentieren. Sie können Ihrer individuellen Backformel noch einen gehäuften Teelöffel Humor beifügen oder eine Tasse Spielfreude. Ergänzen Sie Ihre persönliche Mischung um die passende Menge an Leichtigkeit, Konzentration, Gleichmut, sanftem Forschergeist und wilder Entdeckerfreude.

Die folgenden Kapitel lenken den Fokus auf die Bereitschaft, sich dem zuzuwenden, was jetzt ist. Sie laden dazu ein, sich mit den eigenen Gefühlen, Konzepten, Körper-, Denk- und Handlungsmustern vertraut zu machen, anstatt sie »besinnungs-los« zu optimieren. Denn erst diese annehmende Vertrautheit mit dem wichtigsten Menschen im eigenen Leben befreit aus der Stressfalle und bereitet den Weg für ein leichteres Leben. Wer nicht nur im Reich des Tuns und Denkens verweilt, auf das ominöse Navi bewusst verzichtet und sich achtsam und freundlich auf Entdeckungsreise begibt, stärkt Selbstakzeptanz und Selbstvertrauen und gewinnt Gelassenheit und Lebensfreude.

# Wie geht es mir – jetzt?

Wie geht es Ihnen – jetzt? Dies ist wahrscheinlich die Frage, die wir im Laufe des Lebens am häufigsten hören. Eigentlich könnten wir dankbar sein, von unseren Mitmenschen mehrmals täglich damit konfrontiert zu werden. Doch gelingt es uns, Wert und Sinn der regelmäßigen Erinnerung zu würdigen? Im Idealfall würde uns diese Frage in den gegenwärtigen Moment zurückbringen und dazu anregen, einmal kurz in uns hineinzuspüren, wie sich der Körper gerade anfühlt, welche Grundstimmung vorherrscht und welche Gedanken uns durch den Kopf gehen.

Doch meist hören wir nicht den Fragesatz, sondern ausschließlich die Begrüßungsfloskel. Und sofort purzeln wie auf Knopfdruck vorgefertigte Antworten aus uns heraus. Natürlich geht es hier nicht um ein Plädoyer, jedem Fragenden unser gegenwärtiges Befinden in allen Einzelheiten und Intimitäten weitschweifig zu schildern. Der gesittete Austausch höflicher Gemeinplätze macht durchaus Sinn. Doch wir könnten die Nachfrage als Einladung nutzen, den Scheinwerfer unserer Aufmerksamkeit für einen kurzen Moment auf unser gegenwärtiges Befinden zu richten. So bannen wir die Gefahr, irgendwann auf die Frage »Wie geht es mir – jetzt?« nur noch mit uns selbst oberflächliche Höflichkeiten auszutauschen.

Lassen Sie doch einmal einen ganz normalen Tag Ihres Lebens Revue passieren. Wie geht es Ihnen beim Aufwachen? Wenn Sie morgens das Haus verlassen? Mittags? Während der Arbeit? Abends allein oder mit Ihren Lieben daheim? Bevor

Sie ins Bett gehen? Was machen Sie in Ihrer wachen Zeit? Wovon hängt Ihr Befinden ab? Wie oft sind Sie sich darüber bewusst, wie es Ihnen geht? Hat dieses Bewusstsein Auswirkungen? Und wenn ja, inwiefern? Wie empfinden Sie den momentanen Zustand? Angenehm, unangenehm oder neutral? Wenn unangenehm, wie gehen Sie mit dieser Erkenntnis um? Fügen Sie dem ursprünglichen unerfreulichen Zustand noch den Vorwurf des »Falschseins« hinzu? Und wie wirkt sich das aus?

### Gute-Laune-Terror

Unsere westlichen Gesellschaften legen steigenden Wert aufs Immer-gut-drauf-Sein. Gut ist optimistisch zu sein, positiv zu denken, jede Krise als Herausforderung zu sehen und individuelles Wohlbefinden zu verströmen. Sebastian Hermann schrieb dazu in der *SZ:* »Der penetrante Druck, ein Leben mit Nonstop-Sonnenschein zu führen, verfügt alleine über die Macht, die Laune zu verhageln. ... Je stärker Menschen das Gefühl beschlich, man erwarte eine positive Grundhaltung von ihnen, desto schlechter wurde ihre Laune.« (*SZ* 9. 2. 2018)

Das »Na, geht's gut?« ersetzt deshalb auch immer öfter die offene Wie-geht's-Frage und beschränkt den Antwortspielraum auf Ja oder Nein. Dabei ist »Nein, es geht mir nicht gut« ungefähr so populär wie die Mitteilung, an Fußpilz oder Vogelgrippe zu leiden. Doch genau genommen sind die Spielräume der scheinbar so offenen Wie-geht's-Frage auch nicht viel variantenreicher. Dafür verraten die unterschiedlichen Antwortfloskeln deutlich mehr über uns, als wir willentlich preisgeben.

»Wie geht es Ihnen?« erkundigt sich nach einem inneren Zustand, geantwortet wird darauf gern mit einer Schilderung, was sich in letzter Zeit so zugetragen hat: »Meine Firma haben die Amerikaner gekauft. Gestern habe ich eine Veranstaltung mit 100 Teilnehmern moderiert. Und für Hamburg bin ich jetzt auch zuständig.« Können Sie aufgrund der erwähnten Ereignisse zweifelsfrei auf das Befinden des Angesprochenen schließen? Geht es ihm gut, weil er mehr Verantwortung trägt? Oder erdrückt ihn diese? Irgendetwas mit seinem Befinden wird die Veränderung im Beruf wohl zu tun haben, warum sollte er sie sonst erwähnt haben? Wenn Sie auf die Frage, wie es Ihnen geht, erzählen, was in Ihrem Leben gerade so los ist, gehen Sie dann automatisch davon aus, dass es Ihrem Gegenüber in einer vergleichbaren Situation genauso gehen würde wie Ihnen?

## Man statt ich

Dass alle Menschen in bestimmten Lebenslagen gleich oder ähnlich empfinden, ist zumindest die unbewusste Grundannahme aller, die die Wie-geht-es-Ihnen-Frage mit einer der folgenden Standardfloskeln beantworten: Man schlägt sich so durch. Man kann nicht klagen. Man tut, was man kann.

Man könnte fast glauben, das Wörtchen »ich« habe sich aus dem deutschen Sprachschatz verabschiedet. Mit »man« bleibt man auf der sicheren Seite; wie ein Trapezkünstler mit Netz geht man kein Risiko ein. Ob Politiker, Sportlerin oder Börsenguru, sie fallen weich und sicher ins »man«. Da macht man nichts falsch, denn man sagt ja nur das, wovon man denkt, dass es alle anderen auch so sehen. »Ich schlage mich so durch«, klingt deutlich kläglicher. Wäre ja auch tragisch, wenn man die Einzige wäre, die sich so durchschlägt, während alle anderen das Leben voll im Griff haben.

## Wer hinter »Ihnen« steckt

Erstaunlich ist auch, wer sich so alles am hinteren Dativrand von »Wie geht es Ihnen?« verbirgt. Ehepartner antworten unisono im »Wir«, als handle es sich bei ihnen um eine Art Doppelwesen, das nur versehentlich über vier Beine und zwei Köpfe verfügt. Auch Eltern neigen gelegentlich zur Überidentifikation mit ihren Sprösslingen. Fragt man zum Beispiel die Mutter eines Viertklässlers mitten im bayerischen Grundschulabitur, erhält man gern folgende Antwort: »Mei, nervös samma halt. Morgen schrei'ma Heimatkunde und g'lernt ham a Tag und Nacht, aber wenn dann doch des mit dem Wasserkreislauf dran kommt, … Jedenfalls brauch ma an Zweier, sonst blei'ma auf der Restschui.«

Wie geht es *Ihnen* – jetzt? Ja mei, wie soll's uns da schon gehn?

Die Identifikation lässt sich je nach Bedarf auf urbi et orbi erweitern. »Wie geht es Ihnen?« »Also, der Wirbelsturm auf den Philippinen war ja nur der Anfang der Katastrophe. Ganze Inseln werden demnächst von der Landkarte verschwinden. Und erst die Dürre und Waldbrände in Kalifornien. Der Klimawandel kommt uns noch teuer zu stehen.« Natürlich beschränkt sich diese Art des Alles-geht-den-Bach-herunter nicht aufs Klima. Sie funktioniert mit Rohstoffknappheit, Terror und seiner Bekämpfung, Finanzmärkten, der Lage in Syrien, dem Hunger in Afrika, der Krim-, Diesel-, Nordkorea- oder Eurokrise.

»Und wie geht es *Ihnen* – jetzt?«

»Blöde Frage. Wie soll's mir schon gehen?«


## Glücksgefühle aus Vergangenheit und Zukunft

Für andere Menschen kommt die Frage nach dem werten Befinden prinzipiell zum falschen Zeitpunkt. »Wie geht es Ihnen?«

»Das hätten Sie mich vor ein paar Jahren fragen sollen. Da war alles gut. Im Studium, Sex and Drugs and Rock'n'Roll, kein Wehwehchen, kein Haus, keine Frau, keinen Hund. Ehrlich gesagt, möchte ich gar nicht wissen, wie es mir heutzutage so geht.«

Wie es ihnen in der Zukunft ergehen wird, wissen dagegen andere ganz genau. Die Angesprochene sagt dann nicht, wie es ihr geht, sondern voraus, dass es ihr, sind die richtigen Bedingungen erst erfüllt, optimal gehen wird. Wenn die Kinder erst aus dem Haus sind, der Schmerz nachlässt, die Scheidung gewonnen, die Beförderung durch und der Hund tot ist. Wohlbefinden macht sich hier nur noch in der Zukunft oder der Vergangenheit breit.


## Das outgesourcte Empfinden

Im Zeitalter ungeahnter digitaler Möglichkeiten entwickeln sich neue Spielarten, jeden direkten Kontakt mit dem eigenen Befinden erfolgreich zu vermeiden. So verlassen sich technikgläubige Menschen lieber auf die handfesten Daten ihrer i-Watch als auf das irgendwie fragwürdige eigene Empfinden. Auf »Wie geht es Ihnen – jetzt?«, erhält man dann folgende

Antwort: »Letzte Messung 7.30 Uhr: Blutfette 3,7 Prozent über Normalwert, Sauerstoffwerte im Normbereich, Puls 67 Schläge pro Minute, Blutdruck 90 zu 75. Gut, dass Sie gefragt haben, jetzt weiß ich wieder, wie es mir geht.«

Auch die Vorläufer dieser Spezies sind noch nicht ausgestorben. Sie haben das Wissen um ihr Befinden nicht an Hightech-Maschinen, sondern an Autoritätsperson oder nahe Verwandte outgesourct. »Mein Hausarzt meint, ich bin quietschgesund, aber mein Internist ist sich da nicht so sicher. Die Crea-Werte sind leicht erhöht, da könnte Altersdiabetes drohen. Mein Therapeut findet, ich bin aus dem Gröbsten raus, aber mein Sohn meint, wir streiten ständig, weil ich im Klimakterium bin, seine Pubertät spielt da nur eine Nebenrolle.«

»Und wie *geht's* Ihnen?«

»Ja, hören Sie denn nicht zu? Das hab ich doch gerade erzählt.«

Manche Menschen nutzen die Frage, um ihre komplette Biographie zu erzählen, so froh sind sie, dass überhaupt mal jemand mit ihnen spricht. Andere fühlen sich auf den Schlips getreten, weil man genau das fragt, und sichern das Wissen um ihren gegenwärtigen Zustand wie einen kostbaren Schatz. »Wie es mir geht, geht Sie nichts an!«

*Aus Sicht des Körpers*

»Wie geht es Ihnen – jetzt?« Gut? Schlecht? Keine Ahnung? Woran merken Sie eigentlich, wie es Ihnen geht? Welche Faktoren beeinflussen Ihr Befinden im gegenwärtigen Moment? Geht es Ihnen schlecht, weil die Arbeit so stressig ist und Sie die Kinder vernachlässigen? Geht es Ihnen gut, weil eine

Beförderung ansteht oder in zwei Tagen der Urlaub beginnt? Wenn Sie davon ausgehen, dass nur äußere Umstände Ihr Befinden definieren, nehmen Sie dann noch wahr, dass es trotzdem immer wieder auch angenehme Momente im Leben gibt, obwohl die Arbeit gerade so stressig ist?

Wie wird aus »Wie geht es mir – jetzt?« eine Schokoladenfrage? Was geschieht, wenn ich alle Konzepte davon, wie es mir aufgrund von äußeren Umständen und gesellschaftlichen Normen gehen sollte, beiseitelege und die Frage aus Sicht des Körpers beantworte. Ja, der hat in letzter Zeit wirklich viel mitgemacht, die Haut faltet sich schon und der Rücken schmerzt immer öfter. Eigentlich sollte ich regelmäßig schwimmen und auf Aufzüge und Rolltreppen verzichten ... Das wäre die Antwort aus Sicht des Geistes auf den Körper.

Was erfahren Sie, wenn Sie vom Denken ins Spüren wechseln? Da kommt die Bedeutung des »jetzt« ins Spiel. Wie sich der Körper anfühlt, kann ich nur im gegenwärtigen Moment erspüren. Dass der Körper gestern schmerzte, ist Erinnerung, dass er morgen auch schmerzen wird, Spekulation. Aber wie fühlt er sich jetzt an? In diesem Augenblick? In welcher Haltung befindet sich Ihr Körper gerade? Nein!!!! Sie brauchen sich jetzt nicht aufrecht hinzusetzen! Alles immer gleich zu richten, zu verbessern und zu optimieren, ist ein menschlicher Reflex. Einfach bei dem zu bleiben, was im Moment gerade ist, erscheint ungewohnt und fällt zunächst schwer.

Spüren Sie in den Körper hinein. Wie fühlen sich die Füße an? Haben Sie Kontakt mit dem Boden? Die Beine? Ist da Spannung im Oberschenkel? Fühlen sie sich schwer oder leicht an? Wo berührt der Körper die Unterlage? Welche Empfindung entdecken Sie im Bauch? Knurrt der Magen? Fühlt er sich angenehm gesättigt an? Haben Sie Durst? Woran merken Sie das? Ist die Kehle trocken? Fällt das Schlucken schwer? Wie ruht der Kopf auf dem Hals? Mühelos ohne Anstrengung? Spannt der Nacken? Pochen die Schläfen? Pressen Sie die Zähne aufeinander? Berühren die Lippen einander?

Erlauben Sie sich, alle Körperempfindungen wahrzunehmen. Was geschieht, wenn sich eine unangenehme Empfindung meldet, zum Beispiel ein leichtes Stechen im Knie? Gibt es auch da einen Reflex, und wenn ja, wie macht er sich bemerkbar? Mit »Der Schmerz soll weg!«? Beginnen Sie zu analysieren, seit wann und warum das Knie schmerzt? Machen Sie sich Sorgen, in Zukunft nicht mehr joggen zu können? Lenken Sie sich mit angenehmen Gedanken ab? Wie wäre es, die Gedanken zur Empfindung einfach zur Kenntnis zu nehmen und dann die Aufmerksamkeit wieder zurück auf das leichte Stechen im Knie zu lenken? Wo genau nehmen Sie es wahr? Im Gelenk? Zwischen Gelenk und Kniescheibe? Bleibt die Intensität gleich? Wird sie stärker oder schwächer?

Das hier ist keine Anleitung zum Masochismus; es geht nicht darum, den Schmerz zu genießen, sondern herauszufinden, wie sich der Körper jetzt anfühlt. Wie sich der Körper idealerweise anfühlen sollte, ist nur ein Gedankenspiel. Also noch einmal zurück ins Spüren. Was verändert sich an Ihrer Erfahrung, wenn Sie alle Körperempfindungen freundlich und neugierig wahrnehmen, unabhängig davon, ob Sie diese als angenehm, unangenehm oder neutral bewerten? Wenn Sie vom »So sollte es sein« zum »So ist es« wechseln? Wie fühlt es sich an, in bestimmten Körperregionen, zum Beispiel in den Zehen, gar nichts wahrzunehmen? Glauben Sie, etwas falsch gemacht zu haben? Sind Sie besorgt, genervt, gelangweilt? Was passiert, wenn Sie sich daran erinnern, auch das freundlich und neugierig zur Kenntnis zu nehmen?

## Gefühle und Gedanken

Ebenso wie körperliche Empfindungen tragen Gefühle und Gedanken zu unserem gegenwärtigen Befinden bei. Sie können sich fragen: In welcher Stimmung bin ich gerade? Fühle ich mich wohl? Leicht? Kann ich dieses Wohlbefinden irgendwo im Körper wahrnehmen? Oder fühlen Sie sich gereizt? Woran merken Sie das? Mit welchen Gedanken ist Ihre Stimmung verbunden? Schwelgen Sie in Erinnerungen? Planen Sie den morgigen Tag? Lauschen Sie einem laufenden Kommentar in Ihrem Kopf? Fordert Sie ein innerer Nörgler auf, lieber etwas »Vernünftiges« zu tun, anstatt dieses Buch zu lesen? Wenn möglich, verlieren Sie sich nicht im Inhalt der Gedanken, sondern machen Sie sich mit der Art der Gedanken vertraut.

## Einfach atmen

Ein einfacher und zugleich schwieriger Weg, in direkten Kontakt mit dem Körper zu treten, ist, die Aufmerksamkeit auf den Atem zu richten. Einfach, weil wir stets atmen, egal ob wir es spüren oder nicht. Schwierig, weil meist der Impuls einsetzt, nicht nur die Aufmerksamkeit auf den Atem zu lenken, sondern gleich das ganze Atemgeschehen zu optimieren. Wie strömt die Luft durch den Körper? Fein? Flach? Stoßweise? Haben Sie dafür gesorgt, dass der Atem gleichmäßig tief und ruhig fließt? Erscheint es als ein Ding der Möglichkeit, den Atem einfach nur zu beobachten wie einen Fluss in der Landschaft? Ihn so geschehen zu lassen, wie er sowieso geschieht? Atemzug für Atemzug.

Richten Sie Ihr Gewahrsein auf die Mitte der Brust und

breiten es allmählich auf den ganzen Leib aus. Wie fühlt sich der Körper als Ganzes an? Sind Sie sich der Körperhaltung und des Gesichtsausdrucks bewusst? Wie fühlt sich das jetzt an, und jetzt, und jetzt ...? Wie geht es Ihnen?

# Was tue ich eigentlich gerade?

Was machen Sie eigentlich den ganzen Tag? Wie viele Stunden davon empfinden Sie eine hohe, normale, geringe oder gar keine Belastung? Was tun Sie, wenn Sie tätig sind? Was tun Sie, wenn Sie »frei« haben? Was tun Sie, wenn Sie »nichts« tun? Wie sieht Ihre persönliche Balance zwischen dem, was Sie tun »müssen« und dem, was Sie tun »wollen« aus? Wollen Sie tun, was Sie tun müssen? Müssen Sie tun, was Sie tun wollen? Und was »müssen« Sie überhaupt tun?

## *Leben in der Leistungsgesellschaft*

Wir leben in einer Leistungsgesellschaft. So sieht das jedenfalls unter anderem der ehemalige Bundesinnenminister Thomas de Mazière, der im Mai 2017 zehn Thesen zur deutschen Leitkultur aufstellte. Schon an dritter Stelle betont er das Leistungsprinzip: »Wir sehen Leistung als etwas an, auf das jeder Einzelne stolz sein kann. Überall: im Sport, in der Gesellschaft, in der Wissenschaft, in der Politik oder in der Wirtschaft. Wir fordern Leistung. Leistung und Qualität bringen Wohlstand. Der Leistungsgedanke hat unser Land stark gemacht.« Wir alle kennen dieses wunderbare Gefühl, etwas geleistet zu haben. Wir haben uns etwas vorgenommen, hart daran gearbeitet, und dann ist es vollbracht. Egal ob wir ein kniffliges Problem in der Arbeit gelöst, ein Hochbeet im Garten angelegt oder einen Halbmarathon heil überstanden haben, Leistung kann Freude bereiten.

Der oben zitierten de mazièrschen Leistungshymne folgen dann noch ein paar Worte dazu, dass sich unsere Gesellschaft leisten kann, auch denen Hilfe zu leisten, die sie brauchen und wir auch auf diese Leistung stolz sind. Wer in Deutschland also nichts leistet und keinen Nutzen erbringt, mag zwar zu einem gewissen Grad noch durchgefüttert werden, macht unser Land aber schwach. »Nicht-Tun« gilt heutzutage als parasitär.

### Tun und Nicht-Tun

Das war nicht immer so, es gab auch andere Epochen. »Die Glückseligkeit scheint in der Muße zu bestehen«, schrieb Aristoteles im Jahr 350 vor Christus in seiner *Nikomachischen Ethik*. Und in der Schrift *Politik* stellt er fest, dass überall immer nach dem Nutzen zu fragen sich am wenigsten für hochsinnige und wahrhaft freie Männer ziemt. Der berühmte Philosoph, Kirchenlehrer und Namensvetter unseres ehemaligen Innenministers, Thomas von Aquin, schrieb im 13. Jahrhundert in seiner *Summa Theologica:* »Das Leben der Kontemplation ist ohne Einschränkungen besser als ein tätiges Leben.« Bis zur Reformation im 16. Jahrhundert galt aus christlicher Sicht das un-tätige Leben im Kloster, wo man sich die Zeit nahm zu philosophieren, nachzudenken, sich zu besinnen und zu beten, als die höhere Lebensform, da man sie als »wirksamer und wirkmächtiger« ansah. Mit der Reformation kam es zu einer Aufwertung und größerer Wertschätzung weltlicher Arbeit, und gleichzeitig verlor Nicht-Tun an Wert. Der Soziologe Max Weber hat zu Beginn des 20. Jahrhunderts einen Zusammenhang zwischen protestantischer Ethik und dem Erstarken des Kapitalismus als gültigem Wirtschaftssystem erkannt.

Damit einher geht der systemimmanente Zwang zum stetigen Wachstum. Geld wird nur generiert und investiert, wenn es Profit verspricht; wächst die Wirtschaft nicht mehr, drohen Arbeitsplatzverlust, sinkende Steuereinnahmen, steigende Sozialausgaben, Haushaltsüberschuldung, Staatskrise und der Untergang des Abendlandes. Allein um den Status quo zu wahren, muss sich das System also permanent steigern.

### Verinnerlichter Kapitalismus

Heute durchdringt dieser kapitalistische Leistungsgedanke als vorherrschendes Prinzip alle Lebensbereiche. Dank digitaler Techniken verschwimmt die Trennung zwischen Arbeit und Freizeit. Das okzidentale Lebensmotto lautet: »Ich leiste, also bin ich.« Arbeit, Sport, Entspannung, Sex oder Reisen könnten noch deutlich verbessert werden, wenn wir uns nur genügend anstrengten. Unser Leben ist eine einzige große »Challenge«! Die Vorstellung, nur mit Schneller, Weiter, Höher und Besser zu überleben, hat sich im Laufe der Jahrhunderte tief in unsere Gene hineingeschmuggelt, sodass wir die eigenen Wahrnehmungs- und Deutungsmuster, Wünsche, Werte, Gewohnheiten und Lebenslaufkonzepte an der Vorstellung von unendlichem Wachstum ausrichten und scheinbar aus eigenem Antrieb nach kontinuierlicher Selbstoptimierung streben. Und natürlich ist der Wunsch nach Weiterentwicklung nicht per se etwas Negatives, solange er mit einer freundlichen, mitfühlenden, akzeptierenden Haltung einhergeht und nicht dazu führt, sich den Großteil des Lebens als minderwertiges Mängelexemplar zu fühlen.

Der moderne Mensch strebt danach, gleichzeitig als Unternehmer der eigenen Biographie und Produkt seiner selbst aufzutreten, das im ständigen Wettbewerb möglichst effizient, perfekt, rentabel, kompetent und frei von Defiziten bestehen muss. Vergleichsdenken und Selbstausbeutung sind die tragenden Säulen unseres Wertegerüsts. Leistung als Ideal eines sinnvollen Lebens wird als Selbstverständlichkeit vorausgesetzt und nicht in Frage gestellt. Inzwischen erscheint es einfacher, sich das Ende der Welt vorzustellen als das Ende des realen und verinnerlichten Kapitalismus.

### Was ist Leistung?

Aber was ist eigentlich Leistung? In der Physik bedeutet Leistung das Verhältnis aus der verrichteten Arbeit zu der benötigten Zeitspanne, bzw. die Fähigkeit, in der Zeiteinheit eine bestimmte Arbeit zu verrichten. Da ist es dann kein Wunder, dass viele Menschen das Gefühl beschleicht, sie hätten zu wenig Zeit. »Zeit lässt sich nur verdichten – deshalb ist sie der knappste aller Rohstoffe in der Spätmoderne: Anders als etwa das Öl können wir sie auch durch nichts anderes ersetzen. Daraus resultiert die Zeitnot der Moderne«, schreibt der Soziologe und Beschleunigungsforscher Hartmut Rosa in der *taz* und nennt drei Gründe, warum derzeit die Zeit immer weniger zu werden scheint. Erstens nimmt der technische Fortschritt ständig zu: Autos sind schneller als Fahrräder, E-Mails schneller als Briefe, und es werden immer mehr Güter in immer kürzerer Zeit produziert. Zweitens spielt der soziale Wandel eine wichtige Rolle. Wir wechseln schneller den Arbeitsplatz, den Partner, den Wohnort und sind unheimlich flexibel. Und drittens versuchen wir immer mehr Dinge in kürzerer Zeit zu erledigen. Fast Food, Power Nap oder der Wegfall von Pausen sind nur drei von sehr vielen

Beispielen. Rosa legt deshalb großen Wert darauf, dass es sich hier um ein strukturelles, gesamtgesellschaftliches Problem handelt und es nicht der Fehler des Einzelnen ist, da nicht mehr mitzuhalten.

Die Forderung nach veränderten Rahmenbedingungen ist jedoch seltener zu hören als der gesellschaftliche Appell an die Eigenverantwortung des Individuums. So weist zum Beispiel die Stress-Studie 2016 der Techniker Krankenkasse durchaus darauf hin, dass sich Unternehmen um ein modernes betriebliches Gesundheitsmanagement bemühen sollten und flexiblere Angebote nötig sind, um Familie und Beruf besser zu vereinen, »sowie eine Unternehmenskultur, die Mitarbeiterinnen und Mitarbeiter wertschätzt, die im Beruf und für ihre Familie viel leisten (sic!) möchten«.

Doch schon im nächsten Absatz folgt der Hinweis auf die individuelle Verantwortung: Ein Arbeitnehmer hat sich verpflichtet, seine Arbeitskraft täglich zur Verfügung zu stellen. »Dazu gehört, dass er außerhalb der Arbeitszeit auch für Regeneration sorgt, um auch am nächsten Tag leistungsfähig zu sein.« Die tatsächliche Perfidie der dahinter steckenden Logik wird erst beim genauen Hinsehen deutlich: Wir dürfen folglich über unsere freie Zeit nicht frei verfügen, sondern müssen sie zielorientiert zur Wiederherstellung unserer Arbeitskraft nutzen. Der Mensch ist also für die Wirtschaft da und nicht umgekehrt!


*Freizeitstress*


Warum es allerdings den Wenigsten gelingt, einfach einmal abzuschalten und zu regenerieren und dass da eventuell ein Zusammenhang mit der einseitigen Wertschätzung für die lobend erwähnten beruflich und familiären Vielleister besteht, bleibt unerwähnt. Das Leistungs- und Wettbewerbsprinzip hat sich unser Freizeitverhalten bereits unter den Nagel gerissen. Laut einer Studie der GfK Marktforschung Nürnberg setzen sich 19 Prozent der Deutschen auch privat so viele Termine, dass sie sich in ihrer Freizeit kaum erholen. Rund jeder Dritte gibt an, auch in der Freizeit immer aktiv sein zu müssen, um sich nicht zu langweilen. 43 Prozent haben stets das Gefühl, ihre freie Zeit reiche nie aus, um all die sie interessierenden Dinge zu sehen oder zu tun. »Das hängt damit zusammen, dass in unserer Leistungsgesellschaft erwartet wird, dass die Menschen immer etwas tun: Aktivsein wird positiv, Nichtstun negativ bewertet«, erklärte Walter Tokarski von der Deutschen Sporthochschule Köln.

### Stressauslöser

Dabei sind die Folgen unseres verinnerlichten Leistungsdenkens längst individuell spürbar. Sechs von zehn Menschen in Deutschland fühlen sich gestresst. Ein knappes Viertel der Bevölkerung, 23 Prozent, sogar häufig. In den vergangenen 15 Jahren haben sich die Krankschreibungen wegen stressbedingter Erkrankungen wie Depressionen, Angst- und Belastungsstörungen fast verdoppelt. Von den 15 Tagen, die jeder Berufstätige 2015 in Deutschland im Durchschnitt krankgeschrieben war, entfielen 2,5 Tage auf psychische Diagnosen. Immer mehr Menschen haben Probleme, ihren Alltag zu bewältigen.

Männer nennen zu 54 Prozent ihren Beruf als Stressauslöser Nummer eins. Dagegen sagen 48 Prozent der Frauen, dass die Ansprüche an sich selbst sie am meisten unter Druck setzen.

Wir sind uns also sehr wohl darüber bewusst, dass es die eigenen Hände sind, die die Messlatte viel zu hoch gelegt haben. Und doch wundern wir uns bei jedem neuen Sprungversuch, warum wir es auch diesmal wieder nicht geschafft haben. Wie blöd ist das denn?

Während ich also am Schreibtisch sitze und ein Teil von mir die treffendsten Bilder zu diesem erschreckenden Dilemma sucht, erinnert mich eine andere Stimme daran, dass das komplette Kapitel längst fertig sein sollte, das versprochene Curry für die Konfirmation des Neffen noch nicht auf dem Herd steht, der Rasen dringend gemäht werden muss und das Programm für den nächsten Achtsamkeitsabend noch der Ausarbeitung harrt. Außerdem habe ich vergessen, bei der Steuerberaterin anzurufen, das Ticket nach Bremen ist noch nicht gebucht und bei meinem Vater sollte ich auch wieder einmal vorbeischauen. Wir versuchen, alles unter einen Hut zu bringen: beste Mutter der Welt, Karrierefrau und aufopfernde Tochter, sexy Geliebte und loyale Partnerin. Super gestylt, total kreativ, voller Tatendrang und brillanter Ideen wuppen wir lässig und grundentspannt unseren Alltag. Werden wir diesem Anspruch nicht gerecht, stellen wir – wider besseres Wissen – eher uns selbst in Frage als unser selbstgebasteltes Idealbild, was dann zuverlässig zu noch mehr Stress und Überforderung führt. Der Anspruch, immer und überall Perfektion zu liefern, ist schon deshalb eine Illusion, weil Perfektion nur in unseren Köpfen und nicht im wahren Leben existiert. Perfektionismus dagegen erweist sich als ausgesprochen real und gilt als typischer Auslöser aller möglichen Stresssymptome.

Stress zu vermeiden oder abzubauen, stand deshalb auch ganz oben auf der Liste der guten Vorsätze für das Jahr 2017. 70 Prozent der sogenannten Rushhour-Generation zwischen

30 und 59 Jahren hegen ihn. Doch 61 Prozent aller Deutschen geben an, heute mehr Stress zu erleben als vor drei Jahren. Hier klaffen Wunsch und Wirklichkeit immer weiter auseinander, da auch in den letzten drei Jahren Stressabbau die Hitliste der guten Vorsätze unangefochten anführte.

### Fass-ohne-Boden-Projekt

Der Schriftsteller Nikos Dimou schrieb in seinem Buch *Über das Unglück, ein Grieche zu sein,* dass ein Grieche alles tut, »was er kann, um die Kluft zwischen Wunsch und Wirklichkeit zu vergrößern«. Auch deutschen Frauen scheint die Neigung, den Abgrund zwischen Sollen und Sein stetig zu verbreitern, nicht fremd zu sein. Die Optimierung der eigenen Biographie gerät so zum Fass-ohne-Boden-Projekt. Immer wieder gibt es eine neue Hürde zu überwinden, eine nächste Stufe zu erreichen, eine weitere Chance beim Schopf zu ergreifen. So verharren wir in einem permanenten Zustand des Ungenügens, dem schon Paul Watzlawick in seiner *Anleitung zum Unglücklichsein* ein eigenes Kapitel mit dem Titel »Vor Ankommen wird gewarnt« gewidmet hat.

Kommen Ihnen folgende Überlegungen vertraut vor? Fragen Sie sich oft, ob das, was Sie gerade tun, effizient, sinnvoll und produktiv ist? Was Sie heute erreicht und geleistet haben? Was für morgen auf Ihrer To-do-Liste steht? Welche Ihrer Kompetenzen Sie noch weiter ausbauen sollten? Wo die nächste Herausforderung liegt, um Ihre Defizite zu beheben? Welche Optimierungsziele wann angegangen werden müssen? Was die effektivste Entspannungsmethode ist, um wieder topfit zu werden? Welche Freizeitbeschäftigung Ihrer körperlichen, geistigen oder seelischen Weiterentwicklung am dienlichsten ist?

## Von Unterfluss nach Oberfluss

In der modernen Fabel von Donald Ardell würde diese Art der Fragestellung dem Verhalten der Bewohner von Unterfluss entsprechen. Nachdem dort immer wieder Menschen im Fluss angeschwemmt wurden, entwickelten sie ein hervorragendes Rettungssystem. Obwohl die Zahl der zu Rettenden weiter angestiegen war, gelang es dank gut ausgebildeter Rettungsschwimmer, ständiger Einsatzbereitschaft der Rettungsboote, klarer Organisationsstrukturen, eines neu gebauten Krankenhauses und einer Unmenge von Geld, die Todesrate der in den Fluten angespülten Menschen deutlich zu verringern. »Einige Leute in Unterfluss haben wiederholt die Frage nach den Verhältnissen in Oberfluss gestellt. Sie sind jedoch auf wenig Interesse gestoßen. Es scheint, dass alle so sehr damit beschäftigt sind, den Menschen im Fluss zu helfen, dass niemand die Zeit hat, herauszufinden, wie all die Menschen in den Fluss hineinkommen.« (zit. nach: Handbuch MBSR, Quelle: Ardell 1977)

Oder mit Sylvia Wetzels Worten: »Wenn vor allem das aktive Leben zählt und das kontemplative Leben verachtet wird, kann das eine sogenannte ›protestantische Blockade‹ vor dem Innehalten und Nachdenken erzeugen. Wir bleiben im zweckorientierten Leistungsmodus stecken und das verhindert das Hinterfragen des Bestehenden.« (Wetzel 2014, S. 30)

Lassen wir also für einen Moment die Rettungsmaschinerie in Unterfluss ruhen und machen uns auf den Weg flussaufwärts, um das Bestehende zu hinterfragen. Und auch wenn noch keine Antworten in Sichtweite sind, können wir dennoch schon ein wenig darüber spekulieren, wie diese bedauernswerten Gestalten überhaupt im Fluss landen. Wirft sie jemand hinein? Stolpern sie lemminggleich den Abgrund hinunter? Vielleicht ergeht es ihnen wie Goethes Fischer, der dem Gesang der Meerjungfrau erliegt: »Halb zog sie ihn, halb sank er hin. Und ward nicht mehr gesehn.«

Halb ziehen uns die herrlichen Verlockungen und verkappten Drohungen der schönen neuen Welt. Ihr Sirenengesang flüstert uns ein, was alles zum perfekten Tag, Wochenende, Urlaub oder Leben noch fehlt. Halb sinken wir hin vor der Aussicht auf Anerkennung, Geld, Erfolg, Statussymbole, Schönheit und alles, wovon wir uns sonst noch Erlösung versprechen. Gnadenlos treiben wir uns selbst an, um all die großartigen Versprechen irgendwann einzulösen. Doch bevor wir das Schlaraffenland betreten dürfen, müssen wir sämtliche unerledigten Aufgaben abhaken. »Das hat gravierende Konsequenzen für die Art und Weise unseres In-der-Welt-Seins«, schreibt Hartmut Rosa in der *taz*. »Stets übersteigt das Maß dessen, was man von uns erwarten kann und was wir tun wollen – also unsere To-do-Liste – unsere zur Verfügung stehenden Zeitressourcen.« Wie eine Bulldogge hat sich »Erst die Arbeit, dann das Vergnügen« tief in unserem Unterbewusstsein festgebissen.

Noch ein Stückchen weiter Richtung Oberfluss drängt sich die Frage auf, welchen Preis wir für diese Wenn-dann-Haltung letztendlich zahlen. Sind wir so sicher, dass wir alles, was wir irgendwann »eigentlich« tun wollen, »dann« auch noch erleben? Aber auch wer nicht vor der Erfüllung seiner Träume verstirbt, muss mit unschönen Überraschungen rechnen. »Es gibt nur zwei Tragödien im Leben«, schrieb der irische Schriftsteller Oscar Wilde: »Die eine besteht darin, dass man nicht bekommt, was man sich wünscht und die andere darin, dass man es bekommt.«

## Das Glück in der Zukunft

Eine der traurigsten Geschichten, die sie je gehört hat, und ein klassisches Beispiel für Tragödie Nummer zwei erzählt die Schmerztherapeutin Darlene Cohen: Eine ältere Frau und ihr Mann hatten sich jahrelang jeden Cent vom Munde abgespart, um eine Kreuzfahrt in die Karibik zu machen. Wegen dieser Traumreise gönnten sie sich nicht das kleinste Vergnügen. Endlich hatten sie es geschafft, die Abreise rückte immer näher und ihre Aufregung wurde immer größer. Doch als sie wieder zurück waren, berichtete die Frau davon, wie enttäuschend der Urlaub verlaufen war. Gleich bei der Abfahrt hätten sie einen Plan bekommen, auf dem alles aufgelistet war, was an Aktivitäten geboten wurde, und sie machten von allen Angeboten regen Gebrauch. »Aber wir haben immer auf den Routenplan geschaut, was als nächstes dran ist. Irgendwie erschien das aufregender als das, was gerade passierte. Wir haben uns einfach immer auf den nächsten Termin gefreut. Schließlich endete die Reise und es war, als hätte sie nie stattgefunden.« (Cohen 2000, S. 5/6) Das Paar hatte jahrelang geübt, sein Glück in die Zukunft zu verlagern, sodass es ihm schließlich nicht mehr gelang, in der herbeigesehnten Gegenwart anders zu reagieren, als das Glück wieder in die Zukunft zu verlagern. Allem, was wir tagtäglich tun oder lassen, liegt die Tendenz inne, sich zu wiederholen. Je öfter wir etwas tun oder lassen, desto größer ist die Wahrscheinlichkeit, dass wir es wieder tun oder lassen.

So sind die beiden traurigen Kreuzfahrer kein Einzelfall. »Was auch immer wir tun, meist geschieht es unter Zeitdruck, und die Gedanken beschäftigen sich sowieso mit anderen Dingen«, stellte Jon Kabat-Zinn fest (Kabat-Zinn 2009, S. 324) Wir mögen uns darin unterscheiden, wohin die Gedanken wandern, dass wir jedoch im Alltag häufig nicht wirklich »anwesend« sind, dieser Zustand ist uns allen vertraut.

Sie stehen zum Beispiel auf, marschieren voll Elan ins Nebenzimmer, stocken kurz und fragen sich: Was mache ich hier eigentlich gerade? Sie wollten etwas holen oder erledigen – und plötzlich wissen Sie nicht mehr, was Sie eigentlich wollten. In diesen Momenten erkennen wir zumindest, dass wir gerade auf Autopilot laufen. Doch anders als ein Pilot auf einem Langstreckenflug, der sich – hoffentlich – ganz bewusst für diese Art der Steuerung entscheidet, springt unser persönliches Autopilotensystem meist automatisch an.

### Der hilfreiche Autopilot

In manchen Situationen ist dieser Effekt durchaus hilfreich und spart Zeit und Energie. So funktionieren zum Beispiel gut eingeübte Bewegungsabläufe ohne Bewusstsein besser, als wenn wir uns darauf konzentrieren. Sonst ergeht es uns wie dem spazierengehenden Tausendfüßler in der Fabel, den ein ehrfürchtiger Frosch fragte, wie er es schafft, all die vielen Beine so zu koordinieren, dass er nicht stürzt. Der Tausendfüßler stoppte und blickte wie zum ersten Mal rechts und links auf die eigenen Beine. Er schien angestrengt nachzudenken. Bevor er dem Frosch antwortete, versuchte er, sich noch einmal in Bewegung zu setzen. Doch die vielen Beine traten sich gegenseitig auf die Füße, alles geriet durcheinander, bis er stolperte und nicht mehr aufstehen konnte. »Nichts geht mehr!«, stellte er traurig fest. So wie dem Tausendfüßler geht es dem routinierten Tennisspieler oder der geübten Pianistin, wenn sie während des Spiels über Balltechnik oder Noten nachdenken. Wenn wir aufs Fahrrad steigen und losstrampeln, verfügen wir über ein sogenanntes prozedurales Wissen, das dafür sorgt, dass wir das Gleichgewicht nicht verlieren, ohne dass wir uns bewusst darum kümmern müssen.

## *Was tust du gerade?*

Auch hier lohnt sich die Oberflussfrage nach dem Preis, den wir bezahlen, wenn wir den Autopilot überstrapazieren und nicht nur bei vertrauten Bewegungsabläufen auf Bewusstsein verzichten. Jagen die Gedanken stets einen Schritt voran, schwindet die Aufmerksamkeit. Wie ein Pferd mit Scheuklappen bemerken wir nicht, was rechts und links vor sich geht, sondern richten den Blick einfach stur geradeaus. Eine Geschichte aus dem Zen-Buddhismus verdeutlicht, was damit konkret gemeint ist. Ein Schüler fragte einmal seinen Meister, wie es ihm gelinge, immer ruhig und gelassen zu sein. Der Meister antwortete: »Wenn ich sitze, sitze ich. Wenn ich stehe, stehe ich. Wenn ich gehe, gehe ich. Wenn ich esse, esse ich.« Der Schüler blickte etwas betreten drein und fiel dem Meister ins Wort: »Aber genau so mache ich das auch!« »Nein«, antwortete der Meister. »Wenn du sitzt, stehst du schon. Wenn du stehst, gehst du schon. Wenn du gehst, bist du schon am Ziel.«

Eine ähnliche Geschichte hat einmal ein Teilnehmer einer Meditationsgruppe erzählt. Dort las normalerweise jemand zu Beginn der Übung einen »inspirierenden« Text vor. Eines Abends, als ein ehemaliger Sparkassendirektor mit der Einführung dran war, nahm er kein Buch zur Hand sondern erzählte, dass seine Frau am Tag zuvor mit der fünfjährigen Enkelin telefoniert hatte. »Was tust du denn gerade«, fragte die Großmutter. »Ich telefoniere«, antwortete ihre Enkelin.

An die »inspirierenden« Texte kann ich mich nicht mehr erinnern, diesen kurzen Dialog rufe ich mir immer wieder gern in Erinnerung.

Ich stelle mir vor, dass die junge Zen-Meisterin recht fröhlich geklungen hat. Eine Studie zweier Harvard-Professoren weist nämlich nach, dass Menschen sich am wohlsten fühlen, wenn sie wissen, was sie tun und mit Herz und Verstand im gegenwärtigen Moment sind. Lassen Sie doch einmal einen ganz normalen Tag in Ihrem Leben Revue passieren: Wie viel Prozent Ihrer Zeit haben Sie dem, was Sie gerade taten, Ihre volle Aufmerksamkeit geschenkt?

## » Trackyourhappiness«

Die Initiatoren von »trackyourhappiness« stellten ihren Studienteilnehmern per App zunächst die Frage, welche Tätigkeiten sie wie gerne tun. Auf einer Skala von 1–100 sollten sie insgesamt 22 Aktivitäten bewerten. Dass »Sex haben« mit 90 Punkten an die Spitze der Liste landete, dürfte nicht erstaunen. Dann folgten in gebührendem Abstand Sport treiben, Gespräche führen, spielen, Musik hören, spazierengehen, essen und beten/meditieren. Am wenigsten beliebt waren Körperpflege, zur Arbeit pendeln und arbeiten.

Schließlich stellten Daniel Gilbert und Matthew Killingsworth den Probanden in unregelmäßigen Abständen folgende Fragen: 1. Wie fühlen Sie sich? 2. Was tun Sie gerade? 3. Denken Sie gerade an etwas anderes als an das, was Sie gerade tun? 47 Prozent der 250000 Teilnehmenden beantworteten die dritte Frage mit »ja«. Bildlich gesprochen ist also knapp die Hälfte der Menschheit gerade nicht anwesend. Doch wehe, jemand fragt uns: »Weißt du eigentlich, was du da tust?« Natürlich, wissen wir, was wir tun. Wir sind ja nicht doof! Vielleicht zucken Sie aber auch nur mit den Schultern und fragen sich: Wo ist das Problem? Dann räume ich eben die Spülmaschine aus und male mir den nächsten London-Trip aus. Morgens gehe ich zur S-Bahn und plane dabei die Gesprächsstrategie für das mittägliche Treffen mit der Chefin. Abends spiele ich mit meinem Kind und checke nebenbei die neusten WhatsApp-Nachrichten.

Das Problem ist: Nicht bei der Sache sein macht unglücklich! Teilnehmende, die ihre Gedanken schweifen ließen, erhielten folgende Zusatzfrage: Denken Sie gerade an etwas Angenehmes, Neutrales oder Unangenehmes? Die Auswertung der Antworten ergab, dass diejenigen, die das, was sie taten, bewusst taten, sich am wohlsten fühlten. Und zwar nicht nur beim Sex, sondern auch bei allen als unangenehm eingeschätzten Aktivitäten. Nicht einmal angenehmen Gedanken nachzuhängen, macht bei der Verrichtung ungeliebter Tätigkeiten glücklicher. Wenn der Geist abschweift, ist das ein untrügliches Anzeichen dafür, dass es Ihnen gleich schlechter gehen wird. Ein wandernder Geist ist ein unglücklicher Geist, fassten die beiden Professoren ihre Studienergebnisse zusammen.

Vielleicht wollen Sie diese These einmal im Selbstversuch überprüfen? Fragen Sie sich einen Tag lang im Abstand von einer Stunde: Was mache ich eigentlich gerade? Wie geht es mir dabei? Bin ich mit der Aufmerksamkeit bei dem, was ich gerade tue? Wie fühlt sich »bei der Sache sein« an? Womit ist Abschweifen verbunden?

Seit wir Unterfluss mit seiner brummenden Rettungsmaschinerie verlassen haben und unsere Fragen sich nicht mehr darin erschöpfen, wie wir am effektivsten an Symptomen herumdoktern, können wir mit etwas Abstand die Motivation für unsere eigene Dauergeschäftigkeit einmal aus verschiedenen Perspektiven betrachten. Dem gesellschaftlichen Ideal der stetigen Leistungssteigerung etwas entgegenzusetzen, ist schwierig. Egal ob katholisch, evangelisch oder konfessionslos, die meisten von uns haben diese protestantische Ethik mit der Muttermilch eingesogen und nie wieder herausgerülpst. Wir nehmen die Tatsache, dass wir uns selbst und den gegenwärtigen Moment niemals als gut genug empfinden, als normal und selbstverständlich hin. Die toxische Wirkung dieser Gewissheit ist uns gar nicht bewusst. Da hilft es auch nichts, wenn sich laut einer Studie der DAK 52 Prozent aller Deutschen mehr Zeit für sich selbst wünschen und sich gleichzeitig vor nichts auf der Welt mehr zu fürchten scheinen.

»Für die Achtsamkeitsübungen habe ich leider keine Zeit gehabt«, ist wahrscheinlich der am häufigsten ausgesprochene Satz in meinen Stressbewältigungskursen. Ein wichtiger Teil des MBSR-8-Wochen-Trainings ist die Bereitschaft der Teilnehmenden, sich währenddessen jeden Tag eine Dreiviertelstunde für Achtsamkeitsübungen zu reservieren. Das sind keine Entspannungstechniken, es geht dabei auch nicht darum, irgendetwas zu erreichen und schon gar nicht darum, etwas Besonderes zu erfahren. Die einzige »Aufgabe« besteht darin, mit wachem Körper, offenem Herzen und klarem Geist wahrzunehmen, was von Moment zu Moment gerade geschieht: wie sich einzelne Körperregionen anfühlen, wie der

Atem fließt oder welche Gedanken, Stimmungen und Gefühle auftauchen und wieder gehen. »Für alles und jeden finde ich Zeit«, wundern sich dann viele, »aber wenn es darum geht, einfach nur Zeit mit mir selbst zu verbringen, kommt immer etwas ›Wichtigeres‹ dazwischen.« Diese Vermeidungshaltung ist nicht auf Bodyscan, Meditation oder achtsame Körperübungen begrenzt. Sie erstreckt sich auch darauf, Freunde zu besuchen, einen Waldspaziergang zu unternehmen, dem Gras beim Wachsen zuzusehen oder das Chaos in der Wohnung Chaos sein zu lassen, die Beine hochzulegen und einfach in einem Krimi zu verschwinden.

### Wesentliches im Leben

Eine wunderbar paradoxe Begründung für dieses weit verbreitete Phänomen liefert Sylvia Wetzel: »Nach buddhistischer Auffassung ist eine Person mit einem übervollen Terminkalender, ohne Zeit für Spiel und Zerstreuung, für Ruhepausen und unbeschwerte Begegnungen faul. Warum? Sie hat keine Zeit für die *wesentlichen* Dinge des Lebens.« (Wetzel 2014, S. 46) Nach dieser Interpretation ist nicht Müßiggang, sondern krankhafte Geschäftigkeit aller Laster Anfang.

Und der italienische Philosoph Nuccio Ordine plädiert in seinem Manifest mit dem paradoxen Titel *Von der Nützlichkeit des Unnützen* dafür, nicht ständig nach dem »Wofür« zu fragen, sondern das Nutzlose als lebensnotwendige Vitalfunktion zu betrachten.

## Zweckfreie Zeit

Was tun Sie, wenn Sie nichts tun müssen? Gibt es in Ihrem Leben Raum für zweckfrei verbrachte Zeit? Wann haben Sie das letzte Mal einen Tag ohne äußere und innere Verpflichtungen gefüllt? Wie oft haben Sie in der letzten Woche Zeit verbracht, ohne den Zwang zu verspüren, eigentlich etwas anderes tun zu müssen oder zu sollen? Ist Ihnen der Begriff »Muße« vertraut? Googelt man das schlichte Wort, erscheint als dritter Eintrag unter korrekturen.de »Beliebte Fehler«, wo darauf hingewiesen wird, dass es sich bei der Muse um eine der neun Schutzgöttinnen der Kunst in der griechischen Mythologie handelt, und Muße so viel bedeutet wie Zeit, Gelegenheit, innere Ruhe für eine entspannte Tätigkeit. Können Sie Muße-Zeiten genießen, auch wenn sie sich als coole Facebook-Posts nicht eignen?

»Viele Menschen haben Angst«, sagt Hartmut Rosa in einem Interview mit der *Zeit,* »sich selbst ausgesetzt zu sein. Deshalb hat man diese totale Dauerstimulation – man hat überall Musik dabei, geht ins Kino, lässt sich von Werbung berieseln – auch das hat etwas von einer Sucht. Offenbar fehlt uns das Vertrauen darauf, dass in der Tiefe unserer selbst etwas ist, wenn mal nichts von außen andrängt.«

## Kleine Fluchten

Aber wenn wir das Leben nonstop in der Geschäftigkeit von Unterfluss verbringen, auf Ereignisse automatisch reagieren, uralte Muster blindlings herunterspulen wie ein Tier auf der Flucht, dann lernen wir dieses Etwas in der Tiefe unseres Selbst nie kennen. Deshalb setzen wir unseren zwecklosen, aber sinnvollen Müßiggang flussaufwärts noch ein Weilchen fort. Denn auch wenn wir dort niemals ankommen und das Rätsel von Oberfluss nicht lösen, lohnt sich der Weg. Kleine Fluchten aus der Welt des Nützlichen, Zweckmäßigen und Praktischen helfen, »sich im heilsamen So-Sein zu üben, und mitten im Ozean des Tuns, von dem unser Leben für gewöhnlich umtost wird, eine Insel des Seins zu schaffen, einen Raum, in dem wir zulassen, dass alle Aktivitäten, auch die des Geistes, völlig zur Ruhe kommen«, schreibt Jon Kabat-Zinn. (Kabat-Zinn 2009, S. 35) Und wie in Mary Olivers Gedicht »Die Reise« hören wir wahrscheinlich immer noch die schlechten Ratschläge der Stimmen um uns herum, die »Mach mein Leben besser!« schreien, doch wir gehen einfach weiter, »entschlossen, das einzige Leben zu retten«, das wir retten können.

# Wie gehe ich mit meinem Körper um?

Sind Sie ein Leib oder haben Sie einen Körper? Wenn Sie von »ich« sprechen, wer oder was ist damit gemeint? Ihr Geist und Ihr Körper? Trennen Sie zwischen Geist, Seele und Körper? Immer, manchmal? Nie? Ist der Geist das Subjekt? Wenn Sie zum Beispiel sagen: »Ich trainiere meinen Körper«, ist »Ich« gemäß deutschem Hauptsatz das Subjekt und der »Körper« das Objekt. »Das bin ich!«, behaupten Sie vielleicht und deuten mit dem Finger auf ein altes Klassenfoto. Gilt die Identifikation da dem Körper? Lassen sich Körper, Geist und Seele überhaupt trennen?

*Körper-Seele-Geist*

Unterschiedliche Kulturen in unterschiedlichen Zeiten haben diese Frage stets unterschiedlich beantwortet oder sich gar nicht gestellt. So galt in der alttestamentarischen, jüdischen Tradition ein positives Körperverständnis. Dort herrschte ein umfassendes Bild vom Menschen, in dem Gefühle und Geistiges nur im Kontext eines Körpers denkbar waren. Eine Trennung von Körper, Geist und Seele existierte nicht. Im ersten Buch Mose steht, dass Gott den Menschen nach seinem Ebenbild schuf. Der ganze Mensch, und nicht nur der kostbare Geist oder die unvergängliche Seele, wurde als Gottes gute Schöpfung betrachtet.

Erst die Denker der griechisch-römischen Antike betonten das dualistische Prinzip. Diese Zweiteilung des menschlichen

Wesens in Körper auf der einen und Geist/Seele auf der anderen Seite prägte lange das Körperverständnis in der westlichen Welt. Platon (427 v. Chr. – 347 v. Chr.) sah die unsterbliche Seele an den Körper gefesselt und mit ihm verwachsen, gezwungen, die Wirklichkeit durch Gitterstäbe zu betrachten statt durch ihre eigene unbehelligte Sicht. Der griechische Philosoph degradierte den menschlichen Körper zum Grab der Seele.

Zur ungefähr gleichen Zeit in Indien lehrte Siddhartha Gautama, später bekannt als Buddha, dass Körper und Geist nicht voneinander getrennt sind. Der Körper-Geist-Komplex bildet eine Einheit, das Physische und das Mentale lassen sich nicht auseinanderdividieren. Mit einem Beispiel aus der modernen Physik erklärt der vietnamesische Zen-Meister Thich Nhat Hanh, was damit gemeint ist. »Die gleiche Realität erscheint manchmal als Geist, manchmal als Körper. Wissenschaftler haben bei ihrer eingehenden Erforschung der Elementarteilchen entdeckt, dass sie sich manchmal als Welle manifestieren und manchmal als Teilchen. Zwischen einer Welle und einem Teilchen besteht ein großer Unterschied. ... Trotzdem sind Welle und Teilchen ein und dasselbe.« Und weiter: »Das Gleiche gilt für Geist und Körper. Unsere dualistische Sicht der Dinge sagt uns, dass Geist nicht Körper und Körper nicht Geist sein kann.« (Thich Nhat Hanh 2007, S. 20)

Mit Jesu Geburt kehrte das Göttliche noch einmal in den menschlichen Körper zurück. Gott war durch Jesus im wahrsten Sinne des Wortes »leibhaftig« geworden. Dieses Ja zur sterblichen und hinfälligen Körperlichkeit spiegelt sich auch in Jesu Lebensgeschichte wider. Er wendet sich den körperlich Gebrechlichen, Kranken und Behinderten zu, die damals von den meisten Mitmenschen bewusst gemieden wurden, und nahm dankbar gutes Essen und Trinken an, wenn man es ihm anbot. Jesus betrachtete zur Verwunderung seiner Jünger Frauen als gleichberechtigte Gesprächspartnerinnen und verteidigte sogar eine Frau, die ihn kurz vor dem Verrat des Judas salben wollte, was eigentlich die Aufgabe des Gastgebers und nicht die einer fremden Frau gewesen wäre. Doch die erneute Aufwertung des menschlichen Körpers blieb nur ein kurzes Zwischenspiel.

## Leibfeindlichkeit

Spätestens mit dem gebildeten Paulus (5 n. Chr. – 65 n. Chr.), der vom Weltbild der Antike stark beeinflusst war, gesellt sich zum positiven Körperbild die negative Bewertung hinzu. »Wisst ihr denn nicht, dass euer Körper der Tempel des heiligen Geists ist« (1. Korinther 6,19), fragt er, und da liegt die Betonung noch auf dem geheiligten Leib. Mit »Denn ich weiß, dass in mir, das heißt in meinem Fleisch, nichts Gutes wohnt« (Römer 7,18a) stellt er den Körper nur noch als sündig dar. Platons Lehre von der Minderwertigkeit des Körpers im Vergleich zur Überlegenheit von Seele und Geist entwickelt sich so im Laufe der Jahrhunderte zur vorherrschenden Meinung im christlichen Abendland. Der Körper, insbesondere der weibliche, wird zum Hort der Sünde und Unreinheit. Im Mittelalter übertreffen sich christliche Theologen im Verdammen aller Körperlichkeit und reduzieren die Frau auf Sexualität, Geburt und Verführung. Diese Leibfeindlichkeit bildet auch den Nährboden für das asketische Ideal der Ehe- und Familienlosigkeit von Priestern, das im 11. Jahrhundert eingeführt wird. Thomas von Aquin (1225–1274) bezeichnet Frauen als unvollkommen und hält sie für einen Missgriff der Natur. Die frauenfeindliche Haltung der Kirche führte schließlich zu Hexenverbrennungen, wobei auch Kranke und Behinderte als vom Satan besessen galten und auf dem Scheiterhaufen landeten.

## Denken zuerst

Die Ende des 16. Jahrhunderts beginnende Aufklärung rüttelte nicht an dieser Sichtweise. Der französische Denker René Descartes (1595–1650) stellt sich den Menschen als ein Kompositum aus einem Automaten, dem Körper, und einer »denkenden Sache« (»res cogitans«) vor. Der Körper wird also als eine Art Maschine gesehen, die von einem unsterblichen Geist bewohnt wird. Der Leib bleibt vom Geistigen getrennt. Denken hat Vorrang. Das Körperliche ordnet sich dem Geistigen unter.

Kommen wir von diesem Exkurs in die Geschichte wieder zum persönlichen Verhältnis von Körper, Geist und Seele zurück. Ist Ihr Geist Chef und Ihr Körper dessen Diener? An anstrengenden Tagen mit vielen Terminen und Verpflichtungen passiert es mir zum Beispiel, dass ich schlichtweg vergesse, ein Wesen aus Fleisch und Blut zu sein. Da geht es mir um Ziele, Termine, Leistung, Ideen, sodass so »triviale« Bedürfnisse wie Hunger, Durst oder ein schmerzender Nacken nicht ins Bewusstsein vordringen. Und wenn doch etwas durchkommt, wird es ignoriert. Mein Körper gehorcht wie ein unsichtbarer Sklave, der die Wünsche seiner Herrin, meines Geistes, ohne Murren erfüllt. Er zieht sich an und aus, schleppt meinen kostbaren Geist von hier nach dort oder sitzt stundenlang am PC.

An anderen Tagen ist der Geist willig und das Fleisch

schwach. Da helfen auch die besten Begründungen nichts, warum es wichtig, gesund und hilfreich wäre, den Körper vom Sofa zu wuchten und eine Runde zu bewegen. Er weigert sich standhaft, sich von der Stelle zu rühren.

## *Umgang mit dem Körper*

Wie gehen Sie mit Ihrem Körper um? Um eine Antwort auf diese Frage zu finden, lade ich Sie zu einem Gedankenexperiment ein: Stellen Sie sich vor, Ihr Körper wäre ein Kind und Sie erziehungsberechtigt. Welcher Elterntyp sind Sie? Behandeln Sie Ihren Körper wie eine Mutter einen Säugling mit sehr geringer Frustrationstoleranz? Zeigt er auch nur das leiseste Zeichen von Unmut, stürzen Sie sich besorgt auf ihn, um ihn zu füttern, zu beruhigen oder zu wickeln. Keine Sekunde bleibt er unbewacht, nachts überprüfen elektrische Geräte seinen Schlaf. Lassen Sie alles stehen und liegen, sobald Ihr Körper Hunger signalisiert, und füttern ihn unverzüglich? Wenn er Müdigkeit auch nur andeutet, verschaffen Sie ihm die Gelegenheit auszuruhen und wenn er nach Bewegung verlangt, bekommt er diese unverzüglich? Diese Art Eltern machen aus einem harmlosen Pups eine lebensbedrohliche Darmkolik; wimmert das Kind länger als zwei Minuten, rufen sie sicherheitshalber den Krankenwagen. Erst wenn dann der Notarzt zum dritten Mal versichert hat, dass Blähungen bei Säuglingen auch vorkommen, wenn die stillende Mutter sich vorbildhaft ernährt und weder Zwiebeln, Knoblauch noch Prosecco zu sich genommen hat, klingen die Alarmglocken langsam aus. Doch Vorsicht bleibt die Mutter der Körperporzellankiste!

Oder praktizieren Sie mehr einen vernachlässigenden Er-

ziehungsstil? Gleichgültig und desinteressiert wird der Spröss-
ling sich selbst überlassen. Schließlich ist das Kind kein Säugling mehr und benötigt nicht mehr so viel Aufmerksamkeit.
Seine Bedürfnisse sind kein Anlass, die Arbeit zu unterbrechen. Es gibt Wichtiges zu tun, und ein bisschen Warten hat
noch niemandem geschadet. Getreu diesem Motto ignoriert
man die zunehmend schmerzhafte Nackenmuskulatur während eines langen Tages vor dem Bildschirm, auch wenn
sie seit Stunden »Bewege mich, dehne mich, strecke mich,
lockere mich« brüllt. Das Leben ist schließlich kein Wunsch-
konzert, und körperliche Bedürfnisse stehen auf der Priori-
tätenliste des Lebens ziemlich weit unten.

Dann gibt es die gnadenlosen Eislaufprinzessinnen-Eltern.
Auch wenn die Kleine weder Lust noch Kraft hat, weil sie
beim Versuch des doppelten Rittbergers dreimal hinterein-
ander hart aufs Eis geschlagen ist, kennen sie kein Pardon.
»Stell dich nicht so an! Gleich noch einmal!« Die Regeln sind
streng, Autorität wird nicht hinterfragt. Bei unerwünschtem
Verhalten droht harte Bestrafung. Das Kind will spielen wie
andere Kinder auch, darf aber nicht, weil man es nur mit
strengster Disziplin an die Spitze schafft. Später wird es den
Eltern einmal dankbar dafür sein, dass sie ihm nie etwas
durchgehen ließen. Nach drei Stunden hartem Training und
einem kalorienarmen, freudlosen, eiweißreichen Diät-Abend-
essen – Eiskunstläuferinnen müssen leicht wie eine Feder
sein – fällt das Kind hungrig und todmüde ins Bett.

Mit diesem Elterntyp nah verwandt sind die Prestige-
Projekt-Eltern. Sie putzen ihr Körper-Kind heraus, es soll
die schönste, gepflegteste und anziehendste Hülle unter der
Sonne sein. Ein eigener Wille würde bei diesem Püppchen
nur stören, dementsprechend verfahren sie nach der Devise:
Kinder soll man sehen, nicht hören.

Oder Sie behandeln Ihren Körper so, wie entspannte Eltern mit einem Vierjährigen umgehen? Natürlich lassen diese ihn nicht rund um die Uhr alleine; doch er ist alt genug, um auch einmal ein paar Minuten zu warten, wenn die Blase ein bisschen drückt. Das Kind muss nicht den ganzen Tag bespaßt werden, braucht aber im Notfall stets einen Ansprechpartner. Stürzt es einmal auf seinen Entdeckungsreisen, bekommt es ein Pflaster und kein Drama. Man springt nicht blindlings los, wenn sich Hunger, Durst, Bewegungs- oder Ruheimpulse bemerkbar machen, aber verliert die Bedürfnisse nicht aus den Augen. Und falls sich die Erwachsenen einmal in Ruhe miteinander unterhalten wollen, kann das Kind sich auch eine Weile mit sich selbst beschäftigen, da es darauf vertraut, dass die Eltern später auch auf seine Wünsche eingehen werden.

### Den Körper kennenlernen

Wenn Sie Ihr Verhältnis zum Körper noch »hautnaher« untersuchen wollen, machen Sie doch ein weiteres Experiment: Ziehen Sie sich allein in ein wohltemperiertes Zimmer mit großem Spiegel zurück. Und dann, wenn Sie bereit dazu sind, stellen Sie sich nackt vor den Spiegel. Probieren Sie, den Körper einfach nur zu betrachten, als machten Sie eine »Sehübung«. Wenn Sie bemerken, dass Sie mit der Aufmerksamkeit nicht mehr bei den Formen und Farben Ihres Körpers sind, holen Sie sie sanft und entschieden wieder zum Sehen zurück.

Ist es eine ungewohnte Übung für Sie, Ihr hüllenloses Selbst vom Kopf bis zu den Füßen zu betrachten? Was hat Ihren persönlichen Umgang mit Nacktheit geprägt? Haben Sie Ihre Eltern jemals nackt gesehen? Womit verbinden Sie nackte Körper? Mit Sexualität? Natürlichkeit? Unsicherheit? FKK-Zwang? Ist es Ihnen möglich, Ihren nackten Körper neugierig und mit Forschergeist zu betrachten? Das Verhältnis zum nackten Körper ist Strömungen ausgesetzt. Zu Beginn des letzten Jahrhunderts verhüllten sich die Frauen am Strand und im Freibad noch bis zu den Knöcheln. Dann wurde der Stoff immer weniger, bis schließlich in den 80er Jahren sogar in städtischen Badeanstalten oben ohne beinahe normal war. Inzwischen trägt »frau« wieder mehr Textil. Auch wenn in Deutschland noch nicht die rigiden nordamerikanischen Badesitten herrschen, wo sogar Kleinkinder am Strand Windeln und Badeanzug zu tragen haben, ist doch wieder ein deutlicher Rückgang der Freizügigkeit bemerkbar.

Kommen wir noch einmal zum Spiegel zurück. Wie sehen Sie Ihren Körper? Vergleichen Sie ihn mit seiner früheren Version? Bei mir läuft das dann in etwa so ab: Da bleibt der Blick an den postklimakterischen Oberschenkeln hängen, und vor meinem geistigen Auge gesellt sich deren 20 Jahre jüngere Version hinzu. »Das sind nicht deine Oberschenkel«, sagt der Spiegel. So ein bisschen wie bei Schneewittchens böser Stiefmutter: »..., aber die Oberschenkel hinter den sieben Bergen bei den sieben Zwergen sind tausendmal schöner als ihr!« In solchen Fällen hilft mir, den Blick nicht abzuwenden. Manchmal erinnere ich mich daran, dass es eine Freude ist, es überhaupt ins Stiefmutteralter gebracht zu haben. Manchmal gelingt es mir, nicht mehr gegen das anzukämpfen, was ist, und diesen Körper, der mich bis jetzt treu begleitet hat, einfach nur zu sehen. Was geschieht, wenn Sie Ihren Körper betrachten? Kommen da Gedanken über Vergänglichkeit, Altern, Tod und Verfall auf? Oder geht es Ihnen wie der Sängerin Erika Pluhar, die beim Anblick ihres Gesichts gesagt haben soll, dass in ihren Tränensäcken alle Tränen stecken, die sie jemals geweint habe, und die lasse sie sich nicht wegschneiden?

Mit dieser Einstellung verwandelt sich das Betrachten des Körpers in eine autobiographische Reise. Diese Narbe am Knie habe ich schon lange nicht mehr gesehen. Ich erinnere mich, wie ich als Zehnjährige vom Baum gesprungen bin und direkt auf dieser scharfen Kante aufkam. Leberflecke, Schrammen, Kurven, graue Haare und Falten werden plötzlich zu lebendigen Dokumenten einer wechselvollen Geschichte.

Ist es möglich, auch diese Geschichten wieder loszulassen und zum Anblick des eigenen Körpers zurückzukommen? Beginnt der Geist immer wieder von vorn, den Körper zu kommentieren, kritisieren, kategorisieren? Bemerken Sie eine Tendenz, den Körper in Regionen einzuteilen? Gute und schöne, schlechte und weniger schöne sowie neutrale, die immer unter der Radarschwelle unserer Aufmerksamkeit bleiben? Wohin fällt Ihr Blick als erstes? Wo bleibt er hängen? Mein Blick stürzt sich meist zielsicher auf die weniger schmeichelhaften Körperpartien. Mit der gnadenlosen Präzision eines Spürhundes macht er sich auf die Jagd nach neu hinzugekommenen »Mängeln«. Zum Beispiel diese zwei lappenartigen Falten am Hals sind mir bisher noch gar nicht aufgefallen, und die Konturen ums Kinn werden auch immer schwammiger, nörgelt mein innerer Schönheitsdiktator.

### Bin ich schön?

Der befindet sich allerdings in bester Gesellschaft. Laut einer Studie der Firma Dove bezeichnen sich 66 Prozent aller 18- bis 64-Jährigen als ihre eigenen schärfsten Kritiker. Mehr als die Hälfte aller deutschen Frauen ist unzufrieden mit ihrem

Äußeren. Gerade einmal zwei Prozent würden sich selbst als »schön« bezeichnen, und ganze 42 Prozent fühlen sich tatsächlich unwohl, wenn sie sich selbst als schön beschreiben sollten. Paradoxerweise sind aber 60 Prozent der Meinung, dass die meisten Frauen gar nicht wissen, wie schön sie sind, und 68 Prozent stimmen dem Satz zu, dass jede Frau etwas Schönes an sich hat. Alle Frauen sind schön, nur ich nicht! Beim Lesen dieser Studie dachte ich, wie krank ist das denn, und fühlte mich gleichzeitig erkannt und ertappt. Es fällt uns leicht, Schönheit in unseren Freundinnen zu entdecken, doch auf die Frage nach der eigenen Schokoladenseite herrscht betretenes Schweigen. Wir sehen die glatte Haut der Steuerberaterin, die schlanken Fesseln der Friseurin und die tadellose Körperhaltung der Yoga-Lehrerin, aber übersehen unsere strahlenden Augen, kraftvollen Hände und wohlgeformten Waden. Welche Körperpartie würde Ihre beste Freundin an Ihnen besonders hervorheben?

Das weibliche Schönheitsideal hat sich im Laufe der Zeit ständig gewandelt. Man denke nur an die ausladenden Rubensfrauen im Barock, die ins Korsett gepressten Damen des 18. und 19. Jahrhunderts, die knabenhafte Mode in den 1920ern, als nicht die Taille, sondern die Hüfte schmal sein sollte, schließlich wieder die Sanduhr-Figuren der Hollywoodstars der 50er Jahre, das englische Mager-Model Twiggy nur ein Jahrzehnt später, die durchtrainierten Models in den 80ern, den Heroin-Schick einer Kate Moss kurz vor der Jahrtausendwende und die heutigen Kandidatinnen aus Heidi Klums Topmodel-Show.

In einer internationalen Vergleichsstudie zum Gesundheitsverhalten von Jugendlichen ermittelte ein Team der Universität Bielefeld, dass sich in Deutschland 50 Prozent aller normalgewichtigen 15-jährigen Mädchen und 30 Prozent der

Jungen zu dick finden. »Damit sind die deutschen Jugendlichen traurige Spitzenreiter in Sachen Körperunzufriedenheit«, sagt die Leiterin der Studie Petra Kolip. Folgen dieser Fehleinschätzung sind häufige Diäten, Unzufriedenheit und eine erhöhte psychische Belastung, warnen die Forscher.

*Vergleichskörper*

Mit wem vergleichen Sie Ihren Körper, falls Sie ihn vergleichen? Mit der Nachbarin, Schwester, Kollegin? Den Frauen, die Ihnen täglich beim Einkaufen, auf dem Weg zur Arbeit oder im Treppenhaus begegnen? Oder nehmen Sie als Vergleichsmaßstab die makellosen gertenschlanken Frauen und Mädchen auf all den Plakatwänden, Bildern und in Werbeclips, die unsere bewusste oder unbewusste Aufmerksamkeit im öffentlichen Raum, Internet oder Fernsehen ständig auf sich ziehen? Stehen Sie wie ich manchmal entgeistert vor einem dieser Werbeplakate und fragen sich besorgt, ob die dort abgebildeten Körper in der freien Wildbahn überlebensfähig wären? Um dann einen Blick auf die eigenen Hüften zu werfen und sich für einen klitzekleinen Moment nicht »richtig« zu fühlen? Dabei weiß mein Kopf ganz genau, wie absurd es ist, mich mit digital bearbeiteten 20-jährigen Phantomkörpern zu vergleichen.

In der Londoner U-Bahn sorgte im Frühjahr 2015 die Plakataktion einer Protein-Drink-Firma für Furore. »Are You Beach Body Ready?«, stand da in großen schwarzen Lettern vor quietschentengelbem Grund, und ein fitnessgestähltes Bikini-Modell mit Köpermaßen, die nur schwer ohne Photoshop und Airbrush zu haben sind, lächelte auf die Millionen von Pendlern herab. Knapp 80 000 unterschrieben eine Petition, um derartige Werbung zu unterbinden. Trotz winterlicher Temperaturen gab es im Netz bald viele Bilder von alten, jungen, hellen, dunklen, großen, kleinen, dünnen und dicken Frauen, die im Bikini vor dem Plakat posierten. Auf Schildern oder Bildunterschriften war dann zu lesen: »Every Body ist Beach Body Ready«, »Are you Beach-Body Ready? Hell Yes!« oder »How to get a Bikini-Body? Put a Bikini on your Body«.

Die Psychoanalytikerin und Autorin Susi Orbach, die u. a. die berühmte Normalfigur-Werbekampagne der Firma Dove mitgestaltet hat, schätzt, dass wir innerhalb einer Woche zwischen 2000 und 5000 digital aufgepeppten Frauenkörpern ausgesetzt sind, mit dem Effekt, dass die Betrachterin nicht die Bilder, sondern den eigenen Körper als falsch empfindet. Orbach veröffentlichte bereits in den 70er Jahren das *Anti-Diätbuch,* in dem sie den Schlankheitswahn und Körperkult aus feministischer Sicht beleuchtete. Nur in wenigen Fällen nehmen wir überhaupt wahr, dass das heutige Körperideal im wahrsten Sinne des Wortes nicht mehr der Wirklichkeit entspringt. Die deutsche Durchschnittsfrau ist ungefähr 165 Zentimeter groß, wiegt etwas mehr als 68 Kilo und passt in Kleidergröße 42.

So zeigt zum Beispiel das Plakat für die Filmfestspiele 2017 in Cannes eine ausgelassen tanzende 20-jährige Claudia Cardinale mit deutlich schmalerer Taille und Oberschenkeln als auf dem Originalbild von 1959. Nicht einmal eine der schönsten Frauen des letzten Jahrhunderts ist vor dem digitalen Bodyshaping sicher. Wird demnächst der Venus von Milo der Bauch wegretuschiert und werden Manets Olympia die Oberschenkel gestrafft? »Wir schreiben Gesundheitswarnungen auf jedes Päckchen Zigaretten, aber wir warnen nicht vor diesen bearbeiteten Bildern«, mahnt Susie Orbach in einem

Interview, »Gegen diese Monokultur der Körperdarstellungen hilft nur eine Gegenbewegung.«

## Perfekte Einheitsfigur

Leidtragende aller Monokulturen ist die Artenvielfalt. In den letzten Jahren hat sich zwar das Modediktat in ein tolerantes »Anything goes« verwandelt, sodass eine Vielfalt an Rocklängen, Stoffmustern und Kleiderschnitten gleichzeitig existiert. Diese Reichhaltigkeit endet jedoch an der perfekten Einheitsfigur, die all die vielschichtigen Stile erst präsentabel macht. Angestrebt wird inzwischen nicht mehr die »bestmögliche« Version des eigenen Körpers, angepasst an Alter und Wuchs, sondern der eine ultimative Superbody, in den sich alle anderen weiblichen Formen hineinzuzwängen versuchen. Der Körper wird degradiert zur Ware, und eine gigantische Schönheitsmaschinerie macht damit astronomische Gewinne. Was diese Industrie am meisten fürchtet, ist die Zufriedenheit der Menschen mit dem eigenen Körper.

## Körper als Produkt

Noch scheint der Siegeszug der globalisierten Einheitsschönheit grenzenlos. So lassen sich inzwischen die Hälfte aller koreanischen Mädchen »westliche« Augenlider operieren. In vielen südamerikanischen Ländern fällt eine Frau ohne Schönheitsoperation bereits auf, und auch bei uns ist eine Nasenkorrektur als Abi-Geschenk keine Seltenheit mehr. Der neueste Trend sind Schamlippenkorrekturen und »Anal-Bleaching«. Je weniger der Körper im Alltag »benötigt« wird, je mehr körperliche Arbeit von Maschinen übernommen wird, desto schneller scheint er sich in ein Produkt zu verwandeln, das umgeformt, gestaltet und repariert werden muss.

Dieser Trend hat inzwischen auch die Männer erfasst. Sogar sie bekommen jetzt »ihr Fett weg«. Seit rund 30 Jahren rücken sie in den Fokus der Schönheitsindustrie. Schlankheits-, Körper- und Fitnesswahn machen auch vor ihren Körpern nicht Halt. Männermagazine verbreiten Hautpflege-Tipps und verraten, wie »man« die richtigen Sixpacks bekommt. Der Markt der Schönheitschirurgie wächst um 20 Prozent jährlich. Darius Alamouti, Schönheitschirurg aus Herne, ist davon überzeugt, dass ein bisschen Bauch und Glatze schon reichen, um in der oberen Jobliga nicht mehr mitzuspielen. Und auch wer nur in der Kreisliga spielt, legt sich vor einem Vorstellungsgespräch noch einmal kurz unters Messer.

Wo liegt Ihre persönliche Körperveränderungsschmerzgrenze? Quälen im Fitness-Studio ja, Fettabsaugen nein? Botox-Spritze vielleicht, Lider liften niemals? Dessert verkneifen okay, Brüste vergrößern absurd? Mehr als neun Millionen Deutsche haben ein Abo fürs Fitness-Studio, stemmen dort Gewichte oder belegen Bikini-Bootcamp-Kurse. Was »machen« Sie für einen ansprechenden Körper? Wie viel Zeit und Raum nimmt die Beschäftigung mit Ihrem Körper täglich ein? Denken Sie mehr über die richtige Ernährung und Körperpflege, das perfekte Fitnessprogramm und die passende Kleidung nach oder verwenden Sie mehr Zeit darauf, den Körper zu trainieren, formen, schmücken, fit und kräftig zu halten? Wer sich keine Gedanken über Ernährung macht, Yoga und Pilates meidet wie der Teufel das Weihwasser, Joggen doof findet und am liebsten auf der faulen Haut liegt, gilt als charakterschwach und ist selbst schuld, wenn Bluthochdruck und Diabetes drohen.

Gehören Sie zu den fünf Prozent aller deutschen Frauen, die mit ihrem Körper sehr zufrieden sind? Dient er Ihnen als Statussymbol, Visitenkarte, Aushängeschild? Oder leiden Sie darunter, dass sich Ihr Körper als Statussymbol, Visitenkarte, Aushängeschild nicht eignet? Finden Sie ihn zu groß, klein, dick, dünn, kräftig, schwach? Wie würde es sich anfühlen, das »zu« wegzulassen? Was erwarten Sie von Ihrem Körper? Glauben Sie, ein perfekter Körper lässt sich mit Hilfe des richtigen Körpermanagements herstellen? Ist das erstrebenswert?

## Body-Talk

Die Geschichtenerzählerin Clarissa Pinkola Estés erzählt in ihrem Buch *Die Wolfsfrau,* wie sie gemeinsam mit einer Freundin lernte, den eigenen Körper wieder wertzuschätzen. Die beiden Frauen hatten ein Zwei-Personen-Stück mit dem Titel »Body-Talk« entwickelt. Opalanga, eine Amerikanerin afrikanischer Herkunft, überragte schon als Kind alle anderen. Aufgrund ihrer Größe und einer Lücke zwischen den beiden Vorderzähnen, die sie für die anderen Kinder als Lügnerin brandmarkte, wurde sie von Gleichaltrigen oft gehänselt. Estés, mit ihrer fülligen kräftigen Statur, redete man als junges Mädchen ein, sie sei minderwertig und verfüge über keinerlei Selbstkontrolle. »An einer Stelle unseres Auftritts singen wir einen Trauergesang für die Körper, die man uns im Laufe unseres Wachstums auf diese Weise vergällt hat.« (Estés 1996, S. 221) Beiden Frauen half eine Reise zu den Stämmen ihrer Vorfahren, um die eigenen Körper plötzlich mit anderen Augen zu sehen. Opalanga erfuhr in Gambia, dass dort die Lücke zwischen den Vorderzähnen »Öffnung für Gott« genannt und als Zeichen von Weisheit interpretiert wurde. Estés besuchte ihre Vorfahren in Mexiko, wo die Frauen allesamt kräftig und ausladend waren. Sie fragten ihre Besucherin besorgt, ob sie auch gesund sei, weil ihr Bauch nicht dick genug war, denn Frauen sollten rund wie die Erde sein, die so viel Gutes hervorbringt. Vielleicht hilft diese Geschichte, unser virtuelles Schönheitsideal einmal fallen zu lassen und das Thema »Mein Körper und ich« aus ganz anderen Perspektiven zu betrachten.

## Körper als Kostbarkeit

Wissen Sie zum Beispiel die Tatsache zu schätzen, überhaupt einen Körper zu bewohnen? So betonen viele Schulen des Buddhismus die »Kostbarkeit des Menschenkörpers«. Allein die Tatsache, als Mensch das Licht der Welt erblickt zu haben, gilt als sehr rares Geschenk. Stellen Sie sich vor, im weiten Ozean schwimmt ein Ring, der von Wind und Wellen hin und her geworfen wird. Auf dem Meeresboden wohnt eine Schildkröte, die einmal alle hundert Jahre kurz an der Oberfläche vorbeischaut. Die Wahrscheinlichkeit, dass sie beim Auftauchen ihre Schnauze ausgerechnet durch den Ring streckt, ist klitzeklein, aber größer, als in einem menschlichen Körper geboren zu werden.

Oder haben Sie sich einmal Gedanken darüber gemacht, was Ihr Körper den ganzen Tag vollbringt? »Der Körper ist ein absolut wunderbares Instrument: Er kann gehen, sitzen, sprechen, Entfernungen abschätzen, die verschiedensten Arten von Nahrung verdauen und in Energie umwandeln und vieles mehr«, schwärmt Jon Kabat-Zinn. (Kabat-Zinn 2009, S. 82) Wir halten die Funktionsfähigkeit unseres Körpers für eine

Selbstverständlichkeit – jedenfalls solange sie uneingeschränkt gegeben ist. Auch wenn Sie sich wahrscheinlich nicht mehr daran erinnern können, haben Sie einmal viel Mühe und Zeit damit verbracht, gehen zu lernen. Heute verschwenden wir in der Regel keinen Gedanken mehr daran, wie wunderbar es ist, einen Fuß vor den anderen zu setzen und uns auf diese Art fortzubewegen. Sind Sie sich bewusst darüber, wie die einzelnen Gelenke in Füßen und Beinen zusammenspielen, wie diese schmale Auflagefläche der Fußsohlen genügt, um uns im Gleichgewicht zu halten? Erst wenn wir uns auch nur eine einzige Zehe verletzen, stellen wir erstaunt fest, was für ein perfekt aufeinander abgestimmtes Phänomen der menschliche Körper ist.

Susie Orbach, die feministische Psychoanalytikerin und engagierte Kritikerin des aktuellen Körperkultwahnsinns meint, wir sollten lernen, »unseren Körper wie ein bequemes Sofa oder ein gemütliches Haus zu bewohnen. Und ihn nicht ständig mit dem unbequemen Designersofa oder dem perfekten Stararchitekturhaus vergleichen.« (SZ, 8.8.2015)

Der Körper als Herberge ist auch eine gern benutzte Analogie im Buddhismus. Betont wird in diesem Zusammenhang besonders die zeitliche Befristung des Wohnverhältnisses. Ajahn Chah, ein thailändischer Theravada-Mönch aus dem 20. Jahrhundert, beschreibt es so: »Wir haben das Haus unseres Körpers nur gemietet. Wenn es uns wahrhaft gehören würde, könnten wir ihm befehlen, nicht krank und nicht alt zu werden.« (Kornfield 2008, S. 172) So ist überliefert, dass der Buddha seinen Mönchen riet, Leichenfelder aufzusuchen und sich vorzustellen, wie der Körper langsam zerfällt. Dabei sollten sie sich bewusst machen, dass auch ihr Körper irgendwann einmal so zerfallen würde. In neun Stadien beschreiben die Anleitungen des Buddhas sehr konkret und anschaulich den allmählichen Verwesungsprozess des menschlichen Körpers. Gerade weil der Körper sterblich, der Tod sicher und dessen Zeitpunkt ungewiss ist, macht es Sinn, sich um den eigenen Körper zu kümmern und ihn pfleglich zu behandeln. »Use it, because you lose it«, riet die in der tibetischen Tradition lehrende US-amerikanische Nonne und Autorin Pema Chödron in einem Vortrag. Wer alles auf die »Körperkarte« setzt und glaubt, ein schöner, jugendlicher Körper könnte alle Probleme lösen, ist zum Scheitern verurteilt. Jeder lebendige Körper altert, wird krank und stirbt, auch wenn Fitness-Blogs so gewagte Versprechen wie »Richtig fit für immer!« abgeben.

Stellen wir uns also das Leben als einen Kurzaufenthalt in einem Hotel vor. Was fangen Sie mit Ihrer Zeit an? Besuchen Sie die Saunalandschaft? Buchen Sie eine Massage? Treffen Sie nette Menschen? Genießen Sie die Aussicht? Erfreuen Sie sich am Service? Lassen Sie sich Essen und Trinken schmecken? Oder verbringen Sie Ihre Zeit damit, Ihr Zimmer täglich neu zu dekorieren?

# Wie fühle ich mich in meiner Haut?

Wie fühlen Sie sich gerade in Ihrer Haut? Ist Ihr Körper müde, wach, hungrig oder bewegungsbedürftig? Welche Empfindungen spüren Sie jetzt in Ihren Füßen, den Beinen, im Rumpf, Rücken, in Schultern, Nacken, Armen, Händen und im Kopf? Wo bemerken Sie Anspannung, wo vielleicht ein Gefühl von Weite, Druck oder Leichtigkeit? »Wer« beantwortet diese Fragen? Nehmen Sie sich die Zeit, in den Körper hineinzuspüren, oder antwortet der Geist, ohne überhaupt mit dem aktuellen Körperbefinden »Rücksprache« zu halten?

## *Im Gedanken verloren*

»Es ist erstaunlich, welch großen Wert wir einerseits auf unser äußeres Erscheinungsbild legen, während wir andererseits das Gefühl für den Körper vollkommen verloren haben«, schrieb Jon Kabat-Zinn (Kabat-Zinn 2009, S. 82) schon Ende der Siebziger. Diese Diskrepanz hat sich in den letzten 40 Jahren immer weiter verschärft.

»Viele von uns sind so in Gedanken und Sorgen verloren, dass wir kaum noch irgendwelche Körperempfindungen wahrnehmen«, schrieb um die Jahrtausendwende die Bewegungstherapeutin und Zen-Lehrerin Darlene Cohen. (Cohen 2000, S. 120, eigene Übersetzung) Der Körper rückt nur noch in unser Bewusstsein, wenn wir Hunger, Schlaf oder Schmerzen registrieren, und auch diese Regungen bemerken wir oft erst, wenn sie lang genug mit dem Zaunpfahl gewunken haben.

»Westliche Gesellschaften fördern auf der körperlichen Ebene vor allem muskuläre, zielgerichtete, funktionale und kompetitive Bewegung, die das Herz-Kreislaufsystem stärkt. Das sensorische und propriozeptive absichtslose Empfinden oder eine innere Sammlung der leiblich-seelischen Kräfte, wie wir es aus kontemplativen Praktiken, Meditationen und Kampfsportarten anderer Kulturen kennen, hat im Westen keine eigene Tradition«, schrieb die Körperwahrnehmungstherapeutin Thea Rytz (Rytz 2016, S. 37).

## Die Welt aus Sicht des Körpers

Wir sprechen über, denken an, trainieren und schmücken den Körper, nehmen uns aber selten die Zeit, die Welt aus »seiner Sicht« zu erleben, obwohl wir alle »be-leibt« sind. Meist fällt es uns gar nicht mehr auf, dass wir den Körper nur noch über das Denken begreifen und uns das simple Erspüren desselben ersparen.

## Denken und Spüren

Was ist nun aber der Unterschied zwischen »über den Körper nachdenken« und »den Körper von innen heraus erspüren und erforschen«? Vielleicht mögen Sie eine einfache Übung ausprobieren, um das für sich herauszufinden:

Schließen Sie die Augen und konzentrieren sich auf Ihre Hände. Erscheint ein Bild der Hände vor Ihrem inneren Auge? Aus welcher Perspektive nehmen Sie sie wahr? Aus dem Blickwinkel der Augen auf die Hände? Aus den Händen heraus? Kommen Gedanken über Ihre Hände auf? Vergleichen

Sie sie mit den Händen Ihrer Eltern, einer jüngeren Version der eigenen Hände oder mit Ihrer persönlichen Idealvorstellung? Fallen Ihnen Geschichten über Hände ein oder erinnern Sie sich an eine Verletzung oder an Schmerzen? Und jetzt, in einem zweiten Schritt, können Sie versuchen, sich den Händen auf eine andere Art zu nähern. Schließen Sie wieder die Augen. Dann bringen Sie, so gut das eben möglich ist, die Aufmerksamkeit mitten in Ihre Hände hinein, egal in welcher Position diese sich gerade befinden. Erlauben Sie nun dieser Aufmerksamkeit, Ihre Hände zu durchdringen, vom Knochen zur Haut und den Fingernägeln. Versuchen Sie so, offen und aufmerksam für jede Empfindung in den einzelnen Fingern, den Handrücken und den Handflächen zu sein. Spüren Sie die Luft zwischen den Fingern und um sie herum? Wie fühlen sich Gelenke und Daumen an? Lassen Sie sich vom Tastsinn leiten, wenn die Hände gerade in Kontakt mit einem Gegenstand sind. Ist da ein Gefühl von Weichheit oder Härte? Kühle oder Wärme – was auch immer gerade da ist, einfach nur wahrnehmen.

Ist der Unterschied zwischen dem Denken über die Hände und das unmittelbare Erspüren der Hände deutlicher geworden? Im Alltag geht es uns oft wie Mr. Duffy, einer literarischen Figur aus James Joyces *Die Dubliner:* Wir leben ein Stückchen von unserem Körper entfernt (Mr. Duffy lived a short distance from his body). Aus dieser kurzen Entfernung bekommen wir nicht so genau mit, was von Moment zu Moment im Körper passiert. Dabei ist die Fähigkeit, den Körper von innen heraus wahrzunehmen, nichts, was wir neu erlernen müssten. Sie ist immer und überall vorhanden, wir greifen nur immer weniger darauf zurück.

Während eines Achtsamkeits-Workshops an der Münchner Ludwig-Maximilians-Universität sprachen wir über dieses

Thema, und eine Studentin präsentierte einen verblüffend einfachen Vorschlag. »Ich möchte in Zukunft«, sagte sie, »öfter das tun, was mir mein Körper rät. Wenn er morgens darum bittet, radle mich zur Uni, dann nehme ich nicht mehr die U-Bahn, und wenn er mich abends anfleht, lege mich aufs Sofa, dann gehe ich eben nicht auf die tolle Party, obwohl alle anderen da sind.«

*Körpermaschinen*

Doch um diese »Körperwünsche« zu erfüllen, müssen wir erst wieder lernen, sie überhaupt zu beachten – und das ist in der heutigen Welt keine leichte Aufgabe. Der Trend geht in die andere Richtung. Krankenkassen bezuschussen den Kauf von Fitness-Trackern. Ein boomender digitaler Gesundheitsmarkt wirbt dafür, natürliche Körperempfindungen an ein Bändchen ums Handgelenk outzusourcen. Applechef Tim Cook erklärte neulich, dem menschlichen Körper fehle ein Äquivalent zur Service-Anzeige im Auto. Und schwärmte davon, dass die i-Watch »immer mehr Funktionen des eigenen Körpers« kontrollieren könne. (Mac & i, 26. 9. 2016) Der Leib wird so zu einer unzuverlässigen Bio-Maschine degradiert, die nur mit Hilfe geeigneter Geräte fehlerfrei und reibungslos ihren Dienst leistet. Wie die Menschheit jahrtausendelang ohne Blutdruck- und Pulsmesser, Schritterfassung, Entfernungsmessung, Aktivzeit, Schlafphasenüberprüfung und Kalorienverbrauchszähler überleben konnte, erscheint angesichts ihrer gravierenden Konstruktionsdefizite vollkommen rätselhaft.

Doch was sind die Folgen dieser Entwicklung – von der immensen Gefahr des Datenmissbrauchs und mangelnden

Datenschutzes einmal abgesehen? Für bestimmte Personengruppen, die zum Beispiel an einer Herzerkrankung oder anderen Krankheiten leiden, sind die vielen neuen Körpermessgeräte tatsächlich nützlich und sinnvoll. Sie schützen vor gefährlicher Überbelastung und wirken entlastend auf die Psyche. Doch Fitness-Tracker in Form von Armband/Wearable, Smartwatch oder einem Smartphone mit Fitness-App werden inzwischen von 31 Prozent der Deutschen genutzt. Sie können dabei helfen, die Motivation, sich mehr zu bewegen, aufrechtzuerhalten oder einen genaueren Überblick über das eigene Verhalten zu bekommen. Aber ist es wirklich ein Segen, wenn mir meine Armbanduhr mitteilt, dass ich mich seit 134 Minuten nicht mehr bewegt und mein tägliches 10 000-Schritte-Soll erst zur Hälfte erfüllt habe? An manchen Tag würde mein Körper vielleicht auch nach dem 10 001. Schritt gerne noch weitermarschieren und an anderen bei 3000 lieber gleich in die heiße Badewanne und dann schleunigst ins Bett. Oder stellen Sie sich vor, Sie wachen eines Morgens herrlich entspannt auf und fühlen sich großartig, bis ein Blick auf Ihren Schlaftracker verrät, dass Ihre Nacht extrem unruhig war. Haben Sie sich dann irrtümlich gut gefühlt?

Macht wahnhafte Wertekontrolle wirklich gesünder? Erfolgreiche Geschäftsleute wie Tim Cook versuchen uns davon zu überzeugen, dass wir unbedingt eine digitale »Service-Anzeige« zwischen Bewusstsein und Körperempfindungen benötigen, um zweifelsfrei zu erfahren, wie es uns wirklich geht. Einfacher als mit all diesen smarten Gesundheits-Gagdets und Health-Apps lässt sich die eigene Gesundheit kaum überprüfen, behaupten sie. Stimmt das? Wie stünde es um die allgemeine Gesundheit, wenn mündige Kundinnen plötzlich auf die Idee kämen, sich selbst zu Expertinnen für den eigenen Körper zu erklären und von ihrer angeborenen Wahrnehmungsfähigkeit einfach Gebrauch machten?

Körperfunktionen, die länger nicht nachgefragt werden, stellen ihren Dienst ein. Das kennt jeder, der sich einmal ein Bein oder einen Arm gebrochen hat, und nach der erzwungenen Ruhepause die Muskeln wieder gezielt aufbauen musste. So kann man sich das auch bei der in jedem Menschen angelegten Fähigkeit vorstellen, körperliche Signale zu registrieren. Viviane Scherenberg, Dekanin für Prävention und Gesundheitsförderung an der Apollon Hochschule in Bremen, weist darauf hin, dass unser Körper eben nicht nach mathematischen Regeln funktioniert und kein Computer ist. Der Drang, möglichst viele Daten über den eigenen Körper und Lebensstil zu erfassen, kann auch dazu führen, dass die eigene, gesunde Körperwahrnehmung verlorengeht. »Menschen, die ihre Körperfunktionen obsessiv überwachen, lückenlos aufzeichnen und so ihre Körperfunktion wie eine Maschinenleistung optimieren wollen, machen ihr persönliches Wohlergehen von einzelnen Tagesergebnissen abhängig.«

### Direkter Körperkontakt

Aber es sind nicht nur externe Gerätschaften und findige Geschäftemacher, die dafür sorgen, dass wir wenig Bereitschaft zeigen, uns aufs Erspüren des eigenen Körpers einzulassen. Thea Rytz weist in dem Zitat zu Beginn des Kapitels darauf hin, dass wir im Westen auf keine Tradition zurückgreifen können, den Körper einfach nur wahrzunehmen. Als Säuglinge, ohne Konzepte und Ideen darüber, wie sich ein Körper anfühlen sollte oder auszusehen hat, waren wir auf die Wahrnehmung unserer Körperbedürfnisse angewiesen. Haben Sie einmal ein auf dem Rücken liegendes Baby betrachtet, wie es mit Hingabe und Ausdauer die eigenen Füße berührt, ertastet, dehnt, streckt und knetet? Solange wir noch gar keine Konzepte und Ideen über den eigenen Körper haben, erscheint dessen Erforschung bedeutend einfacher. Schwieriger wird es erst, wenn es darum geht, uns mit dem eigenen Körper trotz aller Konzepte und Ideen vertraut zu machen. Was uns alles daran hindern kann, den Körper »einfach« nur zu ertasten, können Sie in der folgenden Übung »hautnah« erfahren.

Setzen Sie sich gemütlich auf einen Stuhl und legen beide Händen sanft auf Ihren Bauch. Was fühlen Sie? Spüren Sie ein Pochen, Pulsieren, Flattern? Bewegt die sich wölbende und zusammenziehende Bauchdecke die Hände auf und ab? Schieben Sie Hemd, Bluse oder Pulli nach oben und berühren vorsichtig die Fettschicht am Bauch (falls vorhanden). Betasten Sie dieses Gewebe zwischen Daumen und Fingern. Was nehmen Sie wahr? Etwas Weiches, leicht Wabbeliges? Verringert oder vermehrt sich die Masse zur Körpermitte hin? Wie fühlen sich die Außenseiten der Taille an? Gibt es da ein leichtes Druckgefühl? Entsteht Wärme? Wird die Bauchdecke kalt?

Oder nehmen Sie all diese Empfindungen nicht wahr, weil Sie viel zu beschäftigt mit Urteilen und Kritisieren sind? Weil Sie finden, das, was Sie berühren, sollte, könnte, müsste sich eigentlich anders anfühlen, als es sich anfühlt? Können Sie zwischen direkter körperlicher Empfindung und Wertung unterscheiden? Fällt Ihnen auf, wie die Aufmerksamkeit vom reinen Spüren ins Denken überwechselt, obwohl Sie sich vorgenommen haben, bei den Körperempfindungen zu bleiben? Bevor überhaupt das leise Stimmchen der direkten Empfindung zum Einsatz kommt und die Finger das zarte Fleisch vorsichtig ertasten, passiert es mir manchmal, dass mein innerer Schönheitsdiktator bereits sein vernichtendes Urteil herausgebrüllt hat: »Hier sollte weniger Fett sein, dort auch, und überhaupt brauchst du dich nicht zu wundern, dass alles in die Breite geht. Habe ich nicht gleich gesagt, dass dieses Dessert vor drei Tagen sich um deinen Bauch schlingen und dich dann nie mehr verlassen wird!« Manchmal höre ich mir die harsche Strafpredigt so lange an, bis ich bemerke, dass ich mit der Aufmerksamkeit nicht mehr beim Erspüren meiner Bauchdecke bin, danke dem Diktator freundlich für seinen Kommentar und komme einfach zum Erfühlen meiner Körpermitte zurück. An anderen Tagen glaube ich dem Schreihals jedes Wort und ziehe verschämt den Bauch ein. Im Anschluss ärgere ich mich über meine Reaktion, da ich doch theoretisch haargenau weiß, dass ein fettfreier Bauch nicht erfolgreich, gesund, glücklich oder zufrieden macht, ich aber dennoch immer wieder den absurden Körpervorgaben unserer Leistungs- und Konsumgesellschaft auf den Leim gehe. Meine ursprüngliche Absicht, einfach nur wahrzunehmen, habe ich längst vergessen. Der wertende Geist katapultiert mich gnadenlos in einen Zustand von Nichtbewusstsein zurück und unterbindet so die unmittelbare Beziehung zum Körper, dessen Signale und Botschaften ich dann lieber gleich wieder ignoriere.

Bei der direkten Kontaktaufnahme mit dem eigenen Körper geht es nicht darum, dem Schönheitsdiktator den Mund zu verbieten, sondern sich mit dem Unterschied zwischen Fühlen und Werten vertraut zu machen. Wir registrieren einfach die bisher unbewussten geistigen Verknüpfungen, die wir in uns tragen. Wie würde sich Ihr Leben verbessern, wenn Sie die ideale Figur hätten? Fänden Sie leichter einen Partner?

Erhielten Sie die lang geforderte Gehaltserhöhung? Wären Sie im Bekanntenkreis beliebter? Wie würden Sie die Liste ergänzen? Aber gibt es nicht bereits Momente in Ihrem Leben, in denen Sie sich wohl in Ihrer Haut fühlen, genau so, wie Sie jetzt sind? Und woran merken Sie, dass Sie sich wohlfühlen? Ist das mit einem Gefühl der Weite in der Brust verbunden? Durchströmt Ihr Atem mühelos den Körper? Oder läuft ein angenehmes Kribbeln von oben nach unten die Wirbelsäule hinunter?

## Körperalltag

Wie behandeln Sie den eigenen Körper im Alltag? Spüren Sie beim Duschen, wie Ihre Hand die Seife auf der Haut verteilt? Wie das Wasser die nackte Haut berührt, abperlt, abtropft, wie es den Körper herabfließt? Nehmen Sie die Temperatur des Wassers auch dann wahr, wenn es nicht viel zu heiß oder zu kalt ist? Wie fühlt sich das Handtuch nach der Dusche auf der Haut an? Rubbeln Sie die Haut trocken, streichen Sie sie trocken? Sind Sie mit der Aufmerksamkeit bei Ihrem Körper, wenn Sie Creme oder Öl darauf verteilen? Würden Sie eine gute Freundin genauso eincremen wie sich selbst? Achten Sie darauf, wie sich der Körper anfühlt, wenn Sie ihn berühren?

Hören Sie auf die Signale Ihres Körpers? Woran merken Sie zum Beispiel, dass Sie Hunger haben? Theoretisch kann ich diese Frage beantworten. Der Magen fühlt sich leer an und gibt seltsame Laute von sich, Kreislauf und Laune sinken in den Keller. Mich befällt eine an Unhöflichkeit grenzende Mundfaulheit, und wenn ich mich gezwungen sehe, etwas zu sagen, dann selten etwas Freundliches. Da ich im Alltag meine gesammelte Aufmerksamkeit jedoch auf die Erfüllung von

Plänen oder Erwartungen richte oder auf die Lösung einer kniffligen Frage, müssen so banale körperliche Bedürfnisse zurücktreten. Manchmal bemerkt dann ein vertrauter Mensch meinen Heißhunger früher als ich selbst: »Iss erst etwas, dann können wir uns gern wieder unterhalten!«

Leben wir unser Leben wie Mr. Duffy, immer ein kleines Stückchen vom eigenen Körper entfernt, müssen wir auf die Dauer mit Konsequenzen rechnen. Der Psychologe Matthias Ennenbach weist auf die Gefahr eines vom Gewahrsein nur »wenig bewohnten Körpers« mit Hilfe eines buddhistischen Gleichnisses hin: »Ist der Meister nicht zu Hause, kommen ungebetene Gäste ins Haus. Gehen wir wenig achtsam mit unserem Körper um, sind wir wenig bewusst, dann ist der Meister (Geist) nicht wirklich im Haus (Körper). Die ungebetenen Gäste können sich dann in Form aller möglichen Überforderungssymptome einfinden.« (Ennenbach 2011, S. 99) Anders ausgedrückt: Ist die Duffy-Katze aus dem Haus, tanzen Müdigkeit, Vergesslichkeit, Schlafstörungen, Anspannung und Konzentrationsprobleme auf dem Tisch.

Auch Jon Kabat-Zinn betont, dass unsere gewohnheitsmäßige Unachtsamkeit und die Tendenz, den Körper zu ignorieren oder zu missbrauchen, nicht folgenlos bleiben. Irgendwann gerät er aus dem Gleichgewicht. Dabei erzählt uns der Körper zuverlässig und regelmäßig, wie wir uns fühlen, nicht nur in besonders schmerzhaften oder angenehmen Momenten. Aber wir hören seine Mitteilungen auch deshalb nicht, weil wir viel zu beschäftigt damit sind, darauf zu reagieren, was in der Regel einen ganzen Wasserfall von Emotionen und Gedanken und Urteilen in Gang setzt, und so die ursprüngliche Empfindung ganz schnell in Vergessenheit geraten lässt.

Um mit dem Körper wieder direkten Kontakt aufzunehmen, brauchen wir Ruhe. »Wenn Sie Ihre Augen schließen und hinspüren, werden Sie keinen ›Körper‹ an sich erleben«, prophezeit Jack Kornfield. »Der ›Körper‹ ist letztlich nur ein Begriff, eine Idee.« (Kornfield 2008, S. 173) Und nein, damit ist nicht gemeint, dass es so etwas wie einen Körper nicht gäbe, sondern nur, dass er nichts Festes, Unveränderliches, Stabiles ist. Über diese Art der »Besinnung« zu schreiben, ist ungefähr so, als wollte ich Ihnen erklären, wie eine Orange schmeckt. Ich kann dabei noch so viele anschauliche Adjektive heranziehen; wie die Frucht mundet, erfahren Sie erst, wenn Sie sie essen. Falls Sie sich also auf dieses Experiment einlassen wollen, ganz im Körper zu sein und dabei »keinen Körper« an sich zu erleben, lesen Sie den folgenden Abschnitt und probieren es am eigenen Leib aus.

Spüren Sie in den Körper hinein. Was nehmen Sie wahr? Sind da Bereiche von Weichheit? Empfindungen von Druck und Schwere? Bestimmte Oberflächenanmutungen von glatt, geschmeidig, rauh oder trocken? Welche Stellen strahlen Wärme oder Kälte aus? Vibrieren bestimmte Regionen, fühlen sich andere ganz still und ruhig an? Wie fließt die Atemluft? Wie fühlt sich Schlucken an? In diesem Moment und diesem und diesem …?

Haben Sie die Flüchtigkeit der Empfindungen wahrgenommen? Manche dieser »nackten« Sinneswahrnehmungen lassen sich nur schwer oder gar nicht in Worte fassen. Das ist okay. »Dass wir überhaupt auf diese Körperempfindungen achten können, ist schon ziemlich bemerkenswert. Dass wir es willentlich tun können, entweder einem Impuls folgend oder auf disziplinierte und systematische Weise, ist noch erstaunlicher«, bringt Kabat-Zinn das im Alltag oft als selbstverständlich erachtete »Wunder der Verkörperung« auf den Punkt. (Kabat-Zinn 2006, S. 398)

*Auf Körperreise*

Während meiner Ausbildung zur MBSR-Lehrerin übten wir immer wieder den sogenannten Bodyscan. Damals hatte ich zwar schon ein paar Jahre regelmäßig meditiert, aber diese Art der Achtsamkeitsübung war mir eher fremd. Ich kann mich gut erinnern, wie wir uns für diese Körpermeditation auf die Matte legen sollten und mich irgendwann die Stimme unseres Ausbildungsleiters freundlich aufforderte: »Richte nun die Aufmerksamkeit in deine kleinen Zehen.« Dieser eine Satz löste bereits eine ganze Kaskade von Gedanken und Empfindungen bei mir aus: Meine kleinen Zehen sind verkrümmt und die Zehennägeln bohren sich in die Nachbarzehen. Meistens friere ich an den Füßen. Es ist mir völlig egal, wie sich meine rechte und linke kleine Zehe jetzt im gegenwärtigen Moment anfühlen! Es interessiert mich nicht! Ich mag zwar auf ihnen stehen, aber ich stehe einfach nicht auf sie! Warum soll ich mich damit beschäftigen? Als ich den inneren Kreuzzug gegen die kleinen Zehen beendet hatte, waren wir irgendwo bei den Oberarmen angekommen.

Es hat ein wenig gedauert, bis ich mich auf diese Körpererfahrungsreise einlassen konnte, und das ewige Geplapper in meinem Kopf, wie dieser Körper ist, sein sollte oder in keinem Fall sein darf, mich nicht mehr dauerhaft vom Spüren abhielt. Wertungen, Erinnerungen und Geschichten kommen immer noch; sobald ich bemerke, dass ich im Denken bin, bringe ich die Aufmerksamkeit so freundlich wie möglich in die aktuelle Empfindung der jeweiligen Körperregion zurück – auch wenn schon der Scheitelpunkt an der Reihe ist, bis ich es bemerkt habe. Manchmal eröffnen sich in diesem sich von Moment zu Moment wandelndem Körper-Universum die fruchtbarsten Landschaften, dann weite Wüstengebiete, wilde Höhen und Tiefen oder öde Steppe. Für diese unglaubliche Entdeckungsreise bedarf es nur der Abenteuerlust. Gepäck, Spezialausrüstung, digitale Geräte, Flugtickets und Tourenplaner sind unnötig. Und während Sie unterwegs sind, kehrt Ihr Mr. Duffy im selben Atemzug ganz und gar nach Hause zurück.

## Strategien im Tal der Schmerzen

Was geschieht nun aber, wenn diese Abenteuerreise direkt ins Tal der Schmerzen führt und das »Wunder der Verkörperung« zum »Fluch des Leibes« mutiert? Sind Sie mit Ihrem persönlichen Schmerzmanagement-Muster vertraut? Welche Strategien verfolgen Sie, sobald sich körperliche Pein bemerkbar macht? So wird jemand, der den eigenen Körper als eine Art biologische Maschine betrachtet, diese schnellstmöglich in die Reparaturwerkstatt bringen und dort den Experten überlassen, sie wieder voll funktionsfähig zu machen. Ob mit Hilfe von Tabletten, Spritzen, Massagen oder einer Operation, Hauptsache, ein Fachmann unternimmt etwas. Hier wird nicht gehandelt, sondern man lässt behandeln. Anders als das Auto kann man zwar den Körper nicht in der Arztpraxis abgeben, einen Ersatzwagen mieten und nach zwei Tagen mit neuem TÜV wieder abholen. Doch wer glaubt, von seinen Körperfunktionen und -empfindungen genauso wenig zu verstehen wie von Motoren, Vergasern und Karosserien, dem gelingt es auch – ohne für 48 Stunden aus der Haut zu fahren –, unbeteiligt abzuwarten, bis sämtliche Instandsetzungen abgeschlossen sind und alles wieder läuft.

Oder gehören Sie mehr zu den Menschen, die beim ersten Anzeichen von Schmerzen den eigenen Körper als üblen Verräter beschimpfen, weil er Sie einfach im Stich lässt? Vielleicht suchen und finden Sie die Gründe für dessen Komplettversagen und fügen den akuten Schmerzen noch chronische Vorwürfe hinzu, weil Sie sich in der Vergangenheit zu wenig bewegt, zu viel gegessen oder sonstige schwerwiegende Gesundheitssünden begangen haben. Natürlich kann man die aggressive Abwehr auch nach außen richten und die Chefin wegen der Überstunden für die Rückenschmerzen verantwortlich machen oder die Autoindustrie für den brennenden Hautauschlag.

Wieder andere lenken sich ab, analysieren oder rationalisieren, geben ihre Symptome auf der Suche nach einer passenden Diagnose im Netz ein, plustern ein Wehwehchen zur fatalen Krankheit auf, um diese dann zum einzigen Lebensinhalt zu erheben. Es gibt auch die Möglichkeit, sich vor dem Schmerz zu verstecken wie ein Kind, das sich die Hände vor die Augen hält und glaubt, so nicht mehr auffindbar zu sein. Man kann in Schockstarre verfallen, sich hinter den Ofen verkriechen und oder sich selbst so sorgsam in Watte packen wie den kostbarsten Christbaumschmuck. Und wer schon einmal etwas von Achtsamkeit gehört hat, deren Grundidee aber missversteht, wird sich nach Kräften mühen, den lästigen Schmerz einfach wegzumeditieren.

Wie haben Ihre Eltern reagiert, wenn Sie als Kind Schmerzen hatten? Reiß dich zusammen! Du Arme, der böse Tisch hat dir ein Aua gemacht! Gleich bring ich dir ein Stück Schokolade! Je nachdem, wie wir erzogen und sozialisiert wurden, ob wir in einer Umgebung aufgewachsen sind, die Schmerz als Teil des Lebens annimmt oder als »Fehler im System« begreift, der sofort auszulöschen ist, singen wir unser höchst individuelles Schmerz-Mantra: »Ich halte das keine Sekunde länger mehr aus!«, »Zähne zusammenbeißen!«, »Alles, was mich nicht umbringt, macht hart«, »Ein Indianer kennt keinen Schmerz!«, »Warum ich? Warum jetzt?«, »Das wird nie wieder aufhören!« Wie lautet ihr klassisches Libretto, und welche Melodie läuft dazu? Halten Sie Ihren Umgang mit Schmerzen für hilfreich, mitfühlend und freundlich? Sorgt er dafür, dass Sie sich besser oder schlechter fühlen? Und wie immer gibt es auf all diese Fragen keine richtigen oder falschen, sondern bestensfalls ehrliche Antworten. Die können dann dazu beitragen, mit den eigenen automatischen Verhaltensweisen vertraut zu werden und damit das Vertrauen in sich selbst zu stärken.

## Schmerz und Leid

Vielleicht wollen Sie sich einmal vorstellen, nie wieder körperlichen Schmerz zu empfinden? Im ersten Moment mag die Idee verlockend erscheinen. Es gibt tatsächlich ein paar wenige Menschen, die ohne funktionierende Schmerzrezeptoren auf die Welt kommen. Wenn sie sich den Mund verbrennen, einen Arm brechen oder ihr Blinddarm sich entzündet, informiert sie keine Schmerzreaktion über die Gefahr. Selbst bei schwersten Verletzungen bleiben sie ungerührt. Viele sterben bereits im Kindesalter. Schmerz kann das Überleben sichern, indem er vor Risiken schützt und warnt, uns zeigt, dass und wo der Schuh drückt und uns einlädt, dort einmal genau hinzuschauen. Allein das Wissen über mögliche

Schmerzen trägt dazu bei, dass wir im Alltag vorsichtiger und achtsamer handeln.

Kaum jemand findet Schmerzen angenehm, die allermeisten Menschen wünschen sich, frei von Schmerz zu sein, und das ist völlig verständlich und nachvollziehbar. Und doch kommt Schmerz vor im Leben. Solange Sie noch Zähne im Mund haben, können Sie Zahnweh bekommen. »Wir mögen es nicht, physischen Schmerz zu fühlen, deshalb erfindet unser Geist Vermeidungsstrategien«, behaupten die Meditationslehrer Jack Kornfield und Joseph Goldstein (Kornfield & Goldstein 2006, S.167). Der Buddha unterschied zwischen Schmerz und Leid und erklärte seinen Mönchen den Unterschied mit der Geschichte der zwei Pfeile. Der erste Pfeil, körperliches Unbehagen, ist unangenehm, aber unvermeidlich. Stellen Sie sich vor, dass Sie nachts im Dunklen auf dem Weg durchs Wohnzimmer mit der Zehe ans Tischbein stoßen. Das tut weh. Sie können Ihre Zehe untersuchen, eventuell kühlen oder eine Schmerztablette einnehmen; wenn der Fuß am nächsten Morgen noch geschwollen ist, eine Ärztin aufsuchen, die feststellt, ob etwas gebrochen ist oder nicht. Doch allzu oft schießen wir selbst dem ersten Pfeil gleich noch einen zweiten Pfeil hinterher. Diesen zweiten Pfeil könnte man als »Leid« bezeichnen. Je nach Charakter kann er völlig unterschiedliche Formen annehmen, zum Beispiel Ärger (Welcher Idiot hat den Tisch verstellt!), Selbstverurteilung (Ich Idiot, warum habe ich kein Licht angemacht?), Interpretation (Das Leben ist so unfair!) oder Spekulationen über die Zukunft (Wenn ich morgen nicht zur Arbeit erscheine, verliere ich meinen Job!)

Eine Studie von Tim Gard vom Massachusetts General Hospital zeigt, dass beispielsweise erfahrene Meditierende, die ihre Sinnesempfindungen bewusst auf den Schmerz lenken

und ihm mit Neugierde und Akzeptanz begegnen, Schmerz-
reize anders wahrnehmen. Die Probanden spüren den Schmerz
durchaus, aber sie empfinden ihn als weniger unangenehm
und haben weniger Angst vor kommenden Schmerzreizen.
Schmerz ist also nicht gleich Schmerz. Derselbe körperliche
Stimulus kann unterschiedlich erlebt werden, da ein ausge-
feiltes Netzwerk der Schmerzverarbeitung im Hirn darüber
bestimmt, wie sehr wir leiden.

»Für gewöhnlich machen wir keinen Unterschied zwischen
Schmerz und Leid, trotzdem gibt es ihn. Schmerz ist eine
natürliche Funktion des Lebens, Teil unserer Lebenserfahrung. Leid dagegen eine von vielen möglichen Reaktionen auf
Schmerz«, stellt Kabat-Zinn fest. (Kabat-Zinn 2009, S. 235)
Wenn Sie Ihre klassische Reaktion auf Schmerz einmal anschauen: Wie viel davon ist Schmerz und wie viel Leid? Meist
folgt dem Schmerzempfinden sofortiger Widerstand. Je nach
Veranlagung ignorieren, analysieren, ertragen und betäuben
wir das Unangenehme oder lassen uns davon überwältigen.
Daran ist nichts schlecht oder dumm, aber in der Regel führt
es nicht zum gewünschten Ergebnis.

### Sich nicht abwenden

Wir können jedoch etwas radikal anderes ausprobieren und
uns für einen Augenblick erlauben, einfach in die Empfindung einzutauchen. Wir drehen vor dem Schmerz nicht um,
sondern wenden uns ihm mutig zu – vielleicht auch nur für
einige Sekunden. Außerdem nehmen wir die den Schmerz
begleitenden Gefühle und Gedanken interessiert und mitfühlend wahr. Es ist ganz natürlich, sich Sorgen zu machen,
bedrückt zu fühlen und die verdammte Empfindung weg-

haben zu wollen, aber auch sinnvoll, sich bewusst zu machen, dass in dieser Widerstandsenergie keine heilende Kraft liegt. So paradox das klingen mag: Hat der Schmerz bereits das Kommando über unser Leben übernommen, kann die bewusste Hinwendung zu ihm dazu beitragen, dass wir uns plötzlich wieder als selbstwirksam erleben.

Das achtsame Erspüren von Schmerzen dient jedoch in keinem Fall als Ersatz für eine sinnvolle medizinische Behandlung. Insbesondere bei chronischen Schmerzen ist es in jedem Fall ratsam, einen Experten aufzusuchen, eine Diagnose stellen zu lassen und sich für eine bestimmte Therapie zu entscheiden, ohne die Verantwortung für den Körper »outzusourcen«. Mit der vorsichtigen Hinwendung zu wirklich allen Empfindungen lernen wir unseren Körper besser kennen, würdigen ihn und gewinnen Vertrauen in die ihm innewohnende Weisheit. Dabei geht es nicht darum, die Schmerzen verschwinden zu lassen, sondern die Einstellung zu ihnen zu verändern.

»Wir sind ganz geboren und verlieren diese Ganzheit nicht durch Krankheit oder Schmerz«, betont Jon Kabat-Zinn. Oder, wie meine Hamburger MBSR-Kollegin Martina Assmann hervorhebt, es ist entscheidend, das Schwere und das Leichte nebeneinander stehen zu lassen. Diese Gleichzeitigkeit eröffnet den Raum für neue Möglichkeiten, denn es macht einen Unterschied, ob wir an einer schmerzhaften Krankheit leiden oder mit ihr leben. Wenn wir nicht mehr nur der Schmerz und die Krankheit sind, wird es möglich, auch die »kleinen« Freuden des Alltags wieder bewusst zu erleben und den Fokus auf das zu legen, was okay ist. »Wenn du atmen kannst, ist mit dir mehr in Ordnung als nicht in Ordnung«, behauptet Kabat-Zinn und lädt dazu ein, sich all den Bereichen im Körper zuzuwenden, die sich gerade angenehm oder neutral anfühlen. Und ohne in eine Vogel-Strauß-Mentalität zu verfallen, können wir auch die schmerzfreien Augenblicke am Tag registrieren und mit Freude und Dankbarkeit wahrnehmen.

### Schmerz als Prozess

Wie »dem Körper« schreiben wir auch »dem Schmerz« allzu oft eine feste, unveränderliche Substanz zu. Am alltäglichen Sprachgebrauch lässt sich schon viel über diesen Mechanismus, mit dem wir Krankheiten und Symptome verinnerlichen, erkennen. So sagen wir »Ich habe Schmerzen.« »Ich« ist dabei das Subjekt, »Schmerzen« das Objekt, mit dem ich durch das »haben« verbunden bin. Betrachtet man das Phänomen jedoch genauer, so sind Schmerzen »dynamische, sich entfaltende und der Veränderung unterliegende Prozesse – aber nicht ›unsere‹ oder gar ›meine‹«. (Kabat-Zinn 2009, S. 231/2)

### Mit »kleinen« Schmerzen üben

Vielleicht nutzen Sie das nächste kleine Wehwehchen einmal als willkommene Übung, die damit verbundenen Empfindungen wahrzunehmen. Juckt die Stelle? Oder ist es eher ein Brennen, Stechen, Schneiden oder Bohren? Wo genau ist es am intensivsten? Verändert sich die Empfindung? Bleibt sie gleich? Wandert das Schmerzzentrum? Breitet es sich aus? Was geschieht, wenn Sie sich beim Wahrnehmen verkrampfen? Steigert die Anspannung den Schmerz? Ist es möglich, in den Schmerz hineinzuspüren und zu wünschen, dass der

Bereich weicher wird, ohne zu erwarten, dass dies tatsächlich geschieht? Versuchen Sie nicht, Entspannung zu erzwingen. Erzwungene Entspannung erzeugt nur weitere Anstrengung.

Können Sie außer der unangenehmen Empfindung noch anderes im Körper wahrnehmen? Welche Emotionen begleiten den Schmerz? Ärger, Ungeduld, Selbstmitleid oder Schuldzuweisungen? Mit welchen Gedanken ist das Spüren der unangenehmen Empfindung verbunden? Wenn Sie sich darum sorgen, was morgen, nächste Woche oder in einem Jahr sein wird, fügen Sie dem Schmerz Leiden hinzu. Können Sie klar zwischen dem körperlichen Schmerz und der Portion Extraleiden unterscheiden?

Wenn wir unserem Mr. Duffy erlauben, regelmäßig in »kleine« Schmerzen hineinzutauchen, braucht er mit der Zeit auch bei heftigeren Schmerzen weder gleich die Fliege zu machen, noch sich überrollen zu lassen oder dagegen anzukämpfen. Probieren Sie es aus, seien Sie neugierig und versuchen Sie – soweit möglich – Ihre bisherigen Annahmen und Vorurteile über das Konzept »Schmerz« zurückzustellen, womit nicht gemeint ist, sich mit zusammengebissenen Zähnen und ohne Rücksicht auf Verluste in die Mitte des tiefsten Schmerzes zu begeben. Mit dem feinen Beobachten lernen wir allmählich den Schmerz besser kennen und üben geduldig und mitfühlend, ihn anzunehmen und mit ihm umzugehen.

### *Bewegungen aus Sicht des Körpers*

Eine weitere Möglichkeit, Mr. Duffy das Zuhause schmackhaft zu machen, sind Bewegungen »aus Sicht des Körpers«. Denn ein Körper in Bewegung bietet ein anziehendes Zuhause, wenn es sich dabei nicht um die sonst üblichen »Um ... zu Workouts« handelt. Wir joggen, um fit zu bleiben, quälen uns im Bikini-Bootcamp, um am Strand eine gute Figur abzugeben oder jagen durchs Drei-Wochen-Express-Trainingsprogramm, um uns krass zu machen. Wir bewegen uns, um ein Ziel zu erreichen, nicht, um den Wunsch unserer Muskeln nach Bewegung und Dehnung zu erfüllen.

Erinnern Sie sich an die Überlegung der Münchner Studentin im Achtsamkeits-Workshop. Was wäre, wenn wir im Alltag nicht nur unsere Körperwünsche berücksichtigten, sondern unserem Körper täglich ein wenig Zeit schenkten, in der wir ihm seine Wünsche sogar von den Augen ablesen würden? Statt ein Workout-Programm mechanisch herunterzuspulen, könnten Sie fragen: »Lieber Körper, wie möchtest du dich jetzt bewegen?« Vielleicht glauben Sie, Ihr Körper sei von Natur aus faul und käme ohne strengen Sklaventreiber nie in die Gänge? Aber vielleicht haben Sie ihm bloß schon lange kein Angebot mehr gemacht, sich frei von Leistungsdruck nach Herzenslust auszuprobieren?

### Spiel mit Grenzen

Suchen Sie sich einen geschützten Platz, egal ob drinnen oder draußen, wo Sie sich frei und ungestört bewegen können. Wenn Sie mögen, stellen Sie sich vor, Sie stehen auf einer Spielwiese oder – nicht ganz so verspielt, aber immer noch botanisch – auf einem Experimentierfeld. Hier können Sie Neues und Ungewohntes ausprobieren. Wie fühlt sich der Körper jetzt, in diesem Moment, im Stehen an? Die linke Körperhälfte? Die rechte? Seien Sie neugierig auf Ihren Körper. Gönnen Sie sich den Raum, etwas anders zu machen als im Alltag, wo der Körper wie ein gehorsamer Heinzelmann die Anweisungen des Geistes ausführt.

Am Beispiel einer schlichten Bewegung lässt sich wunderbar demonstrieren, dass es eigentlich um ein Spiel mit Grenzen geht. Wenn Sie einen guten Standpunkt eingenommen haben und bereit dazu sind, heben Sie die Arme über vorne Richtung Decke oder Himmel. Manche Menschen lernen ihre Körpergrenzen nie kennen. Entweder sie wagen sich nicht an sie heran oder sie setzen sich stets gnadenlos darüber hinweg. Wie heben Sie Ihre Arme? Nehmen Sie die Schultern dabei mit nach oben? Sind die Ellbogen durchgestreckt? Bewegen Sie sich zackig, verkrampft, vorsichtig, hektisch oder wild?

Und jetzt noch einmal von vorn. Wie viel Kraft wollen Sie dafür aufwenden? Auf welche Weise wollen Sie diese Bewegung jetzt ausführen? Werden Sie sich bewusst, dass Sie ganz viele Wahlmöglichkeiten haben. Experimentieren Sie! Der Geist weiß nicht, wie sich der Körper anfühlen wird, auch wenn er vom Gegenteil überzeugt ist. Körperliche Empfindungen reagieren ein wenig wie bedächtige Kinder in einer Schulklasse. Nimmt der Lehrer immer nur die Lauten und Schnellen dran, werden die Schüchternen den Finger gar nicht mehr heben. Die leise und zurückhaltende Stimme des direkten Spürens braucht Ermutigung, Geduld und positives Feedback, damit sie sich wieder regelmäßig meldet. Bewegung aus »Sicht des Körpers« erfordert geistige Flexibilität, um zwischen dem entscheidungsbereiten Geist und den körperlichen Empfindungen hin und her zu wechseln. Das ideale Gleichgewicht zwischen Anspannung und Lockerheit findet sich nicht auf Anhieb. Es wandelt sich von Moment zu Moment, und die Grenzen der Beweglichkeit können am nächsten Tag ganz anders aussehen.

Ob Sie Ihren Körper laufen, springen, schwimmen, gehen, tanzen, Yoga, Gymnastik oder Aerobic machen lassen, spielt keine Rolle, solange sich Aktivität und Nicht-Aktivität abwechseln, Sie keinen Wettkampf daraus machen, den Körper spüren statt über ihn nachzudenken und den Atem dabei fließen lassen. Mr. Duffy wird es ihnen danken.

# Wie nehme ich die Welt wahr?

Nehmen Sie die Welt so wahr, wie sie ist, oder so, wie Sie sind? Betrachten Sie die Welt als Fenster oder Spiegel? Ist das, was Sie wahrnehmen, die Realität? Gibt es so etwas wie objektive Realität? Wie verändert sich Ihre Wahrnehmung, wenn Sie bewusst wahrnehmen anstatt automatisch?

## *Eindrucks-voll*

Jede wache Sekunde unseres Lebens prasseln Unmengen von Eindrücken auf uns ein. Stellen Sie sich vor, Sie gehen eine belebte Straße in Ihrer Heimatstadt entlang. Sie sehen Menschen, Häuser und die unterschiedlichsten Gegenstände, hören Stimmen, Verkehrsgeräusche, Vogelgesang, Baulärm, Hundebellen; Sie nehmen wahr, wie warm oder kalt es gerade ist, spüren, wenn Sie jemand anrempelt, riechen Dieselabgase und den Duft frischer Brötchen und haben vielleicht noch den Geschmack des Apfels im Mund, den Sie kurz zuvor gegessen haben. Der Psychiater Manfred Spitzer schreibt, dass das Gehirn pro Sekunde etwa 100 MB an Datenmengen aufnimmt. Das ist keine ganz neue Erkenntnis. Schon vor mehr als zwei Jahrtausenden ging der Buddha davon aus, dass uns mit jedem Fingerschnippen 65 Eindrücke erreichen. Auch jemand, der nur halbwach im Bett liegt, ist pro Sekunde etwa elf Millionen Sinneseindrücken ausgesetzt. Da jedoch ständige Präsenz viel Energie verbraucht, anstrengt und ermüdet, haben wir im Laufe der Evolution viele Sparvarianten entwickelt, die uns das Überleben auch ohne Dauergegenwärtigkeit ermöglichen.

## Filtermethoden

Das Bewusstsein kann nur einen winzigen Bruchteil dessen, was wir über die Sinne wahrnehmen, zeitgleich verwalten. Damit die Datenflut uns nicht überschwemmt, helfen Filter, eine Auswahl zu treffen. Auf Einkaufstour durch meinen Heimatort erregt höchstens der Anblick einer alten Dame mit bonbonfarbenen Haaren und mehr Piercings als Zähnen meine Aufmerksamkeit. Wie viele Personen mir auf der Straße sonst noch begegnet sind, ob jung oder alt, männlich oder weiblich, gut oder schlecht gelaunt aussehend, weiß ich nicht. Im Schaufenster des Buchladens bemerke ich, dass der neuste Roman meines Lieblingsautors ausgestellt ist, und um den bedrohlich knurrenden Schäferhund, der auf dem Gehsteig vor der Apotheke angeleint sitzt, mache ich einen großen Bogen. Wir sind darauf geeicht, vornehmlich Auffälliges und Ungewöhnliches wahrzunehmen, außerdem das, was uns persönlich besonders anspricht oder ängstigt.

Wie die Menschen in der Geschichte vom Elefanten im Bagdad des persischen Dichters Rumi halten wir diese Fragmente für ein sinnvolles Ganzes: Indische Händler hatten einmal einen Elefanten nach Bagdad mitgebracht und dort in einen dunklen Stall gesperrt. Viele Neugierige kamen, um ihn zu sehen, da es jedoch finster war, betasteten sie ihn mit ihren Händen. Der, der den Rüssel berührte, rief: »Dieses seltsame Wesen ähnelt einem großen Schlauch.« Ein anderer beschäftigte sich mit den Elefantenohren und kam zu einem ganz anderen Ergebnis: »Es ist wie ein großer Fächer!« Und ein Dritter befühlte das Bein und war überzeugt, dass das Tier an eine Säule erinnerte. Jeder »sah« ein ganz anderes Tier, abhängig davon, welchen Körperteil er berührte. »Wir brauchen Vorstellungen«, erklärt Sylvia Wetzel, »damit wir uns bei neuen Eindrücken, an fremden Orten und mit neuen Menschen orientieren können. Probleme entstehen erst dann, wenn wir nicht merken, dass wir ständig Hypothesen bilden und aus wenigen Eindrücken komplexe Vorstellungen ableiten, die wir dann für die Wirklichkeit halten.« (Wetzel 2013, S. 162)

Auch die Fähigkeit zum Abstrahieren und Generalisieren erweist sich als sehr nützlich und verstellt zugleich den Blick auf das, was sich direkt vor unserer Nase abspielt. Mit Hilfe von fertigen Konzepten verarbeiten wir effizient große Datenmengen und sparen viel Speicherplatz. Deshalb schlendere ich unter *Bäumen* an *Geschäften* vorbei, während mir einige *Autos* entgegenkommen. Mein Geist steckt Linde, Ahorn und Kastanie in den Bäume-Topf, fasst Bäcker, Metzger und Schuhhaus zusammen und macht sich nicht die Mühe, zwischen BMW, Toyota und VW zu unterscheiden. Und wer sich mit Autos auskennt, weiß, dass auch diese Differenzierung gerade lächerlich unspezifisch ist, da nicht zwischen Baujahr, Modelltyp oder Farbe unterschieden wurde.

Setze ich mich nach dem Einkauf in ein Café, habe ich die meisten Eindrücke der letzten Stunde bereits wieder vergessen. Diese segensreiche Gabe sorgt dafür, dass wir uns nicht mit zu vielen unnötigen Informationen belasten – auch wenn im Zuge regelmäßiger Wegwerfaktionen Wichtiges verlorengeht. All diese Abläufe geschehen in der Regel vollautomatisch, ohne dass wir uns darüber bewusst wären.

Was sonst beeinflusst im Alltag Ihre Wahrnehmung? Welche äußeren und inneren Faktoren sorgen dafür, dass Sie sehen, was Sie sehen, hören, was Sie hören, riechen …? Menschen, Dinge und Geschehnisse liegen ja unmittelbar vor mir, denken Sie nun vielleicht, ich weiß doch genau, was ich sehe, höre, rieche, schmecke oder ertaste. Aber ist die Welt wirklich so, wie Sie sie wahrnehmen? Schon ein einfaches Beispiel zeigt, auf welch wackligen Beinen diese Annahme ruht: Tagsüber ist unsere Nachbarskatze weiß mit rötlichen Flecken und am Schwanz etwas getigert. Schleicht sie sich in der späten Dämmerung in unseren Garten, um ihr Geschäft zu erledigen, kann ich sie von den anderen grauen Katzen aus der Siedlung nicht unterscheiden. Dass sich meine Umgebung farblich ständig verändert, je nachdem, wie viel Licht gerade auf sie fällt, halte ich für eine Selbstverständlichkeit. Ich gehe auch nicht davon aus, dass die Katze einem Chamäleon gleich mit Sonnenuntergang die Farbe wechselt, sondern weiß irgendwie, dass der Verlust der Farbigkeit bei Dunkelheit auf die Eigenschaften meines Sehsystems zurückzuführen ist.

Wie sehr Wahrnehmungsleistungen von unseren Erfahrungen abhängen, können wir feststellen, wenn wir eine neue Wohnung betreten und Zeit und Aufmerksamkeit benötigen, um uns darin zurechtzufinden. Später, wenn wir damit vertraut sind, sehen wir scheinbar auf einem Blick, dass alles an seinem Platz ist. Dabei nehmen wir Bekanntes gar nicht mehr im Detail wahr. Unserem visuellen System genügen der rote Teppich, die Kirschholzkommode und das Panoramafenster, um allein aus dem Gedächtnis heraus eine mehr oder weniger vollständige Matrix der Umgebung zu konstruieren. Auch wenn diese Art Matrix nicht ganz so erschreckend ist wie die aus dem gleichnamigen Film der Wachowski-Brüder, so gaukelt sie uns doch einen Blick auf die Welt vor, obwohl wir nur selbstgeschaffene Phantasiebilder sehen. Und weil wir davon nichts merken, hat das zuweilen die verhängnisvolle Konsequenz, dass uns Abweichungen vom Gewohnten schlicht entgehen. Erst wenn die Partnerin, von der wir ebenfalls gedächtnismäßig eine Abbildung geschaffen haben, sich beschwert, dass uns an ihr nichts auffällt, löst sich die Matrix auf und gibt den Blick frei auf den frischen Kurzhaarschnitt mit den gefärbten Spitzen.

An diesen Beispielen zeigt sich, dass Wahrnehmung stets ein aktiver Prozess ist, keineswegs ein »objektives« Registrieren von Sinneseindrücken. So übersehen die Hälfte der Zuschauer in dem berühmten »Gorilla-Video« einen als Affen verkleideten Schauspieler, der in einer Gruppe von sechs Ballspielern auftaucht, da sie damit beschäftigt sind, zu zählen, wie oft das weiße Team den Ball hin und her passt. Betrachten sie den Film ein zweites Mal, glauben sie kaum, den Gorilla *nicht* gesehen zu haben. »Unaufmerksamkeitsblindheit« nennt sich das Phänomen. In einem anderen Experiment bemerkten Passanten nicht, dass die Person, der sie gerade den Weg erklärten, nach einem Ablenkungsmanöver einfach ausgetauscht worden war. Hier spricht man von »Veränderungsblindheit«.

## Sinnsuche

Vieles, was wir wahrnehmen, ergibt keinen Sinn oder ist widersprüchlich. Was unser Gehirn nicht daran hindert, aus der Fülle möglicher Deutungen die scheinbar plausibelste Deutung auszuwählen. Was dabei herauskommen kann, zeigt Christian Morgensterns Gedicht »Die unmögliche Tatsache«, in der sich der Protagonist weigert, den eigenen Tod anzuerkennen, »Weil, so schließt er messerscharf, nicht sein *kann*, was nicht sein *darf*.« Auch bei weniger dramatischen Geschehnissen lässt sich der starke Wunsch des Geistes nach »Sinn« unschwer bemerken. So übersehe ich konsequent offensichtliche Tippfehler in den eigenen Texten. Es ist mir sogar gelungen, meine neu gestaltete Website mit einer falschen Telefonnummer freizugeben, obwohl ich den Eintrag mehrmals Korrektur gelesen hatte. Erst als mich die Medienberaterin fragte, ob ich absichtlich eine andere Vorwahl als die meiner Adresse entsprechenden angegeben habe, fiel der Irrtum auf.

## Selbsterfüllende Prophezeiungen

Auch unsere Erwartungen können die Sinne verwirren. Erwarten wir ein bestimmtes Ereignis, setzt sich automatisch eine ganze Kette von Denkmustern und Verhaltensweisen in Gang, die genau das vorausgesehene Ergebnis eintreten lässt, obwohl die Grundvoraussetzungen dafür gar nicht gegeben sind, wie viele Studien beweisen: So erhöht sich der Schokoladengenuss, wenn man uns glauben macht, die Tafel stamme aus der Schweiz, und mindert sich deutlich, wird China als Herkunftsort genannt. Wein empfinden Probanden als geschmackvoller, wenn sie denken, er sei sehr teuer, und hochpreisige Pillen zeigen eine bessere Wirkung als billigere. In weiteren wissenschaftlichen Versuchen fühlten sich Probanden betrunken, obwohl der ihnen gereichte Drink keinen Alkohol enthielt. Allein die Erwartung, dass Alkohol ihre Sinne benebeln würde, führte dazu, dass sie sich tatsächlich leichter von irreführenden Informationen verwirren ließen. Andere Testpersonen bekamen ein wirkungsloses Mittel gereicht, in dem Glauben, es handele sich um eine Substanz, die die Leistungsfähigkeit von Soldaten im Einsatz steigere. Unter diesen Umständen zeigten sich die Teilnehmenden konzentriert und ließen sich von den widersprüchlichen Informationen, die man ihnen präsentierte, nicht durcheinanderbringen.

Auch die beiden Hunde aus der Parababel »Tempel der tausend Spiegel« bestätigen nur ihre jeweiligen Erwartungen: Vor vielen tausend Jahren lag hoch oben auf einem Berg der Tempel der tausend Spiegel. Eines Tages stieg ein Hund die Stufen des Tempels hinauf und trat skeptisch und ängstlich durch das geöffnete Tor. Als er in den Saal der tausend Spiegel kam, sah er tausend Hunde. Er erschrak, knurrte und fletschte die Zähne. Und tausend erschrockene Hunde knurrten und fletschten die Zähne. Voller Panik rannte der Hund aus dem Tempel und glaubte von nun an, dass die Welt ihm feindlich gesonnen war. Einige Zeit später betrat ein anderer Hund den Saal der tausend Spiegel. Auch er sah tausend andere Hunde und freute sich. Er wedelte mit dem Schwanz, sprang fröhlich hin und her und spielte lange Zeit mit den anderen Hunden. Dieser Hund verließ den Tempel in der Überzeugung, dass die Welt ihm wohlgesonnen war.


## Werteskala

Wenn Sie ein sehr ordentlicher Mensch sind, wird Ihnen zu Hause jeder einzelne Krümel auf dem Küchenboden auffallen und vielleicht verstehen Sie überhaupt nicht, dass ihr Mitbewohner den überquellenden Mülleimer immer noch nicht heruntergebracht hat. »Ja, siehst du denn nicht, dass er voll ist?«, fragen Sie dann am Rande der Verzweiflung. Nein, er sieht es nicht. Nicht, um Sie zu ärgern, sondern weil seine persönliche Werteskala im Bereich häusliche Sauberkeit einfach anders geeicht ist als die Ihre.

## Stimmungen

Stellen Sie sich folgende Situation vor: Sie stehen im Supermarkt an der Obsttheke und greifen zeitgleich mit einem anderen Kunden nach der letzten Schale Erdbeeren. Wie reagieren Sie, wenn Sie sich ausgeschlafen und munter fühlen? Wie, wenn Sie letzte Nacht vor Hitze kein Auge zugemacht haben? Wie, wenn Sie frisch verliebt sind? Im Dauerclinch mit dem Partner? Wenn der Elternabend in zehn Minuten beginnt? Sie sich entspannt, locker und fröhlich fühlen?

Sie sich zermürbt, gereizt und überfordert fühlen? Werden Sie, daheim angekommen, dann von Ihrer Überforderung sprechen oder von dem unverschämten Kerl, der Ihnen in übelster Absicht die letzte Schale Erdbeeren aus der Hand gerissen hat? Dass die aktuelle Stimmung und körperliche Verfassung eine entscheidende Rolle dabei spielen, wie wir uns und unsere Mitmenschen wahrnehmen, mag ein Allgemeinplatz sein, den wir im Alltag aber nur selten aufsuchen.

## Persönliche Wirklichkeiten

So trägt jeder Mensch seine individuell getönte Brille, durch die er seinen einmaligen Blick auf die Welt richtet. »Die Brillengläser sind sozusagen von unseren Meinungen und Haltungen eingefärbt. Sie filtern unsere Wahrnehmung und beeinflussen unsere Sicht auf die Welt«, schreibt die MBSR-Lehrerin Linda Lehrhaupt. (Lehrhaupt 2010, S. 77) Kompliziert wird es erst, wenn wir glauben, dass wir die einzigen mit vollem Durchblick sind. Der Berliner Arzt und Buddhist Wilfried Reuter erinnert daran, dass verschiedene Wahrnehmungen verschiedene Realitäten erzeugen: »Dabei nimmst du zwangsläufig immer nur Ausschnitte der Wirklichkeit wahr, die dein Verstand als wichtig einstuft, anderes bleibt dir verborgen. Jemand anderes würde andere Phänomene wahrnehmen und ihnen andere Namen geben. Dein Verstand schafft also deine ganz persönliche Wirklichkeit – und hält sie häufig für die ganze und einzige Wahrheit.« (Reuter 2010, S. 153)

In dem Buch *Aus Sicht des Gehirns* kommt der Hirnforscher Gerhard Roth zu ganz ähnlichen Schlüssen: »Wir können aufgrund der geschilderten Tatsache sagen, dass bei komplexen Wahrnehmungen unser Gedächtnis das wichtigste Wahrnehmungsorgan ist.« (Roth 2009, S. 86) Und wie selektiv, trügerisch und unzuverlässig dieses Gedächtnis arbeitet, ist sowohl als individuelle Erfahrung als auch wissenschaftliche Tatsache bekannt.

Was soll ich nur tun, um in die zahlreichen Wahrnehmungsfallen nicht mehr hineinzutappen? Wie kann ich meine Wahrnehmung perfektionieren? Muss ich mein Gedächtnis trainieren? Welche Tricks, Techniken oder Methoden kann ich anwenden, um richtig, objektiv und optimal wahrzunehmen? Hier sind sie wieder, die klassischen Kakerlakenfragen. Wäre nicht schon viel gewonnen, uns regelmäßig zu erinnern, dass unsere Sinne keine nackten Tatsachen vermitteln? Akzeptieren wir doch einfach diese Tatsache und machen uns lieber mit den eigenen Wahrnehmungsmustern besser vertraut!

# Wie komme ich zu Sinnen?

Wir machen uns Sorgen, weil wir ein Drittel unseres Lebens verschlafen, aber darüber, dass wir knapp die Hälfte unseres wachen Lebens schlichtweg verpassen, kümmern wir uns weniger. Leben spielt sich im gegenwärtigen Moment ab, egal was unsere Gedanken dazu sagen. Es ist immer »Jetzt«. In diesem Moment und in diesem und diesem … Menschen sind die einzigen Lebewesen auf Erden, die sich von »Jetzt« ein Bild machen können, die begreifen, was »Jetzt« bedeutet. Wir sind jedoch auch die einzigen Lebewesen, die sich aus dem »Jetzt« konsequent zurückziehen können. Oft sind wir uns unserer Sinne nicht bewusst und verlieren so die entscheidenden Verbindungen zum gegenwärtigen Moment. Um Loriots berühmtes Mopswort zu variieren: Ein Leben ohne »Jetzt« ist möglich, aber sinn-los.

## Zur Be-Sinnung kommen

Erinnern Sie sich an die Ergebnisse der »trackyourhappiness« Studie? Egal ob sich der Geist mit etwas Unangenehmem, Neutralem oder Angenehmem befasst, sobald er beginnt abzuschweifen, ist dies ein untrügliches Zeichen für kommendes Unwohlbefinden. Was hat der gegenwärtige Moment also zu bieten, das Vergangenheit und Zukunft abgeht? Sehen, hören, riechen, schmecken und fühlen geht nur im Jetzt.

Schauen wir uns einen ganz normalen Tag in Ihrem Leben an. Wenn Sie aufwachen, welcher Sinn regt sich als erstes?

Schauen Sie aus dem Fenster, ob der Himmel blau oder bewölkt ist? Registrieren Sie den Hauch von Schlaf, der noch in der Luft liegt? Hören Sie Scheppern, Zirpen, Rauschen oder Rumpeln draußen vor der Tür? Planen Sie bereits die mittägliche Konferenz und machen sich Sorgen über Ihren Auftritt? »Die meiste Zeit«, schreibt Jon Kabat-Zinn in seinem Buch *Zur Besinnung kommen,* »spielen uns unsere Sinne, zu denen nach buddhistischem Verständnis auch unser Geist gehört, alle möglichen Streiche. Sie tun das einfach aus Gewohnheit und aufgrund der Tatsache, dass sie nicht passiv sind, sondern ständig einer konsequenten aktiven Einschätzung und Interpretation durch verschiedene Regionen des Gehirns bedürfen.« (Kabat-Zinn 2006, S. 53) Wahrnehmung, Bewertung und Reaktion darauf erscheinen uns als ein untrennbar miteinander verbundendes, zwangsläufig ablaufendes Geschehnis.

Wie oft sind Sie mit Ihrer Aufmerksamkeit tatsächlich bei dem, was Sie gerade sehen, ohne auf eine Gedächtnismatrix zurückzugreifen oder ein Konzept zu bedienen? Wie oft hören Sie wirklich zu, was Ihr Gegenüber sagt, ohne bereits zu überlegen, was Sie am besten darauf erwidern? Wie oft schmecken Sie tatsächlich das, was Sie gerade essen, ohne dabei Ihre Mails zu checken oder Ihre Sechsjährige darauf hinzuweisen, dass Sie sich aufs Essen konzentrieren soll? Wie viele Gerüche nehmen Sie am Tag wahr? Wie oft spüren Sie Oberflächenstruktur, Form, Temperatur und Gewicht dessen, was Sie gerade in der Hand halten? Wie oft nehmen Sie wahr, wie sich die Kleidung auf Ihrer Haut anfühlt und ob gerade ein warmer Luftzug Ihr Gesicht berührt? Wie viel Ihrer wachen Zeit sind Sie »bei Sinnen«?

## Diebe der Achtlosigkeit

Nicht bei Sinnen zu sein ist keine Erfindung moderner Gesellschaften, auch wenn sich Besinnungslosigkeit in einer global vernetzten Welt schneller ausbreitet. Doch schon im 8. Jahrhundert verglich der buddhistische Mönch Shantideva den menschlichen Geist mit einem belagerten Haus. Es sei von den Dieben der Achtlosigkeit umstellt, die versuchten, über die Fenster und Tore unserer Sinne einzubrechen, um die dort gelagerten Schätze von Klarheit und Reinheit zu stehlen. Solange Achtsamkeit, die Hüterin unseres Hauses, aufmerksam wacht, ist es um die Sicherheit unseres Hauses gut bestellt.

Die verschiedenen Einstiegsmöglichkeiten werden unterschiedlich frequentiert und bergen verschiedene Risiken. Als Augen- und Ohrenmenschen sind wir einer ständigen Reizüberflutung ausgesetzt, während wir ganze Tage verbringen, ohne einen einzigen Geruch oder Geschmack bewusst wahrzunehmen. So verwundert es nicht, dass es in der Umgangssprache keinen Begriff für den Verlust der letzten beiden Sinne gibt und man schon im medizinischen Lexikon stöbern muss, um schließlich auf Anosmie und Ageusie zu stoßen.

## Hüterin des Hauses

Wie kann nun die Bewacherin unseres Hauses bei diesen vielfältigen Herausforderungen ihren Job ordentlich erledigen? Da wir die Welt nur über unsere Sinne erfahren, kann sie unser Zuhause nicht luftdicht verriegeln und verrammeln. Sie muss also den Zugang offen halten und zeitgleich verhindern, dass Achtlosigkeit freien Eintritt zu all unseren Schätzen bekommt. Hier ein sinnvolles Gleichgewicht zu schaffen, funktioniert meist nicht auf Anhieb, wie Kabat-Zinn feststellt: »Wir sind, was Wahrnehmung und Gewahrsein sowohl des Inneren als auch des Äußeren angeht, total neben der Spur. Doch wir können wieder zur Besinnung kommen, wenn wir unsere Fähigkeit, aufmerksam zu sein, immer und immer wieder übend einsetzen.« (Kabat-Zinn 2006, S. 53)

Im wahren Leben wäre uns wenig gedient, wenn wir eine Einbrecherbande nur interessiert und freundlich dabei beobachten, wie sie zum zehnten Mal innerhalb von drei Minuten durchs Fenster steigt und unser Haus ins Chaos stürzt. Doch die Hüterin unserer Geistesschätze braucht weder die Polizei zu rufen noch die Einbrecher zu fesseln, zu verhaften oder zu bestrafen. Oft reicht es vollkommen aus, sie zu erkennen, manchmal hilft es, sie beim Namen zu nennen, und schon lösen sie sich einfach in Luft auf. Zuweilen bedürfen sie auch einer Portion Freundlichkeit, eines Hauchs von Mitgefühl oder einer Dosis Gleichmut, bevor sie sich dann aus freien Stücken zurückziehen.

## Sehen

Schauen wir uns die potentiellen Einfallstore einmal genauer an. Was ist der Sinn, auf den Sie sich am meisten verlassen? Welcher ihrer Sinne macht sich in stressigen Situationen als erster vom Acker? Welcher ist am schnellsten »beleidigt«? Welcher bereitet die größten Freuden? Da sind zunächst die beiden Fenster zur Welt. Auf den Sehsinn greifen wir im Alltag am häufigsten zurück. Etwa 80 Prozent dessen, was sich in unserer Umwelt abspielt, erfahren wir über die Augen. Und doch sehen wir meist nur automatisch, ohne uns des Wunders dieser Sehfähigkeit bewusst zu sein. Wir glauben schon alles zu kennen, und wenn doch einmal etwas Ungewöhnliches auftaucht, schauen wir nicht hin, sondern machen ein Foto. Wann haben Sie zum Beispiel das letzte Mal so etwas Gewöhnliches wie eine Banane genau betrachtet? »Wenn wir erst einmal in dem Stadium angelangt sind, wo wir eine Banane erkennen, sehen wir in Wirklichkeit nicht mehr das originale Objekt. Stattdessen sehen wir ein vom Neocortex konstruiertes Bild davon«, berichtet Yongey Mingyur Rinpoche. (Mingyur 2007, S. 131) Und an diesem Bild kleben bildlich gesprochen all unsere mit dem Konzept Banane verbundenen Gedanken, Sorgen, Erwartungen, Hoffnungen und Enttäuschungen.

Menschen tun sich unterschiedlich schwer, die Welt mit »neuen Augen« zu betrachten. Bemerken Sie mühelos optische Details oder rauschen Farben und Formen mehr oder weniger anonym an Ihnen vorbei? Eine Freundin von mir, die ich lange nicht mehr gesehen hatte, fragte mich 30 Sekunden nach der Begrüßung, wann ich aufgehört habe, meine Nägel zu beißen. Ich dagegen habe einen ganzen Abend mit meinem Mann verbracht, ohne zu bemerken, dass seine linke Backe ungefähr auf doppelte Größe angeschwollen war. Die Hüterin meiner visuellen Eintrittspforten ist meist nicht auf dem neuesten Stand der Dinge, sodass mir die Diebesbande der Achtlosigkeit ohne viel Mühe eine Matrix als Wirklichkeit vorgaukeln kann. Bin ich mir jedoch dieser potentiellen Sicherheitslücke bewusst, vertraue ich meinen visuellen Eindrücken zumindest nicht mehr blind.

Der Benediktiner David Steindl-Rast hätte sich mit seinem buddhistischen Mönchskollegen Shantideva wahrscheinlich großartig verstanden. Beide plädieren sie für »Rückbesinnung« im Alltag: »Wir müssen anschauen, was uns unterkommt.

Die Sinnschau des Herzens beginnt mit dem genauen Hinschauen der Augen. Wenn wir Sinn finden wollen im Leben, so müssen wir mit den Sinnen beginnen. Um mit dem Herzen horchen zu lernen, müssen wir zuerst lernen, mit den Ohren wirklich zu lauschen. Und so mit allen Sinnen.« (Steindl-Rast 2005, S. 38/39) Am Beispiel des Sehens beschreibt Steindl-Rast, wie wir unsere natürliche Sinnlichkeit wieder entdecken können. Zunächst hilft es, sich an dieses ungetrübte Vertrauen zu erinnern, mit dem wir als Kinder die Welt entdeckten. Was ist das da eigentlich, dieses längliche gelbe, leicht gekrümmte Ding mit schwarzbraunen Einsprengseln? Einfach nur schauen. »Das lässt sich lernen«, schreibt Steindl-Rast. »Und das Lernen wird uns Spaß machen, sobald das Kind in uns nur einmal wach wird.« Sinnenfreudigkeit ist für ihn der erste Schritt, um im Leben Sinn zu finden. Jeden Tag irgendetwas mutig und tapfer ein paar Minuten mit Kinderaugen betrachten. Ein einziges Blatt, egal ob Buchen-, Ahorn-, Noten- oder Klopapierblatt. In dieser Betrachtung kann es passieren, dass das betrachtende Subjekt und das betrachtete Objekt nicht mehr so genau zu trennen sind und Betrachten einfach geschieht.

*Hören*

Auch hören kann einfach geschehen. Nachdem Töne über das Ohr unser Bewusstsein erreicht haben, geschehen fast zeitgleich drei Ereignisse: Wir verorten Verursacher und Herkunft des Geräusches, stecken es wahlweise in die »Mag ich«, »Mag ich nicht« oder »Mir egal«-Schublade und reagieren darauf mit Anhaftung, Ablehnung oder Indifferenz. Was würde geschehen, wenn wir stattdessen einfach nur hören würden? Den Tönen und Klängen nicht sofort ein Label aufdrücken würden? Wenn Ihr Lieblingslied spielt, hören Sie Ihr Lieblingslied? Beginnt Ihr Geist Geschichten vom ersten Mal zu erzählen, damals, als die Haare lang waren und die Musik aus dem Ghettoblaster dröhnte? Bemerken Sie, dass die Aufmerksamkeit nicht mehr beim »nackten« Hören ist, sondern in Erinnerungen schwelgt und so der gegenwärtige Moment wieder entgleitet? Hilft es, die Augen zu schließen und Ton um Ton wahrzunehmen, als wüssten Sie nicht, was als nächstes kommt? Wissen wir jemals, was als nächstes kommt?

Steindl-Rast erzählt die Geschichte einer Nonne, die das Kreischen der Kreissäge des Klosternachbars regelmäßig zur Verzweiflung trieb. »Nur hinhorchen, nicht benennen«, schlug er ihr vor. Ein paar Tage später berichtete die Ordensschwester, dass sie dem Rat gefolgt sei: »Und was ich da hörte, klang wie die Stimme eines Erzengels.« (Steindl-Rast 2005, S. 61) Einfach nur hören bedeutet allerdings keinesfalls, dass sich Misstöne wie von Zauberhand in Engelschöre verwandeln. Doch kleine »Wanderungen« durch die einmalige Hörlandschaft, die sich uns jeden Augenblick des Lebens darbietet, animieren die Lebensgeister der Hüterin unseres Hauses. Wir treten nur einen kleinen Schritt zur Seite, Geräusch trifft auf Hörbewusstsein, und müheloses Lauschen geschieht.

Würden Sie sich selbst als geräuschempfindlich bezeichnen? Unterbricht der kleinste Missklang Ihren Gedankenstrom? Manchmal, wenn meine Kinder ein Musikstück auf volle Lautstärke drehen, brauche ich nur die erste Bassfrequenz zu hören, um stinksauer zu werden. Ein anderes Mal klingen die gleichen Schallwellen wie Musik in meinen Ohren. Wann können Sie Töne genießen und unter welchen Bedingungen verwandeln sich dieselben Töne in Folterwerkzeuge? Wo liegt

Ihre Toleranzschwelle? Was macht in Ihren Ohren ein Geräusch zur Nervensäge und was zum Engelschor?

## Riechen

Augen und Ohren können sich vor Reizüberflutung kaum retten. Anders sieht es mit der bewussten Aufnahme von Gerüchen durch die Nase aus. Nehmen Sie gerade einen speziellen Geruch wahr? Könnten Sie ihn beschreiben? Wenn Sie schon länger als ein paar Minuten an einem Ort sind, während Sie diese Zeilen lesen, riechen Sie wahrscheinlich »nichts«. Nach was riecht Nichts?

Wie intensiv Gerüche unser Leben bereichern, merken wir erst, wenn wir die Nase voll haben. Ein kleiner Schnupfen genügt, und schon ist es – um ein Bild aus der Optik zu bemühen – so, als sähen wir plötzlich nur noch schwarz-weiß. Alles erscheint fad und farblos. Ein Verwandter von mir konnte über mehrere Monate hinweg keine Gerüche mehr wahrnehmen. Er war ziemlich erstaunt, wie deutlich dieser Verlust seine Lebensfreude reduzierte. Eines Tages ging er am Rand eines Feldes spazieren und nahm plötzlich den herrlichen Duft von Odel wahr. »Odel« ist eine Mischung aus Urin und Kot, mit dem bayerische Bauern im Frühjahr ihre Felder düngen. Er erzählte mir, dass kein Wohlgeruch ihm jemals köstlicher erschienen sei als dieser – von allen normal riechenden Menschen als »ekliger Gestank« bezeichnete – Jauche-Duft.

»Gerüche sind mächtige Zauberer, die uns um Jahre zurück versetzen können«, schrieb Helen Keller. Und auch für Menschen, die nicht wie die taub-blinde Schriftstellerin auf nur drei Sinne angewiesen waren, ist der olfaktorische Sinn derjenige mit direktem Zugang zu längst verschüttet geglaubten Erinnerungen. Man denke nur an Prousts Madeleine-Gebäck, das einen ganzen Roman in Gang setzt. Wie nah wir jemanden an uns heranlassen, ist auch davon abhängig, ob wir ihn nicht oder gut riechen können. Napoleon soll seine erste Frau Josefine stets zwei Wochen ehe er von einem Feldzug zurückkam, gebeten haben, sich ab jetzt nicht mehr zu waschen, damit er sich an ihrem Duft berauschen könne. Und fast jeder kennt einen netten Kerl, den man sich lieber auf Distanz hält, weil seine Ausdünstungen körperliches Unwohlsein verursachen.

Dass Gerüche über einen direkten Draht ins limbische System unseres Gehirns verfügen, hat natürlich auch die Wirtschaft entdeckt. Neuromarketingexperten lassen im Supermarkt Duftmischungen aus Orange und Lavendel versprühen, eine Schweizer Hotelkette verpasste sich einen eigenen Corporate-Identity-Duft nach Bergluft, Alpenblumen und echtem Enzian, und Marketing-Studenten der Ludwig-Maximilians-Universität München stellten in einem Experiment mit der Deutschen Bahn fest, dass Reisende ihre Zugfahrt positiver bewerteten, wenn aus der Klimaanlage subtil, an der Grenze der Wahrnehmungsschwelle, beruhigende Duftmoleküle aus Jasmin, Rosenholz und Melone strömten. Die Autorin Eva Goris spricht bereits von einer »Duftdiktatur«. Kunden in Banken, Hotels oder Boutiquen bemerken kaum, dass ihr Geruchssinn aufgrund des direkten Drahts des Riechhirns zu den Emotionen äußerst subtil manipuliert wird. Goris fordert deshalb Hinweistafeln für künstlich »beduftete« Räume. Würden wir uns im Alltag häufiger auf unsere Fähigkeit zu riechen besinnen und so besser auf unsere Nasen verlassen, wären wir den heimlichen Geruchsattacken findiger Marketingstrategen ebenfalls weniger ausgeliefert.

Im sechsten Band von *Harry Potter* wird der Zaubertrank Amortentia gebraut. Ein kompliziert herzustellendes Gebräu, das jeden, der daran riecht, glauben lässt, gerade den persönlichen Lieblingsduft einzuatmen. Aus welchen Komponenten setzt sich Ihr Glückstrank zusammen? Frisch gemähte Sommerwiesen? Erdbeeren mit Sahne? Tannenzweige und Kerzenwachs? Was war der betörendste Wohlgeruch, den Sie in letzter Zeit bewusst wahrgenommen haben? Es gibt so viel zu riechen, doch sind Alltagsgerüche nicht penetrant oder lieblich genug, ziehen sie sang- und klanglos an uns vorbei. Vielleicht ist es Zeit, sich die Welt neu zu erschnüffeln?

## Schmecken

Wie hat Ihnen Ihre letzte Mahlzeit geschmeckt? *Hat* Sie Ihnen geschmeckt? Haben Sie sie *geschmeckt*? Welche Geschmacksrichtung dominierte? Süß? Salzig? Sauer? Bitter? Fleischig? Wie hat sich die Konsistenz Ihres Essens im Mund angefühlt? Breiig? Knusprig? Zäh? Wie lange brauchen Sie, um eine Rosine zu essen? Eine Tüte Chips? Eine einzelne Mandel?

Musste die Hüterin unseres Geistes bei optischen und auditiven Reizen darauf achten, dass sie uns nicht überschwemmen, kommt ihr bei der gustatorischen Wahrnehmung eine ganz andere Aufgabe zu. »Hallo wach!«, könnte sie da rufen, wenn wir auf dem Weg zur Arbeit achtlos den Coffee-to-Go herunterschlucken und mittags einen Snack einschieben, von dem wir nach einer Stunde nicht mehr wissen, was es war. Abends, während wir die neueste Kochshow im Fernsehen oder das geilste Foodporn-Bild im Netz genießen, verschlingen wir nebenbei eine Tiefkühlpizza aus der Mikrowelle.

Die Diskrepanz zwischen theoretischer Beschäftigung mit

Essbarem und dem konsequenten Verzicht auf das ursprüngliche Geschmackserlebnis wird immer krasser. Haben wir das Schmecken verlernt?

Wie kommen wir wieder auf den Geschmack? Achtsamkeits-Schnupperstunden beginne ich am liebsten mit einer »Schokoladen-Meditation«. Sie demonstriert schleimhautnah, dass Meditation weder ungewöhnlich noch esoterisch ist, und vermittelt gleichzeitig eine sehr konkrete, sehr praktische, sehr alltägliche Wahrnehmungserfahrung: »Besinnen ist möglich!« Probieren Sie es aus, wenn Sie mögen. Öffnen Sie eine frische Packung Zartbitterschokolade und brechen Sie sich ein Stück herunter. Halten Sie die Schokolade an Ihre Nase. Lassen Sie sich Zeit. Welche einzelnen Duftnoten können Sie erkennen? Nehmen Sie unterschiedliche Nuancen wahr, wenn Sie sich abwechselnd ein Nasenloch zuhalten? Betrachten Sie diesen dunkelbraunen Quader. Schenken Sie jeder Rille, jeder Ecke Ihre Aufmerksamkeit. Streichen Sie mit der Schokolade an den Lippen entlang. Was passiert? Gibt es den Impuls hineinzubeißen? Läuft im Mund der Speichel zusammen? Nehmen Sie das Stück in den Mund und lassen es auf der Zunge schmelzen. Kommt dabei Ungeduld auf? Genießen Sie das ungewohnte Ess-Tempo? Schokolade enthält über 300 verschiedene Aromen. Schmecken Sie einige davon heraus? Wenn Sie bemerken, dass Ihr Geist während der Übung abschweift, nehmen Sie zur Kenntnis, wohin er gewandert ist, und geleiten Sie ihn freundlich, aber bestimmt wieder zum Geschmack der Schokolade zurück. Immer und immer wieder. Wenn die Schokolade geschmolzen ist, schlucken Sie langsam und bewusst. Lassen Sie sie allmählich die Speiseröhre hinunterlaufen. Nehmen Sie noch einen Restgeschmack in Ihrem Mund wahr, auch wenn sich die Schokolade scheinbar vollständig aufgelöst hat?

»Wenn ich daheim Schokolade so essen würde, bräuchte ich nur ein Stück statt einer ganzen Tafel«, berichten verblüffte Teilnehmerinnen nach dieser intensiven Weniger-ist-mehr-Erfahrung. Andere stellen fest, dass ihnen Schokolade eigentlich gar nicht schmeckt, und wieder andere, dass sie bisher immer gedacht hatten, Zartbitter nicht zu mögen. Natürlich ist es nicht möglich, immer und alles so zu essen wie dieses eine Stück Schokolade. Doch einmal am Tag den einen Bissen Apfel, die halbe Tasse Tee oder die eine Scheibe Brot sehend, riechend, tastend und schmeckend zu sich zu nehmen, wäre rein logistisch kein großes Problem. Meist – wenn überhaupt – erinnern wir uns dieses Vorhabens erst wieder, wenn wir erschöpft im Bett liegen, und so verkommt Besinnung zu einem weiteren Punkt, den wir auf unserer To-do-Liste nicht abgearbeitet haben.

### Magische Momente

Falls Sie sich auf das Schokoladen-Experiment eingelassen haben, ist Ihnen vielleicht aufgefallen, dass Ihr Geist die Tendenz hat, nur kurz beim Schauen, Riechen oder Schmecken zu verweilen. Dann nutzt er den aktuellen Sinneseindruck als Sprungbrett, und schwupp – schon wandert er vom Schmecken der Schokolade zum Nachdenken über die Schokolade und lässt uns auch noch glauben, dass beides das Gleiche sei. Um vom Denken wieder zu den Sinnen zurückzukommen, ist die Grundvoraussetzung, zu *bemerken*, mit was sich der trickreiche Geist gerade beschäftigt.

Sich dessen gewahr zu werden, was im gegenwärtigen Moment geschieht, ist ein magischer Moment. Fällt mir auf, dass ich gerade Bitterstoffe oder Kakaoduft nicht wahrnehme, sondern mich mit leichter Wehmut an das nur ein wenig geheime Schokoladenversteck meiner Großmutter erinnere, habe ich plötzlich die Wahl, zum reinen Schmecken zurückzukehren. So agiere ich und reagiere nicht automatisch. Über die erstaunliche Fähigkeit des Bemerkens schrieb der Sozialwissenschaftler und Gesellschaftstheoretiker Niklas Luhmann Ende des vergangenen Jahrhunderts ungefähr Folgendes: Irgendwann im Laufe ihrer Entwicklung entdeckten die Menschen, dass sie beobachten konnten, was sie tun, sagen, spüren und denken. Diese Erkenntnis traf sie so tief, dass sie das, was erkennt, »Gott« nannten. Außerdem erkannte Luhmann, dass wir nicht nur bemerken, was geschieht, sondern auch bemerken können, ob wir das gerade bemerken oder nicht. So gewinnt die Aussage »Gott sieht alles, was wir tun« eine ganze neue Bedeutung.

Jacob Needleman, ein US-amerikanischer Professor für Philosophie, hat sich ebenfalls mit dem Phänomen des Bemerkens auseinandergesetzt. In *Money and the Meaning of Life* schreibt er: »Das einzig unabhängige Element in uns ist die Fähigkeit zu bemerken (attention of the mind), aber nicht unsere vorbeiziehenden Gedanken, sondern die Kraft des Bemerkens, die auf geheimnisvolle Weise mit unseren Gedanken verbunden ist. Deshalb wurzeln alle spirituellen Traditionen in der Bedeutung des Bemerkens im menschlichen Leben und versuchen im Menschen eine stärkere und andauernde unabhängige Aufmerksamkeit zu entwickeln.« (Needleman 1994, S. 274, eigene Übersetzung) Die andere Welt, die »höhere« Welt sei nichts anderes als *diese* Welt, bewusst wahrgenommen.

Wenn Sie also theoretisch davon überzeugt sind, dass hin und wieder zur Besinnung zu kommen eine gute Sache ist, was macht es so schwer, sich in der Hektik des Tages darauf zu besinnen? Zunächst einmal die schlechte Nachricht: Was Sie oft tun, tun Sie oft. Dann die gute Nachricht: Was Sie oft tun, tun Sie oft. Uns mit den Sinnen zu verbinden und dank dieser Verbindung im gegenwärtigen Moment anzukommen, lernen wir am einfachsten, indem wir es wieder und wieder üben.

Gelegenheit zu üben haben wir jederzeit. Der vietnamesische Zen-Meister Thich Nhat Hanh macht dazu einen sinnvollen Vorschlag, der dazu beitragen kann, dass wir unsere Sinne nicht erst dann würdigen, wenn sie uns geschwunden sind. Auch hier wäre die Empfehlung, es einfach einmal auszuprobieren: Setzen oder legen Sie sich bequem hin. Spüren Sie, dass Atem durch Sie hindurchströmt. Schließen Sie die Lider und werden Sie sich Ihrer Augen bewusst. Lassen Sie die Muskeln so weit wie möglich entspannen. Atmen Sie ein und lächeln Sie Ihren Augen zu, atmen Sie aus und senden Sie Ihren Augen Freundlichkeit. »So viele Dinge kannst du sehen, nur weil du Augen hast. Nimm dir die Zeit, das Geschenk deiner Sehkraft wertzuschätzen, und lass deine Augen sich ganz tief entspannen und zur Ruhe kommen.« (Thich Nhat Hanh 204, S. 47) Auf diese Art und Weise können Sie sich all Ihrer Sinne annehmen. Was bereitet Ihnen an der Tatsache, hören zu können, besondere Freude? Was am Riechen, Schmecken, Fühlen? Nehmen Sie wahr, wie Luft durch Ihre Nase ein- und ausströmt. Genießen Sie die Fähigkeit, verschiedenste chemische Substanzen in der Umgebung zu registrieren, auch wenn das gerochene Ergebnis in der Mag-ich-nicht-Schublade landet.

Die eigenen Sinne als Freudenspender zu betrachten kann helfen, sich ihrer auch im Alltag öfter zu bedienen. Sinnvoller als der Vorsatz, sich in Zukunft ganz allgemein öfter zu besinnen, ist es, konkrete Abläufe und Zeiten zur Besinnung zu reservieren. So lässt sich der Fußweg zur U-Bahn in eine Sehmeditation verwandeln. Betrachten Sie die bekannte Strecke mit neuen Augen. Welche unterschiedlichen Formen nehmen Sie wahr? Mustern Sie die Umrisse der Bäume, Autos, Häuser und aller anderen Gegenstände, die auf dem Weg liegen. In der nächsten Woche konzentrieren Sie sich auf Farben. Sie brauchen nicht jede Grünschattierung zu benennen, es reicht, über deren Vielfalt zu staunen. Noch eine Woche später richten Sie die Aufmerksamkeit auf Geräusche, Töne, Klänge und die Stille dazwischen. Als nächstes darf sich Ihr olfaktorischer Sinn austoben. Nehmen Sie wirklich nur noch penetrant aufdringliche Gerüche wahr oder, wenn Sie wach und offen sind, auch die subtileren, schüchternen, feineren Aromen? Und bemerken Sie die automatische Schubladeneinteilung? Anstatt darauf blind zu reagieren, riechen Sie genauer hin. Was liegt hinter eklig und köstlich verborgen?

Kennen Sie das Mund-auf-Augen-zu-Spiel aus Ihrer Kindheit noch? Probieren Sie es mit Ihren Kindern, Enkeln oder Freundinnen. Nur schmecken, nicht benennen! Legen Sie sich gegenseitig die unterschiedlichsten Köstlichkeiten auf die Zunge, bis Rilkes Schokoladenfrage darauf zergeht: »Wird euch langsam namenlos im Munde? Wo sonst Worte waren, fließen Funde, aus dem Fruchtfleisch überrascht befreit. Wagt zu sagen, was ihr Apfel nennt.« (Rainer Maria Rilke: Sonette an Orpheus – Kapitel 14, Sonett 13, Projekt Gutenberg)

Das sinnlich Erfahrene und die sinnlich Erfahrende sind nicht voneinander zu trennen. Auch wenn uns der deutsche Hauptsatz mit »Ich esse den Apfel« etwas anderes vorgaukelt.

Gerade bei der Nahrungsaufnahme erscheint das auch rein physikalisch ersichtlich. Da ist ein Apfel und ein Körper, der sich den Apfel einverleibt, sodass Essender und Gegessenes nicht mehr zu trennen sind. Doch egal ob ich einfach nur sehe, höre, rieche oder schmecke, wenn ich etwas oder jemandem meine ungeteilte Aufmerksamkeit schenke, bekomme ich immer etwas zurückgeschenkt.

# Was sind eigentlich Gedanken?

Sind Gedanken real, wirklich und wahr? Was sind eigentlich Gedanken? Wie denke ich? Wer denkt da? Wie beeinflussen Gedanken das Leben? Und was bemerken Sie davon?

## *Gedanken und Wahrheit I*

Einmal las ich folgende Geschichte: Räuber entführen einen kleinen Jungen und brennen das ganze Dorf nieder. Als der Vater des Jungen bald darauf zum Dorf kommt, läuft er fassungslos durch die verkohlten Ruinen. Er entdeckt einen verbrannten Leichnam in der Größe seines Sohnes und trauert um sein verstorbenes Kind. Nach der Feuerbestattung trägt er die eingesammelte Asche immer bei sich. Einige Zeit später gelingt seinem Sohn die Flucht, und er macht sich auf den Weg nach Hause. Eines Nachts findet er schließlich das neue Haus seines Vaters und klopft an die Tür. Der Vater unterbricht seinen Klagesang für den verstorbenen Sohn und fragt: »Wer ist da?«, worauf der Sohn antwortet: »Ich bin es, Vater, öffne mir die Tür.« Doch der Vater ist ganz sicher, dass sein Sohn tot ist. Er glaubt, jemand mache sich über ihn lustig. So schreit er nur: »Verschwinde!« und weint weiter. Immer wieder fleht der Sohn ihn an, die Türe zu öffnen, bis er irgendwann aufgibt und weggeht. Die beiden werden sich nie wieder sehen. Der Vater hielt den Tod seines Sohnes so sehr für die Wahrheit, soll der Buddha dazu gesagt haben, dass er, als die Wahrheit vor der Tür stand, sie nicht hereinließ.

So richtig anfreunden konnte ich mich mit dieser Geschichte nicht. Der Plot erschien mir nicht wirklich überzeugend. Wer wäre so verbohrt wie dieser Vater, die eigenen Gedanken für die einzige Wahrheit zu halten und sich auch von Tatsachen darin nicht erschüttern zu lassen? So verstaubte die Geschichte in meinem Archiv bis zu einem denkwürdigen Abend an der französischen Atlantikküste. Dort verbrachten wir gemeinsam mit einer Freundin unserer Tochter den Urlaub in einem großen Ferienhaus. Wie die Abende zuvor saß ich friedlich auf der Terrasse, lauschte den Zikaden im Garten und dem entfernten Rauschen des Meeres, schmeckte die leicht salzige Luft und genoss die Ruhe um mich herum. Die beiden Teenager waren schon vor Einbruch der Dunkelheit zu einem Strandspaziergang aufgebrochen. Erst als ich mir ein Glas Wasser aus der Küche holte, klärte mich ein Blick auf die Wanduhr darüber auf, dass der vereinbarte Zeitpunkt für die Rückkehr bereits verstrichen war. Eine Viertelstunde nach Deadline rief ich die beiden an. Vorübergehend nicht erreichbar, meldeten ihre Mail-Boxen. Ich verschickte Nachrichten. Keine Antwort. Zunächst war ich einfach nur verärgert über ihre Unpünktlichkeit und mangelnde Zuverlässigkeit und nahm mir vor, derartige Spaziergänge künftig nicht mehr zu erlauben. Die Zeit verstrich, und meine Sorgen wuchsen. Man braucht nicht viel Phantasie, um sich vorzustellen, was zwei jungen Mädchen nachts am einsamen Strand alles zustoßen kann. In meinem Kopf liefen Szenen aus sämtlichen Horror-, Thriller-, Krimi- und Naturkatastrophenfilmen ab, die nur entfernt etwas mit Mädchen, Stränden, Entführungen, Monstern, Morden oder weißen Haien zu tun hatten. Nebenbei malte ich mir aus, wie ich den Eltern des uns anvertrauten

Kindes die schreckliche Nachricht überbringen musste. Mein Puls raste, Brust und Kehle schnürten sich zusammen, und ich begann wie ein Tiger im Wohnzimmer auf und ab zu laufen. Plötzlich hasste ich diesen Ort, das Haus und den verdammten Strand. Eine toxische Mischung aus Tatendrang und Lähmung breitete sich in mir aus. Was mache ich jetzt? Wenn ich sie suchen ginge, wäre niemand da, falls sie zurückkämen. Ich verfluchte meinen Mann, der immer unterwegs ist, wenn ich ihn brauche und nicht einmal ein Handy sein eigen nennt. Nach einer weiteren Stunde wollte ich die Polizei verständigen. Die schrecklichsten Horrorvisionen jagten durch meinen Kopf und vermischten sich mit Schuldgefühlen und Vorwürfen, den späten Ausflug überhaupt erlaubt zu haben. Plastische Bilder stiegen auf von einer freudlosen Zukunft und lebenslanger Trauer über das verlorene Kind. Als dann mein Mann endlich zurückkam, ich ihm verzweifelt entgegenlief und von der Katastrophe berichtete, fing er zu lachen an. Und bevor ich ihm wegen seines absolut gefühllosen Verhaltens eine Szene machen konnte, erklärte er: »Die beiden sind zurückgekommen, als du noch auf der Terrasse warst. Sie schauen ›Harry Potter und die Kammer des Schreckens‹ in ihrem Zimmer.«

Ich rannte in den hinteren Teil des Hauses, klopfte an der Tür und blickte auf zwei kerngesunde Mädchen, die Schokolade knabbernd auf dem Bett lagen, und mir freundlich, aber nicht sonderlich interessiert zulächelten. Später am Abend, auf der wunderbaren Terrasse mit Blick auf den herrlichen Garten, neben meinem großartigen Mann sitzend, erinnerte ich mich an die Geschichte vom Vater, der sich geweigert hatte, der Wahrheit die Tür zu öffnen. Und ich musste an einen Satz von Mark Twain denken, der von sich behauptete, in seinem Leben unvorstellbar viele Katastrophen erlitten zu haben, wovon die meisten nie eingetreten waren. Diese Stunden, als ich wie der Vater in der angeblich so unglaubwürdigen Geschichte als hilfloses Opfer der eigenen Gedankenwelt im Netz zappelte, lehrten mich Demut. Auch ich habe die Wahrheit nicht erkannt, obwohl sie früher nach Hause kam als vereinbart.

## Phänomen »Gedanke«

Und das Ereignis weckte die Neugier in mir, das Phänomen »Gedanke« einmal ganz genau unter die Lupe zu nehmen und aus verschiedenen Blickwinkeln zu betrachten. Zwischen morgendlichem Aufwachen und nächtlichem Einschlafen kommen und gehen täglich Tausende von Gedanken. Je nach Quellenangabe variiert deren »Stückzahl« von 17 000 bis zu 80 000, der Großteil davon – da sind sich die Experten wohl einig – so flüchtig, dass man sich ihrer gar nicht bewusst wird.

## Gedankenstrom

Kaum reißt uns der Wecker aus den nächtlichen Träumen, schon tauchen wir ein in den täglichen Strom unserer Gedanken: Heute ist Dienstag! Steht die Mülltonne auch draußen? Wenigstens regnet es nicht! Was habe ich gerade geträumt? Gerade wusste ich es noch, jetzt ist es weg. Ich sollte mir meine Träume besser merken. Wie gerne würde ich noch liegenbleiben. Das nächste Mal lasse ich mich von der Kollegin nicht mehr überrumpeln. Wenn nur schon Wochenende wäre! Hoffentlich sind wir morgen nicht dran, die F-Jugend zum Spiel zu bringen. Bloß nicht vergessen, um elf beim Arzt nach den Ergebnissen zu fragen, und das Päckchen sollte ich noch vor der Arbeit wegschicken, aber so, dass ich nicht wieder zu spät komme … ein kontinuierlicher Gedankenstrom zieht sich durch unseren Tag. Läuft alles in halbwegs geregelten Bahnen, fließt er – und wir in ihm – gemächlich vor sich hin; sind wir gestresst, verärgert oder anderweitig aufgewühlt, mutiert er zum reißenden Gebirgsbach. Mal steckt er voller Strudel und Stromschnellen, mal mäandert er und verzweigt sich in viele Seitenarme, die allmählich im Boden versickern. Manchmal haben wir Einfluss auf Fließrichtung und Geschwindigkeit, manchmal nicht. Den ganzen Tag über »machen« wir uns Gedanken.

René Descartes hat im 15. Jahrhundert die Denkfähigkeit als Beweis seiner Existenz angeführt, da er erkannte, dass er, um zu denken, sein musste: Ich denke, also bin ich. Als »verloren im Denken« sieht der thailändische Meditationslehrer Ajahn Buddhadhasa (1906–1993) die moderne Welt. Der Mensch von heute versinkt so tief im Inhalt seiner Gedanken, dass er sie nicht mehr als Gedanken erkennt und sie für die Realität hält, ihnen unbesehen glaubt, sich mit ihnen identifiziert und an sie klammert. Der Abend an der Atlantikküste ist dafür leider ein beeindruckendes Beispiel. In meiner Wirklichkeit waren die Mädchen verschwunden, was sich ganz konkret auf mein Wohlergehen, meine Handlungen und Gefühle auswirkte. Meine Gedanken waren insofern Wirklichkeit, da sie auf mich wirkten. Realität und Wahrheit waren sie nicht. Bevor mich die Nachricht meines Mannes aus dem Gedankenstrom herausfischte, hielt ich ihn für die einzig existierende Welt, wie ein Fisch, der auch nicht weiß, dass es noch etwas anderes als Wasser gibt.

Und sollten wir im Alltag doch einmal die Nase für einen Moment aus dem Wasser strecken, werfen wir meist einen kritischen Blick auf das, was wir sehen, und beginnen, uns zu beklagen. Oft führen wir dann einen Kreuzzug gegen die eigenen Gedanken. Ihre Fließgeschwindigkeit passt uns nicht, sie ist zu zäh oder zu schnell. Wir beschweren uns über die falsche Farbe des Wassers, da wir viel lieber hübsche rosarote Gedanken im Kopf hätten als diese pechschwarze Brühe. Auf die vielen Strudel und Untiefen könnten wir gut verzichten, besonders nachts um halb drei, wenn sich die Gedanken zwanghaft im Kreis drehen mit einer Sogwirkung, die keinen Ausstieg erlaubt. Am nächsten Morgen denken war dann darüber nach, wie unsere Gedanken sein sollten, dass wir in Zukunft wirklich positiver denken sollten und wie schön das Leben wäre, wenn die Gedanken sich nicht benähmen wie störrische Esel, sondern wohlerzogenen Hündchen gleich brav an der Leine spazierten. Im Alltag bemerken wir in der Regel gar nicht, dass wir denken, und wenn doch, wünschen wir, Besseres, Klügeres und Anderes zu denken.

### Was ist ein Gedanke?

Doch was ist eigentlich ein Gedanke? Im Duden steht: »Ein Gedanke ist, was gedacht worden ist oder das Denken an etwas; eine Meinung, eine Ansicht oder ein Einfall bzw. ein Begriff oder eine Idee.« Vielleicht würde ein Neurowissenschaftler folgende Definition wählen: Gedanken sind neuronale Repräsentationen im Gehirn, die durch bestimmte Aktivitätsmuster gekennzeichnet sind. In Wechselwirkung mit der Umwelt und sich selbst entstehen sie beim Hören, Sehen, Schmecken, Riechen und Fühlen, aber auch beim Denken und sogar beim Schlafen. Um einen Gedanken zu erzeugen, arbeiten Netze von Neuronen in der Großhirnrinde zusammen. Dort gibt es allerdings keine »Gedanken-Zentralverwaltung«, die die einzelnen Gedanken erfasst, sondern ein Gedanke verteilt sich über das gesamte Gehirn. Eine Flut elektrischer Signale durchströmt dabei in Windeseile unseren Kopf.

Und wenn Sie mögen, können Sie jetzt alle Definitionen und neurowissenschaftlichen Erkenntnisse über Gedanken einmal beiseite legen und die Frage ganz neu und naiv stellen: Was ist eigentlich ein Gedanke? Woher kommen Gedanken? Wo sind sie, wenn sie da sind? Und wohin verschwinden sie, wenn sie nicht mehr da sind? Lassen Sie sich Zeit für diese klassischen Schokoladenfragen!

## Denkfähigkeit

Ist das nicht erstaunlich: Wir haben vielleicht nicht die geringste Ahnung, was ein Gedanke eigentlich ist, und doch denken wir von morgens bis abends. Haben Sie schon einmal darüber nachgedacht, wie großartig es ist, denken zu können? Unsere Denkfähigkeit erlaubt uns, komplexe Zusammenhänge zu durchdringen, Situationen zu analysieren und Erlebtes zu erinnern. Sie ermöglicht uns das Erschaffen, Verstehen und Benutzen von Symbolen. Wir können in Vorstellungen und Phantasien schwelgen und uns an kreativen Einfällen und einem unbegrenzten Schöpfergeist erfreuen. Wir verfügen über die Fähigkeit, vorauszuplanen, bestimmte Folgen unseres Handelns zumindest abzuwägen, über die eigene Existenz nachzudenken, tagzuträumen und rätselzuraten. Sprache, Kunst, Musik, Mathematik oder Schreiben, all dies wäre ohne Denken nicht möglich, ebenso wenig wie die außergewöhnliche Gabe, uns dem erstaunlichen Phänomen »Gedanke« gedanklich anzunähern.

## Gedankenfamilie

Haben Sie sich schon einmal Gedanken gemacht, wie sich ihre »Gedankenfamilie« zusammensetzt? Bevorzugen Sie bestimmte »Lieblingskinder«, die immer und überall ungefragt dazwischenquatschen dürfen? Haben alle Familienmitglieder die gleichen Rechte und Pflichten? Gibt es »schwarze Schafe«, die Sie aus der Gedankenfamilie verbannen, sobald sie den Mund aufmachen? »Stiefkinder«, die zwar nicht aus dem Haus geworfen werden, aber nur am Katzentisch sitzen? »Heimliche Geliebte«, von denen niemand jemals etwas erfahren darf? Oder »Sorgenkinder«, die, wann immer sie auftauchen, einen Schwall von Kümmernis und Trübsal hinter sich her ziehen?

## Am Ufer des Gedankenstroms

Um mit dem eigenen Gedankenstrom vertraut zu werden, kann es nützlich sein, ans Ufer zu schwimmen und aus dem Wasser herauszusteigen. Stellen Sie sich vor, Sie klettern auf eine Anhöhe, von der aus Sie einen Überblick über den Flussverlauf gewinnen. Wäre es mir damals am Atlantik gelungen, meine Gedanken zu betrachten, anstatt sie für die Wahrheit zu halten, was hätte ich gesehen? Ich stelle mir dieses Gedankengeschehen als schwärzlich-trüben Wildbach mit vielen Untiefen und Strudeln vor, der sich ungebremst ins Tal stürzt und eine Spur der Verwüstung hinterlässt. Wie würden Sie Ihre gegenwärtige Gedankenlandschaft beschreiben? Wälzt sich da ein träger breiter Strom durch die Ebene? Plätschert ein dünnes Rinnsal müde vor sich hin? Oder prasselt ein Gedankenwasserfall in die Tiefe? Ist das Wasser trüb oder klar?

Wissen Sie, wie Sie denken, wenn Sie denken? Um dieser Frage nachzugehen, brauchen Sie kein Studium der Neurowissenschaften. Hier geht es nicht darum, die physiologischen Abläufe im Gehirn korrekt zu benennen, sondern sich der eigenen Denkart bewusst zu werden. Viele Menschen denken in Worten. Andere nehmen gar nicht wahr, dass ihr Geist überhaupt Gedanken produziert, da sie überwiegend in Form von Bildern und Metaphern denken. Vielleicht trifft keines von beiden bei ihnen so deutlich zu. Stattdessen nehmen Sie die emotionale Färbung des Gedankens besonders deutlich wahr, indem Sie beispielsweise einen leichten Druck in der Magengegend spüren und ein Brennen im Bauch wahrnehmen.

### Denken Sie oder denkt es Sie?

Manche unserer täglichen Gedanken erscheinen auf Einladung, etwa wenn Sie sich vornehmen, eine Einkaufsliste zu schreiben und bewusst überlegen, was fehlt. Andere erscheinen nicht, obwohl wir sie hereinbitten. Wie hieß denn noch der Ex meiner Kollegin? Wieder andere platzen einfach herein, obwohl sie weder eingeladen noch willkommen sind, wie die sehr plastischen Vorstellungen davon, was mit zwei Teenager-Mädchen nachts am Strand passieren kann. Wir sind nicht Meisterin oder Herr über unsere Gedanken. Oder sind Sie im Besitz einer Zauberformel, die gedankliche Quälgeister flott und zuverlässig wieder in die Flasche zurückbefördert? Mir geht es regelmäßig wie Goethes Zauberlehrling, der die Geister, die er rief, nicht mehr loswird. Lässt sich unser Geist vorschreiben, was er nicht denken soll? Der Klassiker aller Nicht-Gedanken ist der rosa Elefant, der nun unter keinen

Umständen in Ihrem Geist auftauchen sollte. Was passiert, wenn Sie bewusst versuchen, an etwas *nicht* zu denken? Lässt sich Denken verhindern? Wie folgsam laufen Ihre Gedanken an der Leine? Sind Gedanken Herr oder Diener? Chefin oder Angestellte?

Wenn Sie diese Frage nicht theoretisch, sondern ganz praktisch beantworten möchten, lassen Sie sich einmal auf ein kurzes Experiment ein. Stellen Sie sich einen Timer auf 120 Sekunden und nehmen sich vor, in diesem Zeitraum keine Gedanken zu produzieren. Und wenn der Geist trotzdem wandert, erinnern Sie sich an Ihr Vorhaben und stellen das Denken so gut wie möglich wieder ab. Dann gönnen Sie sich eine kurze Pause und atmen ein paarmal tief ein und aus. Im nächsten Schritt beschließen Sie, in den folgenden zwei Minuten einen Gedanken an den anderen zu reihen. Denken Sie, was das Zeug hält. Achten Sie darauf, dass keine Lücke zwischen zwei Gedanken entsteht.

Was haben Sie in diesen vier Minuten über sich, den denkenden Geist und »Ihre« Gedanken herausgefunden? Ist es möglich, den Geist am Denken zu hindern oder eher eine mission impossible, ein wenig so, wie dem Meer zu befehlen, keine Wellen mehr zu schlagen? Haben Sie auch beim »Heißdenken« manchmal kurze gedanken-lose Zwischenräume entdeckt? Die meisten Menschen, die sich auf dieses kleine Experiment eingelassen haben, kommen zu folgendem überraschenden Ergebnis: Der Geist macht, was er will; denken lässt sich nicht verhindern und nicht befehlen. Der Geist erscheint als ausgesprochen unzuverlässiger Geselle, dem wir dennoch im Alltag meist die Lotsenfunktion überlassen, weil wir ihn für vertrauenswürdiger und kompetenter halten als unser Herz oder das sogenannte Bauchgefühl.

Was also tun, wenn wir unseren Gedankenstrom weder

aufhalten können, noch ständig darin versinken wollen? Vielleicht hilft es, Geist und Gedanken ein weiteres Mal aus anderer Perspektive zu betrachten: Stellen Sie sich vor, Gedanken seien so etwas wie Geräusche oder Töne. In der buddhistischen Psychologie gibt es sechs Sinnesorgane: Augen, Ohren, Nase, Zunge, Körper und Geist. Das sind die »Tore«, durch die wir mit den entsprechenden Sinnesobjekten (Form, Klang, Geruch, Geschmack, Berührung und Geistesobjekte) in Kontakt kommen. »Wenn die Ohren in Kontakt mit einem Klang treten, wird das resultierende Gewahrsein Hörbewusstsein genannt«, schreibt Thich Nhat Hanh, »Gleichermaßen kommen auch die anderen fünf Formen des Sinnesbewusstseins zustande, indem ein Sinnesorgan in Kontakt mit seinen entsprechenden Sinnesobjekten tritt. Dabei sind die Objekte des Geistes Gedanken, Vorstellungen und Ideen.« (Thich Nhat Hanh 2003, S. 65) Ein Ton erklingt, das Hörvermögen nimmt ihn wahr, er hält eine bestimmte Zeit an und endet dann wieder. Ein Gedanke taucht aus dem Nichts auf, das »Geistvermögen« nimmt ihn wahr, er verweilt dort eine bestimmte Zeit und verschwindet wieder. Mark Williams, Professor für Klinische Psychologie in Oxford, spinnt die Analogie noch weiter: »So, wie es uns schwerfällt, Geräusche in ihrer unverarbeiteten ›Rohform‹ zu hören, ohne dass eine entsprechende gedankliche Zuordnung erfolgen würde – etwa ›Auto‹, ›Stimme‹ oder ›Zentralheizung‹ –, so weckt auch jeder aufkeimende Gedanke ein Netzwerk von Assoziationen.« (Williams & Penman 2011, S. 193)

Gedanken scheinen sich also durch Gedanken zu vervielfältigen. Sie denken sich selbst. Vielleicht hilft wieder ein Bild, um sich diesen Vorgang besser vorzustellen. Was geschieht, wenn Sie in ein Gefäß mit klarem Wasser eine Handvoll Glitzerpulver hineinwerfen und dann mit einem Kochlöffel beginnen, darin zu rühren? Und zu rühren und zu rühren? Unser Geist steht dabei für das Wasser, die Gedanken sind der Glitzer und das Gefäß entspricht dem Gewahrsein, das alles bemerkt. Was passiert, wenn wir aufhören zu rühren? Die Glitzerteilchen sinken langsam zu Boden, und nach einer Weile wird das Wasser darüber klar.

Diese Klarheit ist die Voraussetzung, um Gedanken als Gedanken zu erkennen. Widerstand zu leisten oder einen Aufstand gegen sie anzuzetteln, stärkt nur die Tendenz, dass uns der glänzende Inhalt der Gedanken und deren emotionale Aufladung gefangen nehmen. Wir räumen ihnen nur noch mehr Macht über uns ein. Dasselbe geschieht, wenn wir uns blindlings mit unseren Lieblingsgedanken identifizieren. Nicht mehr zu rühren erlaubt uns, überhaupt zu bemerken, dass Denken gerade geschieht.

Doch oft bemerken wir eben nicht, dass wir in den Gedanken verloren sind. Dann lassen wir uns genauso täuschen wie der eitle Herrscher in Hans Christian Andersens Märchen *Des Kaisers neue Kleider*. Der modeverliebte Monarch fiel auf zwei Betrüger herein, die behaupteten, den schönsten Stoff der Welt herstellen zu können. Die Kleider, die sie daraus nähten, seien nicht nur ungewöhnlich kunstvoll, farbenfroh und wertvoll, sondern auch dermaßen verzaubert, dass kein Mensch sie sehen könne, der in seinem Amte nichts tauge oder einfach dumm sei. Die falschen Weber verlangten nach immer mehr Seidengarn und Gold, das sie in die eigenen Taschen steckten, um dann weiter an ihren leeren Webstühlen zu »arbeiten«. Als sie schließlich den Kaiser »einkleideten«, wendete und drehte er sich voller Begeisterung vor dem Spiegel. »Ei, wie herrlich die neuen Kleider sitzen!«, riefen alle. »Welches Muster, welche Farben! Das ist ein wahrhaft kostbarer Anzug!«, und auch auf der Straße lobten alle die unvergleichlichen Farben, die schöne Schleppe und den perfekten Sitz, bis ein kleines Kind plötzlich rief: »Aber er hat ja gar nichts an!« Da fiel es dem ganzen Volk wie Schuppen von den Augen, und alle stimmten ein: »Aber er hat ja gar nichts an!«

Jedes Mal, wenn wir gerade wieder tief im Inhalt der Gedanken versunken sind, geblendet von ihren herrlichen Farben, dem Glitter und dem spinnwebenzarten Geschmeide, haben wir die Chance, uns an das klarsichtige kleine Kind zu erinnern und: »Aber dieser Gedanken-Kaiser hat ja gar nichts an!« zu rufen. Dann erkennen wir für einen winzigen Moment, dass all die wichtigen, spannenden, verführerischen und zwingenden Gedanken einfach nur Phänomene sind – nicht schlecht, nicht gefährlich, nicht falsch, nicht wahr und nicht verkehrt, sondern einfach nur nackt.

# Wie gehe ich mit meinen Gedanken um?

In welchem Verhältnis stehen Sie zu Ihren Gedanken? Pflegen Sie Umgang mit Ihren Gedanken? Und wenn ja, welchen? Wie könnte ein heilsamer Umgang mit Gedanken aussehen?

Umgang pflegen wir mit etwas oder jemandem. Solange wir im Gedankenstrom abtauchen, *sind* wir unsere Gedanken und brauchen uns über den Umgang mit ihnen keine Gedanken zu machen. Grundvoraussetzung, um sich Gedanken darüber zu machen, welchen Umgang wir mit Gedanken pflegen, ist, sich seiner Gedanken bewusst zu sein. Dann identifizieren wir uns nicht mehr ausschließlich mit den Gedanken, sondern bemerken, dass da »irgendetwas« in uns Gedanken einfach nur von Moment zu Moment wahrnehmen kann. Dieses »Gewahrsein ist nicht gleichbedeutend mit Denken«, betont Jon Kabat-Zinn, »sondern geht über das Denken hinaus, obgleich es das Denken nutzt und seinen Wert und seine Macht anerkennt. Gewahrsein gleicht eher einem Gefäß, das unser Denken hält und umfasst und das uns helfen kann, unsere Gedanken zu sehen und sie als Gedanken zu erkennen, statt sie für Realität zu halten.« (Kabat-Zinn 1998, S. 91)

Da Sie mit Mücken sicher einen anderen Umgang als mit Elefanten pflegen, ist es hilfreich, zu überprüfen, wie Sie die eigenen Gedanken einschätzen. Glauben Sie an die Kraft Ihrer Gedanken? Was ist wirkmächtiger: Ihre Art zu denken oder die äußeren Bedingungen? Manche Menschen sehen ihr Lebensglas stets als halb leer an, andere, die weit grausameren Schicksalsschlägen ausgesetzt sind, würden es dennoch als halb voll bezeichnen. So beeinflussen unsere Gedanken die

Lebenszufriedenheit. Was sind Gedanken für Sie? Tatsachen? Realität? Propaganda? Handlungsanweisungen? Geistige Phänomene? Wahrheit? Gerüchte im Kopf? Ist das vom jeweiligen Gedanken abhängig? Glauben Sie alles, was Sie denken? Sehen Sie die Welt so, wie sie ist, oder so, wie Sie sind? Lassen Sie uns dieses weite Schokoladenfragenfeld in einzelne Parzellen zerlegen und diese etwas genauer betrachten.

## Wirkmacht der Gedanken

Gedanken als Phänomene zu erkennen und sich seiner Gedanken bewusst zu sein, bedeutet keineswegs, deren Auswirkungen gering zu halten. Denn auch »nackte« Gedanken entfalten große Wirkung. Bereits vor mehr als 2500 Jahren stellte der Buddha fest: »Wir sind, was wir denken. Alles, was wir sind, entsteht in unseren Gedanken. Mit unseren Gedanken machen wir die Welt.« Im Ferienhaus an der Atlantikküste war ich, was ich dachte. Alles, was ich war, entstand in meinen Gedanken. Mit meinen Gedanken machte ich mir die Welt.

Ein weiteres klassisches Beispiel für die Wirkmächtigkeit »bloßer« Gedanken ist der sogenannte Placebo-Effekt. »Da werden Pillen ohne Wirkstoffe verabreicht und zum Beispiel die Erwartung geweckt, dass mit diesem Medikament sicherlich bald die Schmerzen aufhören werden – und bei bis zu 50 Prozent der Menschen funktioniert das tatsächlich«, schreibt der Psychologe Matthias Ennenbach. (Ennenbach 2011, S. 158)

So lässt sich der Placebo-Effekt als wissenschaftlicher Beweis verstehen, dass Erwartungen und Vorstellungskraft wesentlichen Einfluss auf den Heilungsprozess ausüben, wie die berühmte Studie des US-amerikanischen Orthopäden Bruce Moseley zeigt: Er operierte die Hälfte einer Patientengruppe am Knie, während die andere Gruppe durch zwei Schnitte am Knie nur im Glauben gelassen wurde, es hätte eine Operation stattgefunden. Das Ergebnis: Selbst zwei Jahre später gab es beim Heilungserfolg beider Gruppen keinen Unterschied. Interessant sind in diesem Zusammenhang auch aktuelle Studien, die beweisen, dass der Placebo-Effekt selbst dann eintritt, wenn die Patienten nicht getäuscht werden.

Mit Fragen über die Macht der Gedanken beschäftigt sich seit Jahrzehnten die Harvard-Psychologin Ellen Langer. Anfang der 8oer Jahre lud sie eine Gruppe alter Männer zu einem sogenannten »Erinnerungs-Camp« ein. Eine Woche lang sollten sich die 70- bis 80-Jährigen vorstellen, sie unternähmen eine Zeitreise zurück in den 50er Jahre. Eine zweite Gruppe, die ebenfalls eine Woche in dem abgelegenen Kloster verbrachte, hatte nur die Aufgabe, sich an die 50er Jahre zu erinnern. Vor und nach dem Experiment wurden die Männer auf ihre geistige und körperliche Fitness untersucht. Nachher zeigten sich in beiden Gruppen deutlich positive Effekte. Alle waren körperlich stärker, Hör- und Sehvermögen hatten sich verbessert und sogar in den Intelligenztests erhöhte sich der Quotient. Doch die Männer, die man gebeten hatte, so zu tun, als lebten sie wirklich wieder in den 50er Jahren, schnitten noch einmal deutlich besser ab. Ihre Körper hatten sich tatsächlich verjüngt.

2007 untersuchte Langer, ob es sich positiv auf die Gesundheit von Zimmermädchen auswirkte, wenn man sie dazu ermunterte, das Aufschütteln von Betten und Putzen von Bädern als unkonventionelles Fitness-Training zu betrachten. Vier Wochen später hatten die Teilnehmerinnen, deren Arbeit zum Sport umdefiniert worden war, durchschnittlich ein Kilo abgenommen und den Blutdruck gesenkt – ohne dass sich am Ablauf ihrer Tätigkeiten oder Essgewohnheiten etwas geändert hätte. Die Kontrollgruppe, die ihren Job wie zuvor machte, zeigte keine Veränderungen.

Langer demonstriert mit ihren zahlreichen Experimenten, was geschehen kann, wenn wir uns ganz spielerisch aus der Tyrannei gewohnter Denkmuster befreien; wenn wir im Alltag an unseren so unumstößlichen Gewissheiten ein bisschen zu rütteln beginnen; wenn wir nicht mehr verzweifelt daran festhalten, dass eins und eins gleich zwei ist. »Wenn wir einen Schneehaufen auf einen anderen packen«, schreibt Langer, »dann ist eins und eins gleich eins.« (Harvard Business Manager, Januar 2017, S. 31/32) Wenn wir nicht mehr darauf bestehen, dass richtige Mütter stets selbstgebackenen Dinkelkuchen auf Kindergartenfeste mitbringen, echte Männer nicht weinen, brave Kinder keine Tobsuchtsanfälle bekommen, der Rasen mindestens einmal die Woche gemäht und Unterhosen gebügelt gehören. Mit derartig toxischen Gewissheiten erschweren wir uns und den Menschen um uns herum das Leben: Eine ideale Karriere kennt keine Brüche. Eine perfekte Familie funktioniert so und nicht anders. Es gibt immer unterschiedliche Wege, etwas zu erledigen und verschiedene Möglichkeiten, beruflich erfolgreich zu sein und als Familie zusammenzuleben. Die Lösung ist vom Kontext abhängig, und der ändert sich ständig. Ellen Langer lädt dazu ein, neugierig zu bleiben, nichts als selbstverständlich hinzunehmen und das alte Leben mit neuen Augen zu betrachten und zur Gewohnheit verkommene Spielregeln zu überprüfen und anzupassen. Selbst wenn sich Ihr IQ nicht erhöht und Sie kein Gramm abnehmen, ist es ein befreiender Akt, die Fünf einmal gerade sein zu lassen. Welche Erfahrungen haben Sie beim Verlassen eingefahrener Denkweisen bereits gesammelt?

Natürlich wirkt die Kraft der Gedanken in jede beliebige Richtung. »Wer ist dein Feind?«, fragt der Buddha, »Der Geist ist dein Feind. Wer ist dein Freund? Der Geist ist dein Freund.« (Kornfield 2008, S. 198) Der sogenannte Nocebo-Effekt repräsentiert sozusagen die dunkle Seite der Gedankenmacht. Ich habe mir aus diesem Grund abgewöhnt, die Nebenwirkungen auf dem Beipackzettel neuer Medikamente sofort zu lesen, da ich dazu neige, jedes einzeln angeführte Symptom zu entwickeln, meist in der korrekten Reihenfolge ihrer Auflistung. Studien beweisen, dass sogar wirkstofffreie Scheinmedikamente Nebenwirkungen hervorrufen können. Wissenschaftler des Universitätsklinikums Hamburg fanden heraus, dass eine als teuer bezeichnete Hautcreme, die vermeintlich gegen Ekzeme helfen sollte, bei den Probanden stärkere Nebenwirkungen hervorrief als die gleiche Salbe, die als Billigprodukt vorgestellt wurde. Sie führen das auf die unbewusste Erwartung zurück, dass teure Mittel besser wirken und aus diesem Grund auch schwerwiegendere Nebenwirkungen auslösen.

Lange anhaltende negative Gedanken haben dramatische Auswirkungen auf Gesundheit und Wohlbefinden: Das Selbstwertgefühl nimmt ab, Schuldgefühle vermehren sich, die Fähigkeit, soziale Beziehungen einzugehen, wird gestört und die Konzentrationsfähigkeit geschwächt. Auch Schlaf- und Appetitmangel können vermehrt auftreten. Je tiefer wir davon überzeugt sind, dass etwas der Wahrheit entspricht, desto größer ist die Wahrscheinlichkeit, dass es sich in unserer Erfahrungswelt auch als wahr erweist. »Wenn wir also glauben, dass wir schwach, dumm und inkompetent sind, werden wir uns als schwach, dumm und inkompetent erleben«, stellt Yongey Mingyur Rinpoche fest, »ganz gleich, welche Qualitäten wir in Wirklichkeit haben und wie anders uns unsere

Freunde und Mitarbeiter sehen mögen.« (Mingyur 2007, S. 169) Hat sich eine derartige Sichtweise erst einmal gefestigt, dann ignorieren wir konträre Meinungen und fühlen uns durch konforme bestätigt. Wir sehen also nur noch, was wir sehen wollen. »Und wenn ein solcher Propagandafeldzug erst einmal begonnen hat«, schreibt Mark Williams, »fällt es zunehmend schwer, sich mit Argumenten gegen ihn zu wehren.« (Williams 2011, S. 186)

## In der Gerüchteküche

Er vergleicht diese destruktiven Gedanken mit Gerüchten im Kopf, an denen etwas dran sein könnte oder auch nicht. Und so wie die US-Regierung während des Zweiten Weltkriegs meist vergeblich gegen absurde Gerüchte ankämpfte, versuchen auch wir, bestimmte Gedanken mit wenig erfolgversprechenden Strategien zu entkräften. Auslöser für die staatlichen Bemühungen, gegen wilde Spekulationen vorzugehen, war der Luxusliner »Queen Mary«, der als Truppentransporter im Jahr 1942 im Hafen von Boston lag. In der Bevölkerung munkelte man, dass nur schwarze Selbstmordkandidaten an Bord seien, andere behaupteten, der Mannschaft gehörten keine Juden an. Daraufhin schlossen sich Wissenschaftler verschiedenster Fachrichtungen zusammen und starteten erste Versuche, mit Hilfe intellektueller »vernünftiger« Argumente, dem Gerüchte-Phänomen Herr zu werden. Doch ihre Bemühungen, Gerüchteküchen mit Logik zu säubern, scheiterten damals ebenso wie Versuche, sie als Quacksalberei zu brandmarken. Wenn wir also selbstkritische Gedanken »als ›Unsinn‹ verwerfen oder uns sagen, dass wir uns ›zusammennehmen‹ oder ›am Riemen reißen‹ sollten, untergräbt das unsere Moral weiter, sodass sich unser Gefühl der Schwäche und Unzulänglichkeit noch zusätzlich verstärkt«. (Williams 2011, S. 188) Wenn wir uns wegen unerwünschter Gedanken kritisieren, sie lächerlich machen oder bagatellisieren, gießen wir damit nur frisches Öl ins Feuer der hirneigenen Gerüchteküche.

Die eigene Meinung mit objektiven Tatsachen gleichzusetzen, hat derzeit auch in den westlichen Gesellschaften wieder Hochkonjunktur. Komplizierte Algorithmen sozialer Netzwerke generieren immer homogenere Meinungsblasen und befeuern die Verbreitung von Lügen, Halbwahrheiten und falschen Informationen. Und im Weißen Haus serviert Donald Trump, der Spitzenkoch aller Gerüchteküchen, seine tägliche Dosis Fake-News. Für ihn spielt es keine Rolle mehr, ob etwas nachweislich geschehen ist oder sich wissenschaftlich nachprüfen lässt. Zu seiner Antrittsrede, behauptet er, seien mehr Menschen als jemals zuvor zu einer Amtseinführung gekommen, und außerdem habe währenddessen die Sonne geschienen. Beides lässt sich problemlos widerlegen, doch Trumps Mitarbeiter verteidigen dessen »alternative Fakten« mit der Begründung, dass der Präsident fest daran glaube.

## *Alternative Fakten für den Hausgebrauch*

Was hat der 45. Präsident der Vereinigten Staaten von Amerika damit zu tun, welchen Umgang ich mit meinen Gedanken pflege, fragen Sie sich jetzt vielleicht. Der Mann verbreitet Lügen und Halbwahrheiten, sobald er den Mund aufmacht, und kann ganz offensichtlich zwischen Realität und Glauben nicht unterscheiden. Doch wer im Glashaus sitzt, sollte das Weiße Haus nicht mit Steinen bewerfen, habe ich gelernt. Auch ich bitte meine felsenfesten Gewissheiten nicht täglich zum Faktencheck. Auch mein Verstand tut sich schwer, Tatsachen und Fiktion auseinanderzuhalten, und das nicht nur, wenn es so offensichtlich war wie bei den scheinbar verschwundenen Mädchen an der französischen Atlantikküste. Und auch wenn die Auswirkungen dessen, wovon ich felsenfest überzeugt bin, für den Rest der Menschheit weit weniger dramatisch ausfallen dürften, schaut der Gedanke »Alles Deppen außer mich!« auch bei mir regelmäßig vorbei. So verteidige ich das eherne Prinzip der Mülltrennung als heilig, sinnvoll und wichtig, während der Rest der Familie diese unumstößlichen Tatsachen gern ignoriert. Mich plagt bereits das schlechte Gewissen, wenn eine Kartonverpackung versehentlich im Restmüll landet. Alle anderen werfen ihren Abfall dort hinein, wo gerade am meisten Platz ist. Leider steht mir während der heimischen Debatten kein Pressesprecher aus Fleisch und Blut zur Verfügung, der meine Wahrnehmung als die einzig akzeptable Wirklichkeit verteidigt. Den Job übernimmt dann eine interne Referentin, die in ihrer Argumentationsweise Donald Trumps Personal in nichts nachsteht und Argumente wie »Später landet der getrennte Müll sowieso im gleichen Verbrennungsofen« geflissentlich ignoriert. Wenn Sie Ihre unumstößlichen Privatdogmen betrachten, woran lässt Ihr innerer Pressesprecher niemals rütteln? In welcher Lieblingsmeinungsblase sitzen Sie fest? Sind Sie offen für regelmäßige Abgleiche Ihrer Überzeugungen mit der Realität?

*Muss ich wissen, warum ich was denke?*

Es gibt also die unterschiedlichsten Möglichkeiten, mit den eigenen Gedanken umzugehen. Eine davon ist, sich auf die meist nutzlose Suche nach den Ursachen und Bedingungen für das Aufsteigen bestimmter Gedanken zu machen. Warum denke ich ausgerechnet jetzt so seltsame Gedanken? Was genau ist der Grund dafür? Yongey Mingyur Rinpoche erzählt dazu eine uralte Geschichte, in der der Buddha die Sinnlosigkeit dieses Unterfangens mit dem Ansinnen eines schwer verwundeten Soldaten vergleicht, der den Arzt daran hindert, seine Arbeit zu tun: »Warte, bevor du den Pfeil herausziehst, muss ich den Namen des Mannes, der ihn auf mich abgeschossen hat, wissen, den Namen des Dorfes aus dem er kommt, und die Namen seiner Eltern und Großeltern. Außerdem muss ich wissen, aus was für einem Holz der Pfeil gemacht wurde, wie das Material der Pfeilspitze beschaffen ist und welcher Vogelart die Federn angehören, die am Pfeil befestigt sind ...« Natürlich ist der Soldat längst tot, bevor der Arzt dessen Recherche-Auftrag erledigen konnte.

## Gedanken beobachten

Sie können alles glauben, was Sie denken. Sie können Gedanken in Frage stellen, Beweise sammeln, die für oder gegen Ihre Gedanken sprechen, Gedanken be- oder entkräften, erörtern, umdeuten, kommentieren und beurteilen. Doch was passiert, wenn Sie innehalten, einen Schritt zurücktreten und die Aufmerksamkeit auf den Denkprozess als eigenständige Aktivität lenken? »Statt unserer inneren Gerüchteküche mit Logik und ›positivem Denken‹ zu begegnen«, rät Williams, »ist es wesentlich sinnvoller, aus dem endlosen Kreislauf auszusteigen und einfach zuzuschauen, wie sich die Gedanken in ihrer ganzen fiebrigen Schönheit entfalten.« (Williams 2011, S. 189) Dann lassen wir uns in einem virtuellen Kinosessel nieder und blicken auf eine virtuelle Leinwand. In unserem

Kopfkino öffnet sich der Vorhang für die üblichen Dramen, Kommentare und Geschichten, nur dass wir für einen Moment Zuschauer sind und nicht die Protagonisten. Einen Augenblick später ist der Beobachterstatus schon wieder verloren und wir sind mitten in die Filmhandlung hineingezogen. Doch in dem magischen Moment, wenn wir uns darüber bewusst werden, kehren wir bereits wieder in den Zuschauerraum zurück.

## Gedanken auf der Jagd

Gedanken in ihrer fiebrigen Schönheit zu beobachten, ist leichter gesagt als getan. Manche benehmen sich wie scheue Rehe und verschwinden, sobald wir die Aufmerksamkeit auf sie richten. Andere lösen sich auf wie Nebel in der Sonne. Gern schleichen sie sich auch von hinten an und behaupten, dass vor uns schon lange kein Gedanke mehr aufgetaucht ist. Und wieder andere geben sich nicht so schnell geschlagen, widerstehen jeglicher Bemühung, sich einfach betrachten zu lassen und blasen stattdessen zum Angriff. »Dieser Gedanke verfolgt mich seit Tagen«, sagen wir dann, oder: »Diese seltsame Idee lässt mich nicht mehr los.« So erging es auch der Zen-Schülerin aus einer Geschichte, die ich bei Sylvia Wetzel einmal gehört habe: Die Schülerin beklagte sich auf einem Waldspaziergang bei ihrer Meisterin, dass ihre Gedanken sie seit Tagen verfolgten. Die Meisterin hörte sich die Klagen an und rannte plötzlich auf einen Baum zu. Sie klammerte sich mit beiden Armen um den Stamm und schrie: »Hilfe! Der Baum hält mich fest und lässt nicht mehr los!« Wie reagieren Sie auf Klammergedanken? Welche Gedankenarmeen heften sich an Ihre Fersen?

*Gedanken lieben Schwierigkeiten*

Mein kleiner Neffe konnte neulich nicht einschlafen. Es war die Nacht vor seinem neunten Geburtstag. Aufregung und Vorfreude hielten ihn wach. Wann lagen Sie das letzte Mal abends im Bett und konnten vor Freude, Dankbarkeit oder Begeisterung nicht einschlafen? Wann haben Ihnen Gedanken darüber, wie traumhaft der vergangene Tag gelaufen ist oder der nächste werden wird, den Schlaf geraubt? Sie können sich nicht erinnern? Und wann lagen Sie das letzte Mal stundenlang wach oder schreckten aus dem Schlaf, weil am Tag zuvor zwar bis auf ein einziges kleines Missgeschick alles rund gelaufen war? Doch genau dahin streben Ihre Gedanken, unwiderstehlich angezogen wie Eisenspäne von einem Magneten. »Gedanken lieben Schwierigkeiten«, schreibt meine MBSR-Kollegin Heike Meyer (Meyer 2016, S. 61). Dabei differenzieren sie nicht so genau, ob ein aktuelles Problem tatsächlich einer gedanklichen Lösung bedarf, bereits der Vergangenheit angehört, nie auftreten wird oder nur vermeintlich stattfindet.

*Ein Gedanke ist ein Gedanke ist ein Gedanke*

Neigt Ihr Geist auch dazu, sich in Katastrophenszenarien zu suhlen? Wenn es darum geht, den möglichen Ausgang einer Unternehmung zu beurteilen, gehören Sie eher zur »Das wird böse enden«- oder »Wird schon gutgehen«-Fraktion? Beide nehmen das Ergebnis vorweg und kommen aufgrund derselben Faktenlage zu diametral entgegengesetzten Ergebnissen. Wie würden Sie sich selbst beschreiben? Tendieren Sie dazu, an Angenehmem festzuhalten? Sehen Sie eher das Negative in allem? Mögen Sie manchmal nicht so genau hinschauen, was eigentlich passiert? Oder sind Sie davon überzeugt, stets genau zu wissen, warum alles passiert? Wie würden Sie den eigenen Charakter typisieren? Pessimist, Optimistin, Extrovertierte, Introvertierter, Gefühls- oder Kopfmensch? Glauben Sie, dass Ihr Temperament etwas damit zu tun hat, wie Sie sich und die Welt sehen?

Gedanken als Gedanken zu erkennen, vermittelt zumindest eine Ahnung davon, dass die Brillengläser, durch die wir die Welt betrachten, getönt sind. Ob die Färbung dann rosarot, schwarz-weiß oder in verblassendem Sepia ist, hängt von unseren Hauptneigungen und der aktuellen Grundstimmung ab. Sind wir nicht mit den eigenen Denkmustern vertraut, denken wir, die Welt sei tatsächlich rosa, schwarz-weiß oder sepiafarben. Dann gehen wir davon aus, dass alles, was wir erfahren, genau so und nicht anders ist, und richten unser Handeln automatisch daran aus.

### Gedanken auf Wasser geschrieben

Was verändert sich im Umgang mit Gedanken, wenn Sie sie als Arbeitshypothesen oder Vorschläge betrachten? Auf Wasser geschrieben statt in Stein gemeißelt? Was passiert, wenn Sie nicht mehr jeden hergelaufenen Gedanken als Handlungsanweisung begreifen und nicht mehr alles glauben, was Sie denken? Wenn Sie, so gut es geht, ausloten, was Sie für angemessen oder unangemessen, für gut oder schlecht, für wahr oder falsch halten? Im Reich des Tuns und Denkens stellen wir unsere Gedanken nicht in Frage. Im Reich des Bei-sich-Seins fällt es leichter, zu unterscheiden, welche Gedanken hilfreich sind und welche nur die übliche Propaganda verbreiten. Gedanken auf ihre Wirkung hin zu überprüfen, abzuwägen, Prioritäten zu setzen und erst dann Entscheidungen zu fällen, sind die ersten Schritte aus den Fesseln der hauseigenen Gedankendiktatur.

# Was sind meine Gedanken-Top-Ten?

Sind Sie mit Ihren Gedankenmustern vertraut und sich bewusst, was da von Moment zu Moment durch den Kopf schwirrt? Welche aktuellen Interpreten und Hits dominieren Ihre Art zu denken? Was läuft bei Ihnen derzeit rauf und runter, auf allen Stationen, zu jeder Tages- und Nachtzeit?

## *Der Soundtrack unseres Lebens*

Vor mehr als einem Jahrhundert beleuchtete der Vater der Psychoanalyse, Sigmund Freud, das Unbewusste im Menschen. Tief verborgen in einem Bereich der Psyche, der dem Bewusstsein nicht unmittelbar zugänglich ist, beeinflusst es dennoch unsere Gedanken, Gefühle und Handlungen. Doch erst in den 1960er und 1970er Jahren begann man die innere Welt, die subjektive Domäne aus Gedanken, Erinnerungen, Ideen, Erwartungen und Plänen genauer zu betrachten. Und man machte eine erstaunliche Entdeckung: Laut Williams et al. liegt der Großteil dessen, was unsere Gefühle und Verhaltensweisen antreibt, nicht im tiefen Unbewussten, sondern nur knapp unter der Oberfläche unserer Wahrnehmung. Falls dieser Bewusstseinsstrom »uns möglicherweise schadet, liegt das nicht daran, dass er tief in der Psyche vergraben liegt, sondern dass er praktisch unbeaufsichtigt ist«. (Williams et al. 2007, S. 163, eigene Übersetzung)

Meist hören wir dem Soundtrack unseres Lebens nur mit halbem Ohr zu und interessieren uns nicht wirklich für Melodie und Lyrics. Manchmal erkennen wir das Intro und sehnen uns nach einem neuen DJ. Selten nehmen wir uns die Zeit, den momentanen Spitzenreitern unserer Gedanken-Hitparade einmal die volle Aufmerksamkeit zu schenken. Lernen wir sie näher kennen, können wir Bands und Solokünstlern Namen geben und erkennen sie so beim nächsten Auftritt leichter wieder. Das ist sinnvoll, da viele dieser Interpreten lieber anonym bleiben, um ihr Publikum so besser im Griff zu haben. Weiß der Zuhörer, mit wem er es zu tun hat, applaudiert höflich oder bedankt sich gar freundlich für den musikalischen Beitrag, verlischt die hypnotische Wirkung. Dann sehen wir Gedankenmuster als regelmäßige Besucher unseres Geistes, ohne uns mit ihnen zu identifizieren oder uns ihnen zu unterwerfen.

Auch wenn wahrscheinlich kein Top-Ten-Chart exakt einem anderen gleicht, so gibt es doch ein paar All-Time-Stars.

Liegen Titel wie »Schön ist es, auf der Welt zu sein!«, »What a Wonderful World« oder »Danke für diesen guten Morgen« bei Ihnen auf den vorderen Rängen? Wenn ja, gehören Sie der glücklichen Minderheit an, die überdurchschnittlich viele angenehme Gedanken pro Tag produziert. In der Regel finden sich diese Hits unter »ferner liefen« und können mit all den anderen abwechslungsreichen Titeln nicht konkurrieren.

### Der innere Regalauffüller

Nehmen Sie Platz. Machen Sie es sich bequem und warten Sie geduldig wie die Katze vor dem Mauseloch, dass ein erster vorlauter Gedankenmuster-Hit herausschallt. Und vielleicht, während Sie gebannt dorthin starren, erklingt im Hintergrund einer der beliebtesten Serienhits aller Zeiten und Räume. »Das macht richtig Spaß, die eigenen Gedanken zu beobachten«, könnte er Ihnen zuflüstern. Oder: »Wie doof ist das denn!« Oder Sie vergessen ganz schnell, was Sie sich eigentlich vorgenommen haben und träumen einfach ein wenig vertorft vor sich hin.

Das ist die berühmte Dreitontechnik des inneren Regalauffüllers. Alles, was ihm im Lauf des Tages an Situationen, Menschen, Gefühlen oder Gedanken begegnet, verteilt er zuverlässig in drei endlos erscheinenden Regalreihen. Wo im Supermarkt Aufschriften wie »Cerealien«, »Nudeln« oder »Backzutaten« zu finden sind, sortiert er nach »Mag ich«, »Mag ich nicht« und »Mir egal«. Der Idiot im schwarzen SUV, der mir gerade die Vorfahrt genommen hat, landet im unteren Teil der »Mag ich nicht«-Reihe, das dicke Lob von der Kollegin kommt ganz vorne ins »Mag ich«-Regal und was da vorher auf dem Parkplatz passiert ist, war nicht so wichtig, weshalb es zu den vielen anderen mehr oder weniger nebulösen Gegenstände im »Mir egal«-Regal einsortiert wird, wo es allmählich verstaubt.

Der Regalauffüller arbeitet nicht als Teilzeitkraft auf 450-Euro-Basis, sondern 24/7. Er ist im Dienst, seit wir denken können und bildet sich auf diese Berufserfahrung viel ein. Sekundenschnell entscheidet er, in welchem Regal die angelieferte Ware verstaut wird: Das da ähnelt diesem Paket vor 29 Jahren, also weg damit ins »Mag ich nicht«-Regal. Nein, eine erneute Überprüfung ist total überflüssig. Er braucht die Lieferungen nicht zu öffnen; was drin ist, erkennt er schon von weitem an der Verpackung. Und ja, die kleinen bunten Päckchen gehören schon immer ins »Mag ich«-Regal, da wird jetzt nicht dran gerüttelt.

Kritische Gedanken darüber, ob sein Job noch zeitgemäß

ist, versteht er kompetent zu zerstreuen. Bewertungen wie
»Ich sollte nicht ständig werten!« oder »Dieses automatische
Beurteilen von jedem und allem ist nicht gut für mich!« verstaut er zuverlässig im »Mag ich nicht«-Regal, und schon ist
der Arbeitsplatz wieder gesichert.

Manchmal erledigt er seinen Job kaum hörbar im Hintergrund, an anderen Tagen landet jede Lieferung mit lautem
dumpfem Knall im Regal. Mal schimpft er über die Qualität
der Ware, beklagt sich über voreilige Zulieferer und beschwert
sich bitter über die schlechten Arbeitsbedingungen. Doch
schlägt man ihm vor, einmal Urlaub zu machen, weist er
dieses Ansinnen entrüstet zurück. Nur seine Ordnungsliebe
bewahre die Welt vor dem Untergang, und überhaupt, wo
kämen wir denn hin, wenn der SUV-Idiot von vorhin nicht
mehr zuverlässig im »Mag ich nicht«-Regal festhängt und
die Ware fürs »Mir egal«-Regal in der »Mag ich«-Reihe einsortiert würde. Der einzige Satz, den er fürchtet wie der Teufel
das Weihwasser, lautet: »Wer weiß, wozu es gut ist.« Der passt
nirgendwohin und stellt sein ganzes Lebenswerk in Frage.

## »Next«

Wer schafft es neben dem Regalauffüller noch in Ihre Top
Ten? Sehr aktiv und seit vielen Jahren immer vorne zu finden
ist »Next«. Diese virtuelle Sekretärin hält eine unendliche To-
do-Liste in der Hand, die sich wie durch Zauberhand stetig
verlängert. Während man noch mit einem Auftrag beschäftigt
ist, erinnert sie penetrant und nachdrücklich daran, dass die
nächste Aufgabe immer die wichtigste ist. Ihre Bestimmung
nimmt sie todernst und ist – ähnlich dem Regalauffüller –
davon überzeugt, nur sie halte den Laden am Laufen. Schließ-

lich kann sie besser als jeder Vorstandschef beurteilen, was wann, wie und in welchem Zeitrahmen zu erledigen ist. Von gewerkschaftlichen Errungenschaften wie Pausen, 35-Stunden-Woche oder Arbeitsschutzbestimmungen hält sie weniger als ein Sweatshop-Betreiber in Bangladesch.

Egal was gerade ansteht, »Next« ist ihrer Zeit stets ein paar Schritte voraus. Manchmal lässt sie sich mit Hilfe einer handfesten Aufgabenliste kurzfristig zum Schweigen bringen. Doch sobald der letzte Handgriff getan ist und Aussicht auf Auszeit besteht, tritt sie wieder in Aktion. Dann braucht man nur naiv genug zu sein und den Kühlschrank zu öffnen, um die hart verdiente Brotzeit herauszuholen, schon ist »Next« wieder reaktiviert: »Umgehend abgelaufenen Joghurt entsorgen, frische Salami besorgen und Gefrierfach enteisen!«

### Der Projektionskasten

Nun ist also der Joghurt entsorgt, die Salami eingekauft und das Gefrierfach vom Eise befreit. Das Sofa lockt, Sie legen gerade die Beine hoch und freuen sich, dass Körper und Geist einmal richtig entspannen dürfen. Es gibt rein gar nichts zu tun, und sogar »Next« ist vorübergehend außer Dienst. Ideale Auftrittsbedingungen für den »Projektionskasten«, genau in diesem Augenblick sein Lied anzustimmen. Sein Metier ist das Durchspielen abstrakter, hypothetischer und theoretischer Probleme. Dafür steht dem »Projektionskasten« ein reichhaltiges Repertoire zur Verfügung. Er beamt sich in die Zukunft oder zurück in die Vergangenheit, versetzt sich in andere Personen oder Situationen und spielt alle möglichen Lösungsvorschläge sowie jede potentielle Handlungsalternative bis zum Abwinken durch. Die Laufdauer seiner Songs deckt sich zu 100 Prozent mit der Länge des Sofaaufenthalts. Finden die Füße Bodenkontakt, kommt auch er abrupt zum Stillstand.

Der Projektionskasten-Sound ist weit verbreitet, wissenschaftlich untersucht und genießt als praktische Überlebenshilfe durchaus ein gewisses Ansehen. Dieser Mechanismus des menschlichen Gehirns gilt inzwischen als anerkannte Musikgattung und hört auf den schönen Namen »Default-Modus«. »Der biologische Nutzen dieser Fähigkeit zur Simulation von Szenarien liegt auf der Hand«, schreibt der Neurowissenschaftler Ulrich Ott, »Wir können vergangene Situationen auswerten und daraus für zukünftige Situationen lernen, mit welchem Verhalten wir vermutlich am ehesten unsere Ziele erreichen.« (Ott 2010, S. 99) Und doch würden wir auf den biologischen Nutzen der Fähigkeit gern einmal pfeifen und einfach nur ein Mußestündchen auf dem Sofa verbringen.

### »Blabla«

Wie der Projektionskasten läuft diese Stilrichtung bevorzugt in ruhigeren Momenten. »Blabla-Yet-to-Come« funktioniert als eine Art Duett mit Sprechgesang. Aus dem Abspielgerät sprudeln Dialoge ohne Ende: Gespräche, die tatsächlich anstehen, Gespräche, die vielleicht einmal geführt werden, Gespräche, die weder geplant noch möglich sind. »Blabla-Yet-to-Come« spielt Begegnungen mit der Nachbarin vor, der man endlich einmal sagt, was man bisher eher vermieden hat, intensive Unterhaltungen mit Papst Franziskus, Angela Merkel, Günther Jauch, der verstorbenen Großmutter, der Hausärztin oder einen anregenden Austausch mit einer grünen indischen Göttin. »Blabla-Yet-to-Come« weiß nicht nur exakt, wer was wann sagen wird, sondern kennt sich auch bestens mit den Reaktionen, Gedankengängen, Meinungen und Ansichten aller potentiellen Gesprächspartner aus. Auf die Größe der Schnittmenge mit dann tatsächlich stattgefundener Kommunikation ist er nicht gut zu sprechen.

Sehr beliebt ist auch sein kleiner Bruder »Blabla-Already-Gone«. Er schreibt einmal geführte Gespräche um, als penibler Wortklauber spielt er insbesondere unglücklich gewählte Formulierungen wieder und wieder ab, variiert einzelne Passagen und lamentiert über verpasste Gelegenheiten: Das wäre die richtige Antwort gewesen. Darauf hätte man auch schlagfertiger reagieren können. Hättest du damals das nicht gesagt, dann wäre dein Leben besser gelaufen.

### Der Geist von Herbert Zimmermann

Ihre Favoriten waren noch nicht dabei? Wie wäre es mit dem allzeit bereiten und überaus eloquenten »Geist von Herbert Zimmermann«? Das ist – für jüngere oder nicht fußball-affine Menschen – der Sportreporter des legendären Endspiels der Fußball-Weltmeisterschaft 1954. »Der Geist von Herbert Zimmermann« hat keinen festen Programmplatz, tritt eher als eine Art Dauerrauschen im Hintergrund auf und bespricht einfach alles, was gerade geschieht. Ich weiß nicht, wie es Ihnen geht, mir verdecken seine wortreichen Kommentare oft den Blick aufs Spielgeschehen. Wenn ich höre, dass, je länger das Spiel dauert, desto weniger Zeit bleibt, die Luft, die nie drin war, inzwischen raus ist und wer hinten so offen ist, nicht ganz dicht sein kann, dann verpasse ich das, was ganz aktuell auf dem Rasen geschieht. Der Ton bei einer TV-Übertragung lässt sich abstellen, doch der »Geist von Herbert Zimmermann« reagiert nicht auf Knopfdruck. Ob Gartenarbeit, Ausflug mit Freunden, Toilettenbesuch, oder tatsächlich beim Fußballspielen: »Der Geist von Herbert Zimmermann« gibt seinen Senf dazu.

## Im erweiterten Favoritenkreis

Glaubhafte Anwärter auf einen Spitzenplatz sind auch »Wenn ..., dann ...« und »Sollte-müsste-könnte-eigentlich«. Beide Interpreten verbinden das Lebensglück mit zukünftigen Bedingungen und verbauen uns so die Möglichkeit, den gegenwärtigen Augenblick bedingungs-los zu genießen. »Wenn die Kinder erst aus dem Haus sind, dann mache ich nur noch, wozu ich Lust habe«, »Wenn das Haus erst fertig ist, dann wird es ruhiger«. Ins gleiche Horn, nur mit einer anderen Melodie, stößt »Sollte-müsste-könnte-eigentlich«. Auch er gaukelt uns vor, dass wir jetzt noch nicht richtig sind. »Eigentlich sollte ich gleich das machen, wozu ich Lust habe, und nicht warten, bis die Kinder aus dem Haus sind.«

Der Dritte in diesem Bunde hört auf den Namen »Tell-me-quando-quando-quando?« und gilt als klassischer Sehnsuchtshit. Womit auch immer Sie gerade beschäftigt sind, möge es doch bitte bald vorbei sein und durch etwas Interessanteres, Besseres, Schöneres ersetzt werden. Wann ist endlich Mittagspause? Die Mittagspause endlich vorbei? Feierabend? Urlaub? Der erste Arbeitstag?

Regelmäßig nachgefragt wird noch das beliebte Duo »Meister Grübel & die Analystin«, die sich in intellektuell tiefgründigen Texten über das seltsame Verhalten ihrer Gedanken-Kollegen auslassen. Ihre Balladen bilden den idealen Background-Sound für gedankliche Kreistänze. »Was verpasse ich gerade?« und seine enge Verwandte »Das grünere

Gras auf der anderen Seite« sind anerkannte Melancholiker, und ihre Trauerlieder drehen sich vorzugsweise um verpasste Gelegenheiten, entgangene Chancen und das unglaubliche Glück der anderen.

## »Ich bin kein Gedanke!«

Doch sie alle haben gegen die absolute Favoritin dieser Top-Ten-Show nur marginale Chancen. Obwohl als absoluter A-Promi weltbekannt, versteckt sie sich gern hinter verschiedensten Künstlernamen und Pseudonymen. Mal nennt sie sich die »Stimme der Weisheit« oder hört auf den schönen Namen »So ist es«, ein anderes Mal tritt sie schlicht als »Die Wahrheit« auf. Doch ihr Geburtsname ist »ICH«, und ihr Credo »ICH bin kein Gedanke«. Sie verfügt über ein abwechslungsreiches Repertoire, auch wenn sich letztendlich ihre Titelsongs immer ums Gleiche drehen: »Nicht gut genug!«, »Niemand versteht mich!«, »Etwas muss sich ändern!«, »Ich bin es nicht wert!«, »Selber schuld!«. Jedes Ausrufezeichen ein Number One Hit! Ihre Bühne ist der Misserfolg, die Pleite, das Pech und die Panne. Wenn etwas wirklich mies läuft, ein Fehler oder Unglück passiert oder ein Vorhaben grandios scheitert, läuft sie zu Höchstform auf. Stressige Situationen sind ihr Lebenselixier. Je verzweifelter die Lage, desto grandioser ihr Auftritt. Eingehüllt ins Gewand unumstößlicher Gewissheiten schwebt sie die Showtreppe herunter, Superstar und Juror in Personalunion. Dieter-Bohlen-gleich urteilt sie gnadenlos, brutal und grausam. Werden ihre Befehle, Kommentare oder vernichtenden Bemerkungen ignoriert, erhält sie nicht die gebührende Aufmerksamkeit oder mangelt es an Unterwerfungsgesten, lässt sie ihren Starallüren

freien Lauf. Als Solistin straft sie die übrigen Ensemble-
mitglieder mit eiskalter Verachtung. Schüchterne Stimmchen,
die um Mitgefühl und Verständnis werben, übertönt sie mit
der glaszerschmetternden Stimme einer Königin der Nacht.
Sie ist die Siegerin und besteht auf bedingungsloser Kapitu-
lation. Wer dem gefährlichen Irrtum erliegt, »ICH« sei auch
nur eine neuronale Reizung der Großhirnrinde, wird umgehend eines Besseren belehrt: »ICH bin keiner dieser hergelaufenen Gedanken, dem du Glauben schenken kannst oder
auch nicht. ICH bin auch keine Arbeitshypothese oder ein
Vorschlag. Nur für den Fall, dass du es immer noch nicht
geschnallt hast: ICH bin DU!«

# Wer hat Angst
## vorm unangenehmen Gefühl?

Könnten Sie auf unangenehme Gefühle gut verzichten? Halten Sie einen Zustand frei von unangenehmen Gefühlen für erstrebenswert? Wie sähe Ihr Leben ohne unangenehme Gefühle aus?

### *Schlangen und Stöcke*

Wie es auch immer aussähe, im Zweifelsfall wäre es kurz. Unangenehme Gefühle gehören zur biologischen Grundausstattung des Organismus. Ekel kann davor schützen, verdorbene Nahrungsmittel zu sich zu nehmen; Furcht löst den Flucht- oder Angriffsmodus aus; würden wir keinen Schmerz empfinden, bemerkten wir nicht, dass wir mit dem Fuß in einen rostigen Nagel getreten sind. Ohne ein Gefühl der Wut könnte uns die Energie zur Veränderung einer schwierigen Situation fehlen. Diese Mechanismen schließen Fehleinschätzungen mit ein, denn, wie der Emotionsforscher Joseph Ledoux schreibt: »Langfristig ist es vorteilhafter, einen Stock irrtümlich für eine Schlange zu halten, als eine Schlange für einen Stock.« (Ledoux 2012, S. 178)

Was geschieht, wenn Sie wütend, ärgerlich, ängstlich, frustriert oder zornig sind? Welche weiteren Gefühle empfinden Sie noch als unangenehm? Fühlen Sie sich ungern gelangweilt, gerührt, rastlos, jämmerlich oder sprachlos? Woran erkennen Sie ein unangenehmes Gefühl? Was macht für Sie das »Unangenehme« des Gefühls aus? Wie sieht Ihre Reaktion auf dieses »unangenehm« aus?

Stellen Sie sich vor, Sie wachen morgens auf. Die Sonne scheint, die Vögel singen, die Luft ist warm und Sie sind schlecht gelaunt. Verständlicherweise wollen Sie aber keine schlechte Laune haben. Dieser als unangenehm gekennzeichnete Zustand landet nun bei Ihrem Regalaufräumer. Das ist die innere Instanz, die alles, was uns im Laufe des Tages begegnet, in die Regalreihen »Mag ich«, »Mag ich nicht«, »Mir egal« einordnet. Die Arbeitsanweisung für die Unangenehm-Abteilung lautet: Diesen Bereich möglichst leer halten! Wird trotzdem etwas angeliefert, umgehend an auswärtige Lagerhallen weiterreichen oder möglichst schnell und rückstandsfrei entsorgen, notfalls vakuumverpacken, in den Keller bringen und Türen verriegeln.

## Gefühle haben

Ich weiß nicht, wie es Ihnen geht. Bei mir führt die Ansicht, ich sollte keine schlechte Laune haben, nicht dazu, meine Laune zu verbessern. Im Gegenteil, nicht genug, dass ich schlechte Laune habe, nun gesellt sich dazu das unangenehme Gefühl, nicht so zu sein, wie ich gern wäre. Mich »falsch« zu fühlen, verstärkt meine schlechte Laune. Aber sind das tatsächlich »meine« Gefühle, und was bedeutet es, Gefühle zu »haben«? Sind Gefühle zielorientierte Objekte, die ich haben oder loswerden kann wie ein Aktienpaket, das ich nach Marktlage halte oder abstoße?

Erich Fromm bemerkte schon vor rund 70 Jahren die wachsende Bedeutung des Substantivs im Vergleich zum Verb: »Doch immer häufiger wird eine *Tätigkeit* mit den

Begriffen des *Habens* ausgedrückt, das heißt ein Hauptwort anstelle eines Verbs verwendet.« Und weiter: »Liebe, Stolz, Hass, Freude, erwecken den Anschein, als handle es sich um feste Substanzen; aber hinter solchen Substantiven steht keine Realität; sie vernebeln nur die Einsicht, dass wir es mit Prozessen zu tun haben, die im Menschen ablaufen.« (Fromm 1976, S. 30 und 84) Hilft es im Alltag weiter, wenn ich mir darüber im Klaren bin, dass ich Prozesse und Tätigkeiten nicht besitzen kann, sondern nur erleben und erfahren?

Sind Sie auch an manchen Abenden davon überzeugt, den ganzen Tag über schlechte Laune gehabt zu haben? Und jetzt einmal ehrlich: Können Sie sich an einen einzigen Tag Ihres Lebens erinnern, an dem Sie tatsächlich ununterbrochen schlechte Laune hatten? Ohne Unterbrechung? Durchgehend? Während des Duschens, auf dem Weg zu Arbeit, in der Kantine, beim Plausch mit Kollegen, im Meeting, auf dem Heimweg, beim Abendessen, auf dem Sofa, im warmen Bett? Jeden einzelnen Augenblick des Tages? Kann es sein, dass in Ihrer Erinnerung einzelne verstreute Momente von Unwohlfühlen zu einem fetten klebrigen Klumpen verschmelzen, der Angenehmes und Neutrales einfach absorbiert und auflöst?

Betrachten wir Gefühle als »habbar«, erfahren wir sie auch als fest und greifbar. Was passiert, wenn wir uns dem Wortstamm des Gefühls zuwenden und die Aufmerksamkeit auf den Prozess des »Fühlens« von Moment zu Moment richten? Verändert der Perspektivwechsel etwas in Ihrer Beziehung zu dem Gefühl?

## Lieblingsärger

Ärger ist ein wunderbares Beispiel für unangenehme Gefühle, weil wir alle so vertraut damit sind. Ein- bis zweimal die Woche, so eine Studie, ärgern wir uns. Im Durchschnitt hält dieses Gefühl eine Stunde an. Was löst bei Ihnen Ärger aus? Wenn Sie sich ungerecht behandelt fühlen? Wenn Ihre Erwartungen nicht mit der Wirklichkeit übereinstimmen? Wenn andere Ihnen keinen Respekt zollen? Sie sich nicht gewürdigt und anerkannt fühlen? Die Technik nicht so funktioniert, wie sie sollte? Bestimmte Bemerkungen? Übertriebene Höflichkeit oder schneidende Kälte? Können Sie sich auch ohne äußeren Auslöser ärgern? Vielleicht, weil Sie etwas vergessen haben? Über die eigenen Gedanken? Eine ungeschickte Handlung? Womit ärgern Sie sich am liebsten?

## Ärger oder Nicht-Ärger?

Was passiert eigentlich, wenn Sie sich ärgern? Stellen Sie sich vor, Sie sitzen ganz entspannt in einem kleinen Ruderboot auf einem Fluss und spüren plötzlich einen heftigen Schlag gegen Ihr Boot. Was auch immer die Ursache dafür sein mag, der Thalamus, eine für Sensorik und Motorik wichtige Schaltzentrale im Gehirn, sendet eine Botschaft an den Mandelkern, ein neuronales Gebilde im limbischen System, das als eine Art »Alarmglocke« funktioniert und für emotionale Reaktionen wie Wut, Angst, Ärger von großer Bedeutung ist. Der »Angriff« auf das Ruderboot versetzt den Körper also unmittelbar in Alarmbereitschaft und löst eine klassische Stressreaktion aus. Es kommt zu einer Erregung des sympathischen Nervensystems. Der Körper vermehrt die Stresshormone Noradrenalin und Adrenalin. Blutdruck und Herzfrequenz steigen, die großen Muskelgruppen werden besser durchblutet, dafür kommt es im Bereich der Haut zu Gefäßverengungen und Temperaturerhöhung. Um schneller rennen oder härter zuschlagen zu können, erhöht sich der Gasaustausch in den Lungen. Cortisol unterdrückt das Immunsystem und veranlasst den Hirnstamm, die Amygdala (Mandelkern) weiter zu stimulieren. Wir sind also sofort handlungsbereit und müssen nicht erst überlegen, was jetzt zu tun ist. »Die Zeit, die die Amygdala einspart, indem sie aufgrund der thalamischen Information handelt, statt auf den kortikalen Input zu warten, kann über Leben und Tod entscheiden«, stellt Joseph Ledoux fest. (Ledoux 2012, S. 177)

Denn gleichzeitig mit der »Eilbotschaft« an den Mandelkern hat der Thalamus einen »Standardbrief« an die für die Analyse zuständigen Gehirnregionen im Neokortex verschickt. Mit anderen Worten, wir erleben eine Bedrohung, in diesem Fall den Schlag gegen das Boot, der Körper reagiert, und erst dann deuten wir unsere Reaktion im Sinne einer bestimmten Emotion. In diesen paar Millisekunden öffnet sich uns ein Zeitfenster, um darüber zu entscheiden, ob unsere Reaktion angemessen ist, wir unser Verhalten der nun genauer untersuchten Situation anpassen oder ein Gewohnheitsmuster zu laufen beginnt. Im Alltag neigen wir dazu, ein aufkommendes, aber noch nicht aufgekommenes Gefühl und unsere eingefahrene Reaktion darauf als einen Gesamtablauf zu empfinden.

Echter Ärger entsteht also erst dann, wenn der Reiz an den Neokortex weitergeleitet wurde und dort eine bewusste Verarbeitung und Bewertung der Situation stattfindet. Wie fällt Ihre Reaktion nun aus, wenn ein im Fluss treibender Baumstamm Ihr Boot gerammt hat? Wie, wenn ein paar Jugendliche absichtlich darauf zugesteuert sind? Im ersten Fall werden Sie sich nach kurzem Schrecken voraussichtlich schnell wieder beruhigen. Doch wie reagieren Sie bei der zweiten Variante? Würden Sie fluchen, brüllen, poltern, drohen oder sogar zum Gegenangriff übergehen? Den Ärger wortlos hinunterschlucken? Den Ort des Geschehens schnellstmöglich verlassen? Auskotzen oder herunterschlucken? Entscheiden Sie sich bewusst für eine der Möglichkeiten? Erfolgt die Reaktion wie von selbst und meist nach ähnlichem Muster? Rufen Sie sich drei Begebenheiten aus der letzten Zeit in Erinnerung, als Sie sich geärgert haben. Wie haben Sie reagiert?

## Umgang mit Ärger

In einer Studie der Universität Greifswald wurde der Umgang mit Ärger in Familiensituationen untersucht. Die Psychologieprofessorin Hannelore Weber ließ Versuchspersonen befragen, wie sie auf Ärger reagierten und wie sie die Wirksamkeit ihrer Reaktionsformen einschätzten, den Ärger damit loszuwerden. Bei ihrem Kollegen Reinhard Tausch sind die Ergebnisse nachzulesen: »Ärger rauslassen, schreien, toben, schimpfen, Türen knallen wurde am häufigsten verwirklicht (43 Prozent), wurde jedoch von denselben Personen als am ungünstigsten eingeschätzt. Am zweitungünstigsten war Verharren in Passivität, Abwarten, Verstummen; es wurde von 18 Prozent genannt.« (Tausch 2010, S. 354/55)

Ärger schlucken oder ihm freien Lauf lassen bringt gesundheitliche Risiken mit sich. Verschiedene Studien weisen darauf hin, dass häufige Wutausbrüche das Risiko für Herzinfarkte um das nahezu Fünffache erhöhen, die Gefahr eines Hirninfarkts um das Dreifache ansteigt und dass sich die Wahrscheinlichkeit eines Aneurysmas im Kopf eine Stunde nach einem Wutanfall auf das Sechsfache vervielfacht. Choleriker leiden unter Herzrhythmusstörungen, erhöhten Zuckerwerten, Schlaflosigkeit, Kopfschmerzen und schlechter Verdauung. Ärger ungehemmt auszuagieren, schwächt das Immunsystem, macht anfälliger für Erkältungen, Grippen und ernsthafte Entzündungen, verlangsamt die Wundheilung und kann zu Erektionsproblemen und sinkender Libido führen.

Viel und regelmäßig »Dampf ablassen« ist kein hilfreicher Beitrag zur eigenen Gesundheit. Auch die in den 70er Jahren postulierte »Katharsis-Hypothese«, Wut lasse sich an einem Sandsack oder Kissen abreagieren, hat sich als untauglich herausgestellt. Natürlich ist es im Hinblick auf mögliche Konsequenzen besser, auf einen leblosen Gegenstand einzuschlagen als auf ein fühlendes Wesen, für die biochemischen Reaktionen im Körper spielt der Unterschied allerdings keine Rolle. Die Aggressionen gegenüber anderen Personen erhöhen sich in beiden Fällen. Eine Katharsis findet nicht statt.

Falls Sie nun erleichtert aufatmen, weil Sie nicht bei jeder Kleinigkeit aus der Haut fahren, sondern lieber jeglichen aufkeimenden Ärger sofort in den Keller sperren, muss ich Sie enttäuschen. Der Ärger übt im Keller Gewichtheben. Den Unmut in sich hineinzufressen führt zu Magengeschwüren, Spannungsschmerzen in Nacken und Rücken, nächtlichem Zähneknirschen, Unruhe, Nervosität und Gereiztheit. Eine schwedische Langzeitstudie wies nach, dass auch heruntergeschluckter Ärger das Herzinfarkt-Risiko erhöht. Auch Depressionen und andere psychischen Erkrankungen gelten als mögliche Folge unterdrückter Wut.

Kann ich also nur zwischen Pest und Cholera wählen? Was um Himmels Willen soll ich dann tun? Einfach in Schockstarre verharren ist auch keine Lösung! Die Greifswalder Studie zum Ärger in Familiensituationen nennt ein paar wirksamere Alternativen: Offene Gespräche mit Dritten oder der betroffenen Person, Sport, Nachdenken, Ortswechsel, die positiven Seiten sehen, konkretes Angehen der Situation oder des Problems. Diese als hilfreich empfundenen Vorschläge wurden jedoch nur von 10 bis 25 Prozent der Studienteilnehmer umgesetzt.

Warum halten die meisten von uns an Strategien fest, die wir längst als wirkungslos erkannt haben? Nehmen Sie sich einen Moment Zeit und erinnern Sie sich an eine typische Situation, in der Sie sich geärgert haben. Was genau hat Sie gestört? Was haben Sie daraufhin getan, gesagt, gedacht? Haben Sie sich dazu bewusst entschieden? Lief Ihre Reaktion automatisch ab? Ist Ihnen dieses Verhalten aus ähnlichen Situationen vertraut? Gibt es ein verbindendes Element? Empfinden Sie die Abfolge der Ereignisse als alternativlos? Fallen Ihre Reaktionen anders aus, wenn es sich beim Auslöser um eine »Schlange« oder einen »Stock« handelt? Können Sie »mittendrin« zwischen beiden unterscheiden?

Wie die eigene Erfahrung und viele Studien zeigen, führen weder Ausagieren noch Verdrängen dazu, den Ärger loszuwerden. Dies ist in der Regel jedoch unser erklärtes Ziel. Wir wollen nichts mit ihm zu tun haben. Wir wollen ihn nicht wahrhaben, nicht annehmen und nicht spüren. »Hier keine Ablage« steht in dicken roten Buchstaben auf unserem »Mag ich nicht«-Regal. Der Meditationsmeister Yongey Mingyur Rinpoche erzählt, dass er bei öffentlichen Belehrungen und privaten Gesprächen keine Frage häufiger hört als die, wie man ein unangenehmes Gefühl loswird. Und seine einfache Antwort lautet stets: »Indem du es gar nicht versuchst.« (Mingyur 2009, S. 107)

# Und wenn es aber kommt?

Was glauben Sie, passiert, sobald Sie nicht mehr versuchen, unangenehme Gefühle loszuwerden? Wenn das »Mag ich nicht«-Regal plötzlich bestückt werden darf? Aufgrund magerer Performance in den abgelaufenen Quartalen wurden die Arbeitsanweisungen in der »Unangenehm-Abteilung« vollständig überarbeitet: Angelieferte Ware stets mit höchster Priorität behandeln. Da leicht verderblich und hochexplosiv, bitte sofort aus der Packung nehmen, einwandfrei identifizieren und auf Herz und Nieren prüfen.

## Scheinriesen

Kennen Sie Michael Endes Geschichte von Jim Knopf und Lukas dem Lokomotivführer, die mit ihrer Lokomotive Emma durch die Wüste »Ende der Welt« fahren? Plötzlich bemerken die beiden eine gigantische Gestalt am Horizont, die sogar das Gebirge »Krone der Welt« überragt. Jim fürchtet, der Riese möchte sie einkochen, und will fliehen. Lukas schmaucht an seiner Pfeife und findet, dass der Mann eigentlich ganz freundlich aussieht, aber für seine Größe nur ein ziemlich dünnes Stimmchen hat. Nach kurzem Hin und Her winken sie das hünenhafte Wesen zu sich heran. »Der Riese kam Schritt für Schritt näher und bei jedem Schritt wurde er ein Stückchen kleiner. Als er etwa noch hundert Meter entfernt war, schien er nicht mehr viel größer zu sein als ein hoher Kirchturm. Nach weiteren fünfzig Metern hatte er nur noch die Höhe eines Hauses. Und als er schließlich bei ihnen anlangte, war er genauso groß wie Lukas der Lokomotivführer. Er war sogar fast einen halben Kopf kleiner. Vor den beiden staunenden Freunden stand ein magerer alter Mann mit einem feinen und gütigen Gesicht.« (Ende 1990, S. 129)

Die neurowissenschaftliche Scheinriesen-Version stammt von Professor Richard Davidson. Er konnte nachweisen, dass der Vermeidungsmodus des Geistes mit der Aktivierung derselben Hirnregion (präfrontaler Kortex) einhergeht, wie man sie auch bei Depressionen beobachtet hat. Freundlich und geduldig die Aufmerksamkeit auf ein Gefühl zu lenken, trägt dazu bei, die Hirnaktivtäten von der rechten auf die linke Seite zu verschieben – vom Vermeidungs- in den Annäherungsmodus.

Wie sehen Ihre bisherigen Strategien aus, mit Ärger, Ängsten und anderen unerwünschten Gefühlen umzugehen? Sind Sie damit zufrieden? Tragen sie dazu bei, leichter zu leben? Unangenehme Gefühle und Scheinriesen haben eine Menge gemeinsam: Sie wirken aus der Ferne äußerst bedrohlich. Läuft man davon, wachsen sie. Und wenn man sie kommen lässt? Erscheint Ihnen eine – bildlich gesprochen – 180-Grad-Drehung im Umgang mit unangenehmen Gefühlen absurd? Was könnte helfen, vor dem Gefühl nicht wie vor dem »Schwarzen Mann« davonzulaufen, sondern darauf zuzugehen?

Um einem Scheinriesen mutig und entschlossen entgegenzutreten, muss man ihn erst einmal bemerken. Nun, einen Riesen zu erkennen, kann ja nicht so schwer sein. Doch Achtung! Manche Scheinriesen verstehen es, sich großartig zu tarnen. Andere treten nur in Rudeln auf. Ständig in Bewegung, wuseln sie durcheinander, nähern und entfernen sich voneinander, sodass es fast unmöglich ist, einen Einzelnen zweifelsfrei zu identifizieren. Und dann gibt es da noch diesen inneren Widerstand, der die Existenz von Scheinriesen schlichtweg leugnet, obwohl sich am Horizont eine Gestalt abzeichnet, die höher in den Himmel ragt als die Zugspitze und mit einem gigantischen Laternenpfahl winkt.

*So bin ich nicht!*

Eine geduldige, freundliche, vernünftige und umgängliche Person wie ich ist niemals ärgerlich, boshaft, niederträchtig oder kleinlich. In Anlehnung an Nietzsches bekannten Ausspruch über das Gedächtnis und den Stolz läuft das dann ungefähr so ab: Ärger, Bosheit, Niedertracht und Arroganz schauen auch bei mir vorbei, sagt meine Lebenserfahrung. Ärger, Bosheit, Niedertracht und Arroganz sind mir fremd, sagt mein Selbstbild. Schließlich gibt die Lebenserfahrung nach. Wie sieht Ihre So-bin-ich-nicht-Liste aus? Ihnen fällt nichts ein? Kein Wunder, blinde Flecken heißen ja nicht umsonst so. Welche Charakterzüge finden Sie bei Ihren Mitmenschen besonders abschreckend? Worüber regen Sie sich am meisten auf? Und auch wenn es Schwächen gibt, die wir bei anderen nicht mögen und von denen wir selbst frei sind, kann eine intensive Ablehnung auch als Hinweis betrachtet werden, bei sich selbst einmal genauer hinzuschauen. Im Idealfall helfen gute Freunde und Freundinnen, die uns mit klarem, liebevollem Blick das, was wir selbst nicht sehen, deutlich vor Augen führen.

*Den Brandstifter verfolgen*

Eine weitere beliebte Methode, das unangenehme Gefühl nicht zu bemerken, ist, sich ausschließlich mit der Reaktion darauf zu beschäftigen. Die treffendste Metapher für diese Vermeidungsstrategie habe ich beim vietnamesischen Zen-Meister Thich Nhat Hanh gefunden: »Wenn Sie denjenigen verfolgen, den Sie im Verdacht haben, Ihr Haus in Brand gesetzt zu haben, wird Ihr Haus niederbrennen, während Sie auf Verfolgungsjagd sind.« (Thich Nhat Hanh 2007, S. 32) Begleitet von Gedanken wie »Dieser blöden Kuh werd ich's zeigen!«, »Ich bin doch nicht der Hampelmann für die ganze Familie!«, »So nicht, mein Lieber!« verstellt die Überzeugung, völlig im Recht zu sein, die Möglichkeit, Ärger überhaupt als Ärger wahrzunehmen. Schließlich müssen wir gerade einen Kreuzzug gegen die Begriffsstutzigkeit führen, die von fremder Hand einbrockte Suppe auslöffeln oder wie Kleists Kohlhaas blindlings für Recht und Gerechtigkeit kämpfen.

*Ablenkungsmanöver*

Ich bemerke den Ärger auch nicht, wenn er mir den Hals hochsteigt und ich ihn zusammen mit einer Tafel Schokolade in den Magen zurückschiebe. Auch andere Ablenkungsmanöver wie der Griff zur Zigarette, dem Smartphone, dem Wein- oder Schnapsglas oder einer Runde »World of Warcraft« erfüllen den gleichen Verschleierungszweck. Meist bin ich mir dabei dieser Übersprungshandlung gar nicht bewusst. Hinterher blicke ich dann ein wenig irritiert auf die leere Schokoladenverpackung und kann mir nicht wirklich erklären, wohin die 100 Gramm Zartbitter-Marzipan eigentlich verschwunden sind.

Nun, einmal angenommen, es gelingt, das Gefühl nicht zu verleugnen, keinem Brandstifter hinterherzurennen, sich nicht abzulenken und aus dem bestehenden Gefühlsknäuel das derzeit intensivste Gefühl herauszuziehen. Was dann?

### Bitte draußen bleiben!

Bei mir meldet sich in diesen Fällen gern der Evergreen meiner Gedankenhitparade »Es soll anders sein als es ist!« Dann habe ich das Gefühl zwar bemerkt, aber weil ich es nicht mag, regt sich Widerstand. Das ist kein schönes Gefühl! Das soll bitte draußen bleiben. Was geschieht, wenn Sie gegen ein unerwünschtes Gefühl Widerstand leisten? Räumt es das Feld? Etwa so: »Okay, ich sehe schon, hier bin ich nicht gern gesehen, dann will ich auch wirklich nicht aufdringlich erscheinen, da verziehe ich mich doch lieber aus freien Stücken und verspreche auch gleich, auf dem Rückzug nicht alles niederzubrennen.« Was tun, wenn sich das Gefühl nicht so einsichtig zeigt? Wenn ich dagegen ankämpfe, versuche, es zu vertreiben oder wieder zu ignorieren, hilft das schönste Bemerken nichts. Christopher Germer hat dafür eine griffige Formel gefunden: »Schwierige Gefühle × Widerstand = Destruktive Gefühle«. (Germer 2010, S. 98)

### Rumis Gasthaus

Wie also den Widerstand schwächen und gleichzeitig die Akzeptanz stärken? Vielleicht bringt uns ein virtueller Ausflug ins Hotelgewerbe der Lösung einen Schritt näher. Natürlich steigen wir nicht in irgendeiner Herberge ab, sondern besuchen Rumis außergewöhnliches »Gasthaus«. Hier herrscht wahre Willkommenskultur, und der Hotelphilosoph wacht darüber, dass niemand aufgrund seiner Rasse, Hautfarbe, Sprache oder Vorlieben diskriminiert wird. Erbaut im 13. Jahrhundert vom bekanntesten aller Sufi-Mystiker, verzaubert das Gebäude mit seiner wertschätzenden Atmosphäre noch heute seine Besucher:

Das menschliche Dasein ist ein Gasthaus.
Jeden Morgen ein neuer Gast.
Freude, Depression und Niedertracht –
auch ein kurzer Moment von Achtsamkeit
kommt als unverhoffter Besucher.
Begrüße und bewirte sie alle!
Selbst wenn es eine Schar von Sorgen ist,
die gewaltsam Dein Haus
seiner Möbel entledigt,
selbst dann behandle jeden Gast ehrenvoll.
Vielleicht bereitet er Dich vor
auf ganz neue Freuden.
Dem dunklen Gedanken, der Scham, der Bosheit –
begegne ihnen lachend an der Tür
und lade sie zu Dir ein.
Sei dankbar für jeden, der kommt,
denn alle sind zu Deiner Führung
geschickt worden aus einer anderen Welt.
(Rumi, 1207 – 1273)

Da stehe ich also an der Schwelle meiner Luxusherberge, eine souverän lächelnde Gastgeberin, während ein eifriger Portier jedem ankommenden Gefühl und Gedanken den roten Teppich ausrollt. In heiterer Gelassenheit verteile ich die Zimmer, lade alle zum Festessen in die gute Stube und mache erst das Licht aus, nachdem sich Neid und Großzügigkeit als letzte Gäste gute Nacht gesagt haben.

## Das ungastliche Gasthaus

Soviel zur Theorie. Doch grau, teurer Freund, ist alle Theorie, lässt Goethe seinen Mephisto die Tücken des rein kognitiven Verstehens auf den Punkt bringen. Des Lebens grün-goldner Baum, kurz Praxis genannt, sieht anders aus:

Ein Rollkommando aus Wut, Entrüstung und Rechthaberei übernimmt kurzerhand den Laden, fesselt und knebelt die gar nicht mehr souveräne Gastgeberin, jagt alle anderen Gäste zum Teufel und hinterlässt beim Abzug eine Spur der Verwüstung. Je länger sich die Aufräumarbeiten hinziehen, desto weniger bin ich bereit, alle dahergelaufenen Kostgänger zu bewirten. Ist ja auch absurd, für jeden dankbar zu sein, der kommt. Da schreib ich doch lieber eine vernünftige Gästeliste!

Ins frisch renovierte Haus dürfen ab sofort nur noch gern gesehene Stammgäste: Freude und Heiterkeit beziehen die besten Zimmer, die Hausdame achtet penibel darauf, dass es ihnen an nichts mangelt – was die flatterhafte Klientel jedoch nicht davon abhält, von heute auf morgen grußlos die Koffer zu packen. In der Nebensaison dürfen sogar Ungeduld, Enttäuschung oder Hader auf einen Kurzbesuch vorbeischauen, ohne dass ihnen gleich Hausverbot droht.

Wenn sich jedoch die Sorgenschar daran macht, wertvolle Betten und antike Schränke herauszuschleppen oder der dunkle Gedanke drei Wellness-Suiten auf einmal besetzt, ist Schluss mit lachender Bewirtung. Auch Niedertracht, Scham und Depression passen nicht so recht in mein Marketing-konzept. Schließlich führe ich das beste Haus am Platz, da gilt es, den guten Ruf nicht zu verlieren. Gibt man diesem Gesindel die kleinste Dachkammer für eine Übernachtung, nimmt es gleich die Penthouse-Suite für 30 Tage. Also wird das »Willkommen«-Schild am Eingang abmontiert und durch »Privatclub – Zutritt nur für geladene Gäste!« ersetzt. Ohne Ausweis und Referenzen kommt keiner mehr rein!

Ich feuere den Portier und engagiere einen professionellen Türsteher. Doch auch der kann Bosheit, Depressionen & Co. nicht so einfach abwimmeln. Gut getarnt nehmen sie den Lieferanteneingang, schlängeln sich durchs Klofenster oder klettern über den Balkon. Um nicht als wehrloses Opfer zu enden, rüste ich auf: Um das Haus eine Mauer, Steinpoller vor der Einfahrt, Videoüberwachung rund um die Uhr, Selbstschussanlagen, Stacheldraht und Tretminenfeld – bald ist mein Gasthaus besser gesichert als Fort Knox! Zimmermädchen, Kaltmamsell, Barkeeper, Köche und der Mann am Klavier haben die Nase voll von täglichen Taschenkontrollen, und das verbliebene Sicherheitspersonal versteht von Service so viel wie Ostberliner Kellner zu Honeckers Zeiten. »Auf nimmer Wiedersehen«, hör ich den letzten Stammgast noch schimpfen, bevor auch er sich davonmacht.

Da stehe ich an der Schwelle meiner entvölkerten Luxus-herberge, eine Gastgeberin ohne Gefühle und Gedanken, während ein müder Türsteher den roten Teppich einrollt. Vielleicht ist Rumis Idee, einfach jeden zu begrüßen und zu bewirten, doch die bessere Alternative? Ich brauche sie ja nicht zu lieben und zu ehren, bis dass der Tod uns scheidet.

*Die Macht der Namen*

Aber was fange ich stattdessen mit ihnen an? Jeder ist geschmeichelt, wenn ihn der Hoteldirektor nach einem Jahr wieder namentlich begrüßt. Gefühle bilden da keine Ausnahme. Die Macht der Namen spielt nicht umsonst in Märchen und Geschichten eine wichtige Rolle. Einen Namen zu erraten, kann Leben retten, und das Verbot, einen Namen auszusprechen, andere in Angst und Schrecken versetzen.

In einem Märchen der Gebrüder Grimm droht ein kleines bösartiges Männlein der Königin, ihr Kind holen, was sie nur verhindern kann, wenn sie innerhalb von drei Tagen seinen Namen errät. Die verzweifelte Mutter sucht überall im Land nach den seltsamsten Namen. Erst kurz vor Ablauf der Frist erzählt ihr ein Bote von einer seltsamen Begebenheit im tiefsten Wald. Dort habe er einen Wicht ums Feuer springen sehen, der auf einem Bein hüpfte und schrie: »Heute back ich, morgen brau ich, übermorgen hol ich der Königin ihr Kind. Ach, wie gut, dass niemand weiß, dass ich Rumpelstilzchen heiß!« Als die Königin ihn am nächsten Morgen bei seinem richtigen Namen nennt, reißt sich Rumpelstilzchen vor Wut selbst in Stücke.

Und in Joanne K. Rawlings Harry-Potter-Saga wagt zu Beginn kaum ein Zauberer, den Namen des Schreckensherrschers Lord Voldemort auszusprechen. Sie umschreiben ihn stattdessen mit »Er, dessen Name nicht genannt werden darf« oder »Du weißt schon wer«. Doch Professor Dumbledore, der größte Zauberer seiner Zeit, ermutigt seinen Schützling, sich nicht einschüchtern zu lassen: »Nenn ihn Voldemort, Harry. Nenn die Dinge immer beim richtigen Namen. Die Angst vor einem Namen steigert nur die Angst vor der Sache selbst.« (Rowling 1997, S. 323)

Auch Rumpelstilzchens Ende und Dumbledores Erkenntnisse lassen sich wieder neurowissenschaftlich untermauern. Matthew Lieberman und seine Kollegen von der University of California wiesen in einer Studie mittels bildgebender Verfahren nach, dass sich der Geist beruhigt, wenn man Gefühle beim Namen nennt. Sie zeigten Studienteilnehmern Bilder emotional aufgewühlter Menschen. Die erste Gruppe sollte angeben, ob das Gesicht auf dem Foto zum Beispiel »ängstlich« oder »wütend« war. Die Kontrollgruppe erhielt nur die Anweisung, der Person einen zum jeweiligen Geschlecht passenden Namen zu geben (zum Beispiel »Harry« oder »Sally«). Während der Übung wurden mittels der funktionellen Magnetresonanztomographie die Aktivitäten der Amygdala, der Region des limbischen Gehirns, die in Gefahrensituationen Alarm auslöst, und des präfrontalen Kortex beobachtet.

Während der Prozedur war deutlich erkennbar, dass die ängstlichen und wütenden Gesichter bei allen Probanden die Amygdala aktivierten. Den Gesichtern einen Namen wie Harry oder Sally zuzuordnen, beeinflusste die Aktivität des Mandelkerns nicht. Er blieb im Alarmmodus. Doch wenn die Gefühlsregung namentlich benannt wurde, also ein ängstliches Gesicht als »ängstlich« bezeichnet wurde, ebbte die Erregung ab. Die Forscher stellten fest, dass diese Beruhigung mit der Aktivierung des rechten präfrontalen Kortex einherging. Diese Hirnregion scheint unter anderem damit betraut, Gefühlsregungen und emotionale Erfahrungen in Worte zu fassen und gleichzeitig die Alarmglocken in der Amygdala deutlich zu dämpfen.

Wie also jetzt das Gefühlskind beim Namen nennen? Christopher Germer schlägt vor, individuelle Ausdrücke mit persönlicher Bedeutung zu suchen. Wie heißt Ihr Wut-Besucher? HB-Männchen? Der kleine Berserker? Rambo? Wie lautet der Vorname Ihrer Machtlosigkeit? Trägt Ihre Schwermut-Madame einen Doppelnamen? Manchmal kann es auch günstiger sein, auf Substantive zu verzichten und stattdessen treffende selbstgemachte Adjektive oder Verben auszuwählen, wie zum Beispiel »konfusen«, wenn Verwirrung einsetzt.

## Gefühle verorten

Eine erfolgreiche Hotelmanagerin wird sich nicht nur darum bemühen, die Namen ihrer Gäste im Gedächtnis zu behalten, sondern auch deren Gewohnheiten und Eigenarten kennenzulernen. Sie weiß, wo im Haus sich die Gäste am liebsten aufhalten und was sie dort treiben. Im Körper löst jedes Gefühl bestimmte Empfindungen aus. Wo nehmen Sie zum Beispiel Ärger wahr? Faltet sich die Stirn? Ballen sich die Finger zu Fäusten? Verkrampft der Unterkiefer? Schmerzen Schultergürtel und Nacken? Und noch eine Schicht tiefer suchen: Wo genau im Nacken nehmen Sie was wahr? Fühlt es sich brennend an, ziehend, drückend, schraubstockartig? Was empfinden Sie im Körper, wenn Sie Trauer, Ekel, Wut, Ohnmacht oder Langeweile spüren?

Manchmal helfen Redensarten, den Empfindungen im Körper auf die Spur zu kommen. Ist Ihnen eine Laus über die Leber gelaufen? Liegt ein Stein auf der Brust? Geht Ihnen etwas auf die Nieren oder ist Ihnen etwas auf den Magen geschlagen? Kommt Ihnen die Galle hoch? Haben Sie die Nase voll oder einen Kloß im Hals? Bleibt die Spucke weg? Kocht das Blut oder gefriert es in den Adern? Ist der Schreck in die Knochen gefahren? Läuft es Ihnen kalt den Rücken hinunter?

## »Nackte« Gefühle

Was ist besonders an Gefühlen? Wir fühlen sie. Meist bemerken wir dieses Fühlen im Alltag nur kurz, dann schaltet sich der Geist dazwischen und beginnt das Gefühl zu füttern. Entweder er stärkt es durch Widerstand oder er betätigt sich als Geschichtenerzähler und wiederholt in Endlosschleife unsere inneren Selbstgespräche. Matthias Ennenbach geht davon aus, dass sich eine Emotion nur etwa 20 bis 30 Sekunden »ohne Futter« im Körper halten kann. »Ohne neuen Input bauen sich die elektrischen Spannungen und die Chemikalien schnell wieder ab. Dass dieser Abbauprozess in der Regel jedoch nicht stattzufinden scheint und Emotionen sich oftmals recht lange halten und gespürt werden, liegt daran, dass sie von uns selbst am Leben gehalten werden.« (Ennenbach 2011, S. 171)

Was passiert also, wenn Sie für ein paar Momente das Gefühl weder bekämpfen noch füttern, sondern sich seiner »rohen« körperlichen Energie zuwenden? Welche Temperatur hat das Gefühl? Heiß? Kalt? Lauwarm? Wenn Sie das Gefühl in einer Körperregion geortet haben, schauen Sie genauer hin! Können Sie dem Gefühl eine Farbe geben? Einen Geruch zuordnen? Riecht es nach Schwefel? Rußig? Modrig? Wie schmeckt es? Metallisch? Scharf? Verbrannt? Hat es eine Konsistenz? Klingt das Gefühl nach Trauermarsch, Protestsong oder Heavy Metal? Was verbinden Sie noch mit diesem »nackten« – seiner Geschichten und seines Schreckens entledigten – Gefühl?

Die Tibeter behaupten, jedem Gefühl wohne eine Weisheit inne. »Wenn wir also gegen unsere Energie ankämpfen«, schreibt die buddhistische Meditationslehrerin Pema Chödron, »dann verschließen wir uns der Quelle unserer Weisheit.

Zorn ohne jegliche Fixierung ist nichts anderes als klar sehende Weisheit. Stolz ohne Fixierung erfahren wir als Gleichmut.« (Chödron 2007, S. 47/48)

Wie sieht Ihr »Mag ich nicht«-Regal aus, an dem Sie die angepassten Arbeitsvorschriften einmal ausprobiert haben?

# Wie verderbe ich mir angenehme Gefühle? (Hommage an Paul Watzlawick)

Hat Paul Watzlawik in seiner 1983 erschienenen Ratgeber-Parodie nicht schon alles gesagt? Die *Anleitung zum Unglücklichsein* des österreichisch-amerikanischen Kommunikationswissenschaftlers und Psychoanalytikers ist ebenso einfach wie genial: Wird der erfolgreiche Unglücksaspirant vor die Wahl zwischen Sein und Sollen gestellt, »entscheidet er sich unbedingt dafür, wie die Welt sein *soll*, und verwirft, wie sie ist«. Das erscheint Ihnen zu abstrakt? Einfacher ausgedrückt könnte man sagen: Ich will mich, meine Umwelt und das große Weltgeschehen anders haben, als es gerade ist. Ich selbst sollte klüger und hübscher sein und nicht ständig im Clinch mit dem, was ist, liegen. Meine Kinder sollten höflicher sein, die Eltern nicht so altersstur und den Krieg in Syrien, das Plastik im Meer und die Vogelgrippe will ich auch nicht.

## Der Sieg des Sollens

Wer sich für den Sieg des Sollens über das Sein entscheidet, kann sich beruhigt ins Unglück betten, ohne die geringsten zusätzlichen Anstrengungen zu unternehmen. Noch Ambitioniertere dehnen die Ablehnung dessen, was ist, auf Vergangenes aus. Sie sehnen sich beispielsweise nach der herrlichen Jugendzeit oder bedauern den Fehler ihres Lebens, auch wenn er bereits einige Jahrzehnte zurückliegt.

Watzlawick verrät die besten Strategien, um Glück und

Zufriedenheit garantiert aus dem Weg zu gehen. Nach der Lektüre weiß die geneigte Leserin, dass es hilfreich ist, Probleme prinzipiell rein gedanklich zu behandeln und sie weder zu bagatellisieren noch einer Wirklichkeitsprüfung zu unterziehen. Sinnvoll ist es auch, die rechte Hand nicht wissen zu lassen, was die linke tut. Der begnadete Professor schildert den Charme sich selbst erfüllender Prophezeiungen, warnt vor den Freuden des Ankommens und erklärt, wie es gelingen kann, Depressionen in Eigenregie zu erzeugen.

Doch auch der begabteste Unglücksaspirant ist vor heimtückischen Überraschungsangriffen des Glücks nicht gefeit. Hinzu kommt, dass seit Erscheinen der Anleitung mehr als 30 Jahre vergangen sind und allein die digitale Revolution eine Unmenge frischer, vormals ungeahnter Möglichkeiten eröffnet, angenehmen Gefühlen aus dem Weg zu gehen. Sollte sich dennoch – und sei es für einen kurzen Moment – Wohlbefinden einstellen, hilft nachfolgendes Notfall-Set, jegliche Zufriedenheit im Keim zu ersticken.

## Klettband und Teflon

Die menschliche Evolution ist allen Unglücksaspirantinnen äußerst günstig gestimmt, da es immer schon wichtiger war, zu wissen, was schadet, als was Freude bereitet. Jäger und Sammler taten gut daran, sich zu merken, welche Tiere gefährlich und welche Beeren giftig waren. Wer es damit nicht so genau nahm, wurde meist nicht alt. Ob jedoch die großen roten oder die kleinen gelben Beeren süßer schmeckten, spielte für die Weitergabe der eigenen Gene keine entscheidende Rolle. Rick Hanson schreibt in *Das Gehirn eines Buddha*, dass unser Gehirn bei negativen Erfahrungen wie ein Klettband funktioniert und bei positiven wie Teflon. Jetzt geht es also darum, die sowieso schon vorhandene Konditionierung zu stärken.

### Der richtige fette Frust

Jede einzelne Erfahrung, die wir im Lauf eines Tages machen, wird – mehr oder weniger – unbewusst als angenehm, unangenehm oder neutral eingestuft. Egal was wir gerade sehen, hören, riechen, schmecken, denken oder fühlen, alles ruft eines dieser drei menschlichen Grundgefühle hervor. Im alltäglichen Chaos bemerken wir diese Grundgefühle oft gar nicht. Was uns jedoch auffällt, ist unsere automatische Reaktion auf das jeweilige Grundgefühl. Unangenehme Gefühle wollen wir möglichst schnell wieder loswerden. Für den geübten Unglücksaspiranten ist dies kein großes Problem. Er weiß, dass die simple Tatsache, ein unangenehmes Gefühl loswerden zu wollen, keineswegs dazu führt, dass das Unbehagen tatsächlich verschwindet. Mit etwas Übung kann er sogar ein kleines Unbehagen in einen richtig fetten Frust verwandeln. Sätze wie »Darüber sollte ich mich nicht aufregen«, »Ich sollte eigentlich gut drauf sein« oder »Warum schaffe ich es nicht, gelassener mit kleinen Schwierigkeiten umzugehen?« wirken wahre Wunder. Zusätzlich zum kleinen Unbehagen mischt sich dann die Unzufriedenheit mit dem eigenen Gefühlshaushalt, und schon schwillt das vormals sanft plätschernde Betrübnis-Rinnsal zu einem reißenden Leidensfluss.

Wie sieht nun die automatische Reaktion auf angenehme Erlebnisse aus? Stellen Sie sich vor, Sie sitzen auf der Terrasse eines wunderschönen Ferienhauses und schauen auf die makellos blaue See. Ein leichter Wind bringt die erhoffte sanfte Abkühlung, der Wein in Ihrem Glas schmeckt im Abgang nach Beere und Zimt und der Mensch neben Ihnen auf der Terrasse ist – je nach Bedarf – der wunderbarste Gesprächs- oder Schweigepartner, den Sie sich vorstellen können. Langsam versinkt die Sonne als feuerroter Ball am Horizont. Verträumt blicken Sie ihr nach, das Herz wird weit und im Körper breitet sich Behaglichkeit aus. Ein Seufzer der Zufriedenheit entweicht, und Sie räkeln sich wie eine Katze auf der Ofenbank.

Spätestens in diesem Moment sollten sämtliche Alarmsignale auf Rot stehen. Wenn jetzt kein kompetenter Partner daran erinnert, dass übermorgen die Heimreise ansteht, das gesamte Ferienhaus morgen noch gesaugt und gewischt werden muss und das Wetter daheim in Deutschland für die Jahreszeit zu kalt oder zu nass ist, hilft nur noch entschlossene Eigeninitiative. Anstatt sich weiter dem himmlischen Farbenspiel zu widmen, denken Sie an die aschgraue Wolkendecke über Ihrem Heimatort oder die Strapazen der bevorstehenden Abreise. Jedem dieser Gedanken sollte ein Gefühl tiefen Bedauerns folgen, diesen wunderbaren, einmaligen, traumhaften Platz schon bald wieder verlassen zu müssen. Dann können Sie sich wahlweise bewusst darüber werden, dass alle Urlaubsreisen Ihres Lebens immer zu kurz waren, Sie die vollkommene Schönheit der vergangenen zwei Wochen nicht genügend gewürdigt haben oder der Sonnenuntergang vor drei Jahren auf Kreta doch noch beeindruckender war. Egal für welchen Weg Sie sich entscheiden, wichtig ist, von der Fülle in den Mangel zu kommen. Dabei helfen geschickt gewählte Kakerlakenfragen: Warum kann ich nicht einfach für den Rest meines Lebens auf dieser Terrasse sitzen bleiben? Wieso geht alles Schöne zu schnell vorbei? Werde ich jemals wieder so einen herrlichen Urlaub erleben?

## Aktives Hadern

Wem einfaches Bedauern zu passiv erscheint, kann sich für die Variante des aktiven Haderns entscheiden. Besteht beim Bedauern noch die Gefahr, dass es in angenehme Melancholie übergeht, die sich gar nicht so richtig unangenehm anfühlt, sorgt beim Hadern eine gesunde Portion Bitterkeit fürs rechte Unglücksmaß. Denken Sie an alle Ungerechtigkeiten, die Sie in Ihrem Leben bisher erfahren haben und ganz sicher noch erfahren werden. Um stilvoll zu hadern, ist es unerlässlich, sich selbst als wehrloses Opfer des Schicksals zu begreifen. Verwerfen Sie jeden Gedanken daran, dass Sie einen auch noch so begrenzten Einfluss auf den Lauf der Dinge ausüben könnten. Hadern Sie damit, zur falschen Zeit, am falschen Ort und mit dem falschen Geschlecht geboren zu sein. Und erinnern Sie sich stets daran, dass Ihre Verwandtschaft, Freundinnen und Kollegen das bessere Los gezogen haben.

## Das grünere Gras

Hier eröffnen sich dank Smartphone, Facebook, Instagram und WhatsApp Möglichkeiten, von denen Paul Watzlawick nicht zu träumen gewagt hätte. Die sich in den Pazifischen

Ozean senkende Sonne ist nun einmal viel beeindruckender als ein ordinärer Mittelmeersonnenuntergang. All die herrlichen neuen Kommunikationsmittel sorgen dafür, dass wir unser Leben nonstop mit dem anderer vergleichen dürfen. Früher beschränkte sich das auf den unvermeidlichen Dia-Abend des Nachbarn, wo man pflichtschuldigst die jüngste Großwildsafari, die Durchquerung der Sahara oder die Wanderung zum Machu Picchu über sich ergehen ließ. Auch damals wusste man schon, dass das Gras auf der anderen Seite des Zaunes grüner ist, besonders wenn man selbst die Sommerferien bei der Tante in Wanne-Eickel verbracht hatte. Doch in diesen vernetzten Zeiten kann sich das Gefühl, zu kurz gekommen zu sein, rund um den Erdball ausbreiten und so zu jeder Tages- und Nachtzeit für die zuverlässige Untermauerung der Grasfarbentheorie sorgen.

## Mehr davon

Kommen wir noch einmal zurück auf die Terrasse Ihres Traumhauses. Sollte sich trotz akribischer Ausführung oben gemachter Vorschläge kein Erfolg einstellen, müssen Sie zu härteren Maßnahmen greifen. Als einer der zuverlässigsten Glückskiller hat sich das Mehr-Davon erwiesen. Das funktioniert im kleinen ebenso großartig wie im großen Stil. Damit der Abend auf der Terrasse wirklich unvergesslich bleibt, sollten Sie am köstlichen Wein nicht nur nippen, sondern so viel wie möglich der wunderbaren Flüssigkeit in sich hineinschütten. In diesem Zustand beschließen Sie dann, diesen unvergleichlichen Ort so bald nicht mehr zu verlassen. Sie kündigen Ihren Job, erklären allen realen und virtuellen Freunden, dass Sie dann mal weg sind und mieten das Ferienhaus zum günstigen Jahrestarif. Für wirklich lang anhaltendes Unglück lohnt es sich sogar, ein paar Tage reiner Freude in Kauf zu nehmen. Doch keine Sorge, dieser Zustand ist nur dazu gedacht, den Kontrast besser herauszuarbeiten. Denken Sie an die entsetzliche Langeweile, die sich in den feuchten Wintermonaten über Ihr Ferienparadies ausbreitet. Der herrliche Markt hat nur in der Saison geöffnet, die wenigen Einheimischen bleiben lieber unter sich, der Blick von der windgepeitschten Terrasse aufs graue Meer sorgt zuverlässig für Depressionen, und an einem dieser kalten Abende im kaum heizbaren Häuschen kommt sogar so etwas wie Sehnsucht nach der vorher so verhassten Arbeit auf. Ach, könnte ich doch diese herrlichen Routineaufgaben erledigen! Mehr-Davon funktioniert auf jedem Gebiet. Sollten Sie darunter leiden, Ihren Partner zu selten zu sehen: Sorgen Sie dafür, dass Sie in Zukunft sieben Tage die Woche 24 Stunden am Tag unzertrennlich bleiben. Das Prinzip ist ganz einfach. Sobald Sie leises Bedauern bemerken, weil Sie von etwas nicht genug bekommen, sorgen Sie für andauernden Überfluss. Das funktioniert mit Nahrungs- und Rauschmitteln, Reisen, Personen, Geschichten und Erlebnissen.

### Erinnerungskonserven

Sie wollen Ihren Job nicht einfach kündigen? Auch wenn der Preis für zuverlässiges Unglück natürlich nie zu hoch ist, machen Sie sich keine Sorgen, es gibt Alternativen. Nutzen Sie den letzten Urlaubstag und gehen Sie fleißig einkaufen. Zuerst diesen köstlichen Wein, den Sie jeden Tag auf der Terrasse getrunken haben. Wie viele Kisten passen noch in den Kofferraum? Fünf Kisten à sechs Flaschen versprechen 30 Enttäuschungen zu je 0,7 Liter. Was will man mehr? Sollten Sie der Meinung sein, dass das Zeug nicht mundet, weil es beim Transport zu viel geschüttelt wurde, ist das natürlich Unsinn. Auch nach einem Jahr Lagerung im besttemperierten Weinkeller wird der Wein nicht so schmecken wie auf der Terrasse.

Wer auf Alkohol lieber verzichtet, kann sich auch eine Dose Luft als Souvenir mit nach Hause nehmen. 400 Milliliter original Berliner Luft in eine Dose gepresst gibt's für 4,95 Euro. »Der einzigartige unverwechselbare Großstadtgeruch setzt sich aus unterschiedlichen Bestandteilen zusammen«, verspricht der Hersteller. »Mit dem Öffnen der Dose können Sie den Inhalt freisetzen und schon verspüren Sie den Geruch von Currywurst, Abgasen, Straßenmusikern und Co.« Vielversprechend ist auch das Häufchen Sand aus Florida, eine Urne Staub vom Vesuv oder ein Liter venezianisches Lagunenwasser in der edlen Murano-Glas-Flasche. Sollte es an Ihrem Urlaubsziel keine derartigen Andenken geben, ist persönlicher Erfindungsreichtum gefragt. Lassen Sie sich fünf Kilo italienischen Käse reisefertig einschweißen. Nicht als Mitbringsel, sondern in der besten Absicht, das gesamte nächste Jahr keinen Tag der Woche auf diese Köstlichkeit verzichten zu müssen. Kaufen Sie zehn Paar superschicke Sandalen in Mailand oder ebenso viele Designer-Jeans in New York. Ein paar Naivlinge glauben vielleicht, derartige Mitbringsel verkürzten den Abschiedsschmerz und brächten etwas Licht ins traurige Alltagsleben. Der wahre Unglücksexperte weiß jedoch, dass der tägliche Blick auf die Berliner Dose oder die nie getragenen Jeans nur dazu dient, wehmütige Erinnerungen zu wecken und das Gefühl verstärkt, zur falschen Zeit am falschen Platz zu sein.

Um jederzeit gegen einen überraschenden Erstschlag des Glücks gerüstet zu sein, hier noch ein paar allgemeine Warnhinweise: Meiden Sie so gefährliche Zustände wie Freundlichkeit, Mitgefühl, Dankbarkeit und Mitfreude. Wer damit schon einmal in Kontakt kam, weiß, dass diese extrem heimtückischen Gefühlsregungen alle anderen Zustände gnadenlos abwürgen. Oder haben Sie schon einmal versucht, für jemanden tiefe Dankbarkeit zu empfinden und gleichzeitig stinksauer, mies gelaunt und tieftraurig zu sein? Es geht nicht.

# Habe ich Zeit?

Keine Frage, die wie Schokolade auf der Zunge zergeht, denken Sie jetzt vielleicht. Ja, ich habe Zeit. Nein, ich habe keine Zeit. Klipp und klar. Entweder-Oder. Abgehakt. Eine geschlossene Frage, ganz anders als das weite Wie-geht-es-mir-Feld. Ist das so?

*Aion, Chronos, Kairos*

Was ist eigentlich Zeit? Michael Ende nennt sie in seinem 1973 erschienen Märchen-Roman *Momo* ein großes und doch alltägliches Geheimnis. Betrachten wir uns dieses Geheimnis einmal aus verschiedenen Blickwinkeln. Bei den alten Griechen gab es allein drei Götter, die einzelne Zeit-Aspekte repräsentierten. Aion stand für die Zeit ohne Anfang und Ende, wiederholend, kreisartig und still stehend. Chronos, der Gott der Menschenzeit, verkörperte Zeitdauer und Zeitverlauf. Er ist zuständig für den quantitativen Aspekt der Zeit. Und Kairos kann man sich als Gott des richtigen Zeitpunkts vorstellen. Kairos, Zeus' jüngster Sohn und Chronos' Enkel, jagt mit seinen geflügelten Füßen an uns vorbei. Auf seiner Stirn sitzt ein Bündel Haare, um die Gelegenheit beim Schopf zu packen, der Hinterkopf ist kahl. Wenn die günstige Gelegenheit vorüber ist, gibt es nichts mehr zu fassen.

Zeit lässt sich subjektiv oder objektiv verstehen, je nachdem, aus welcher Perspektive ich darauf blicke. Objektiv hat ein Tag 24 Stunden, eine Stunde 60 Minuten und eine Minute 60 Sekunden. Objektiv hat jeder Deutsche laut einer Studie des Marktforschungsunternehmens GfK pro Werktag drei Stunden und 56 Minuten Zeit zur freien Verfügung. Kochen, Putzen, Kinder versorgen oder Ähnliches haben die Statistiker hier bereits herausgerechnet.

»Die absolute, wahre und mathematische Zeit verfließt an sich«, so Isaac Newton (1687), »und vermöge ihrer Natur gleichförmig und ohne Beziehung auf irgendeinen äußeren Gegenstand.« Einstein begründete Anfang des vergangenen Jahrhunderts anhand seiner Relativitätstheorie den Zusammenhang zwischen Zeit und Raum und kam zu der Schlussfolgerung, dass auch scheinbar »objektive« Zeit in verschiedenen physikalischen Systemen sehr unterschiedlich verläuft. Im irdischen Alltagsverständnis greifen wir jedoch immer noch auf Newton zurück. Danach ergibt die Frage »Habe ich Zeit?« wenig Sinn. Jeder Mensch hat jeden Tag 24 Stunden Zeit, bis er schließlich stirbt. Da der Zeitpunkt des eigenen Todes unbekannt ist, müsste die Antwort auf »Habe ich Zeit?« dann lauten: Ja, 24 Stunden am Tag, aber keine Ahnung, wie lange noch.

Das persönliche Erleben der Zeit kann sich zirkulär und linear ausdrücken. Einige Naturvölker verfügen heute noch über ein zyklisches Zeitgefühl. Regenzeit und Trockenzeit bestimmen den Lebensrhythmus. In Sätzen wie »Der Frühling ist meine liebste Zeit« spiegeln sich noch Reste dieser Kreisform. In der westlichen Welt herrscht ein lineares Zeitverständnis vor, woran eine afrikanische Weisheit erinnert: Gott gab den Europäern die Uhr und den Afrikanern die Zeit. Linear bedeutet, die Zeit hat einen Anfang (Geburt) und ein Ende (Tod). Graphisch könnte man sich das als eine Linie vorstellen, auf der sich Moment für Moment in eine Richtung bewegt und Zukunft in Vergangenheit verwandelt.

Einstein hat mit einem einfachen Beispiel das subjektiv empfundene Vergehen der Zeit auf den Punkt gebracht: »Wenn du mit einem Mädchen, das du liebst, zwei Stunden zusammensitzt, denkst du, es ist nur eine Minute. Wenn du aber nur eine Minute auf einem heißen Ofen sitzt, kommt dir das wie zwei Stunden vor. Siehst du – das ist Relativität.« Jeder kennt das Gefühl, dass die Zeit plötzlich rast oder einfach nicht vergehen will. Wie sehen Ihre persönlichen Zeitbeschleuniger oder -bremser aus? Wann vergeht Ihre Zeit schnell, wann langsam? Welche Beziehung haben Sie zur Zeit? Ist sie von einem Mangelgefühl geprägt oder von Überfluss? Wie war das vor zehn Jahren? In Ihrer Jugend? Ändert sich Ihre Beziehung zur Zeit von Zeit zu Zeit?

## Zeit »haben«

Und kann man Zeit überhaupt haben, so wie man ein Haus, ein Smartphone oder ein Auto hat? In *Haben und Sein* beschäftigt sich Erich Fromm mit dem Phänomen des scheinbaren Besitzes nicht-dinglicher Begriffe. Wie leicht gehen uns Sätze wie »Ich habe Ideen, Stress, Zahnschmerzen, Sehnsucht oder gute Laune« von den Lippen. Jeder weiß, was gemeint ist. Und doch sagt Fromm: »In letzter Konsequenz drückt die Aussage ›ich (Subjekt) habe O (Objekt)‹ eine Definition meines Ichs durch meinen Besitz des Objekts aus.« Wer bin ich also, wenn ich keine Zeit habe? Laut Fromm gibt es in der

Existenzweise des Habens keine lebendige Beziehung zwischen mir und dem, was ich habe: »Die Beziehung ist tot.« An einem Beispiel erläutert er seine These: »Wenn ich sage: ›Ich habe ein Problem‹ anstelle von ›ich bin besorgt‹, dann wird die subjektive Erfahrung ausgeschlossen. ... Ein Problem ist ein abstrakter Ausdruck für alle Arten von Schwierigkeiten. Ich kann es nicht haben, da es kein Ding ist, das man besitzen kann, allerdings kann das Problem mich haben; genauer gesagt, habe ich mich dann in ein ›Problem‹ verwandelt und meine Schöpfung hat Besitz von mir ergriffen.«

Tauschen wir einmal das Wort »Problem« gegen »Zeit« aus. Zeit ist ebenfalls ein abstrakter Ausdruck. Ich kann sie nicht haben, da sie kein Ding ist. Wenn man sie also weder haben noch nicht haben kann, wie sieht dann die Beziehung zur Zeit aus?

## Zeitdiebe

Fromm hat sie als tot bezeichnet und Michael Endes Meister Hora greift in *Momo* einen ganz ähnlichen Gedanken auf. Momo fragt ihn, warum die Zeit stehlenden Herren so grau im Gesicht aussehen. »Weil sie von etwas Totem ihr Dasein fristen.« Die Zeitdiebe von der Zeit-Spar-Kasse existieren von der Lebenszeit der Menschen. Sie stehlen deren Stundenblumen und saugen gierig an den getrockneten Blättern. Die gestohlene Zeit löst sich in Rauch auf. Heimlich, still und leise haben sie sich bereits der meisten Erwachsenen bemächtigt. Agent Nr. XYQ/384/b zum Beispiel erklärt dem Friseur Herrn Fusi, dass er bereits 55 188 000 Sekunden seiner Lebenszeit für die Pflege seiner alten Mutter und 165 565 000 Sekunden mit Singen und Freunde treffen vergeudet habe. Obwohl sich Herr Fusi hinterher an nichts mehr erinnern wird, geht er nach dem Besuch des grauen Zeitdiebs viel sparsamer mit seiner Zeit um. Er rasiert die Kunden im Viertelstundenrhythmus, sodass für ein Schwätzchen keine Zeit bleibt, der Wellensittich wird abgeschafft und die alte Mutter in ein gutes, billiges Altenheim gesteckt.

Was empfiehlt Ihr persönlicher Agent Nr. XYQ/384/b zum Thema Zeit sparen? Sie kennen ihn nicht? Kein Wunder! Ein guter Dieb arbeitet im Verborgenen; Zeitdiebe bilden da keine Ausnahme. Also spielen wir ein wenig Sherlock Holmes und begeben uns auf Spurensuche. Zeitdiebe sind Meister der Tarnung. Sie treten als Maschine und Hightech-Gerät auf, verkleiden sich als Mitmensch, überzeugen als Glaubenssätze und locken Denkgewohnheiten in die Falle.

## Digitale und analoge Zeitdiebe

Wie viel Zeit verbringen Sie mit Ihrem Smartphone? Haben Sie sich das Gerät besorgt, um damit Zeit zu sparen? Sparen Sie damit Zeit? Welche Anwendungen nutzen Sie? Schätzen Sie einmal, wie viele Minuten jeder Handynutzer im Schnitt telefoniert? Forscher der Universität Bonn sind 2014/15 diesen Fragen auf den Grund gegangen und haben die Handydaten von rund 60 000 Personen ausgewertet. Da sie sich auf die geschätzten Angaben von Studienteilnehmern nicht verlassen wollten, entwickelten sie eine App, um detailliert zu erfassen, wie hoch der durchschnittliche Mobiltelefonkonsum ausfällt. Der typische Nutzer telefoniert keine zehn Minuten und versendet täglich 2,8 SMS. Was machen also die vielen über ihr Handy gebeugten Menschen in der S-Bahn, dem Café oder anderen öffentlich zugänglichen Orten? Die Studienteilnehmer nutzen ihr Smartphone knapp drei Stunden am Tag. 3 942 000 Sekunden im Jahr, würde Agent Nr. XYQ/384/b sofort errechnen. 35 Minuten für WhatsApp, 15 Minuten für Facebook, fünf Minuten für Instagram und fast eine halbe Stunde für Spiele. Im Schnitt aktivierten sie ihr Telefon 80-mal am Tag. Geht man von 16 Stunden Wachzeit am Tag aus, bedeutet dies, dass alle zwölf Minuten ein neuer Handykontakt stattfindet. Andere Studien gehen davon aus, dass der durchschnittliche Nutzer 214-mal täglich zum Handy greift, oft ohne sich dessen überhaupt bewusst zu sein. »Wir beschäftigen uns viel mit dem Ding, aber irgendwie macht es uns nicht glücklich. Es stiehlt unsere Zeit. Und es schafft eine Art Unwohlsein«, sagt der Informatiker Alexander Markowetz, einer der Initiatoren der Studie.

Gibt es noch weitere Zeiträuber-Maschinen? Welche davon klaut Ihre Zeit am geschicktesten? Das Fernsehgerät? Fernsehen ist mit ca. 220 Minuten täglich immer noch der Deutschen liebste Freizeitbeschäftigung. Wie sieht es mit dem PC aus? Der Spielkonsole der Kinder? Wie viele elektronische Gerätschaften stehen überhaupt in Ihrem Haushalt? Sparen sie Ihnen Zeit? Und was fangen Sie mit der gesparten Zeit an?

## Echte und eingebildete Zeitdiebe

Gibt es auch menschliche Zeitdiebe? Wer qualmt Ihre Stundenblumen auf? Etwa die schwatzhafte Nachbarin, die Ihnen zum fünften Mal die gleiche langweilige Geschichte erzählt? Empfinden Sie sie als Zeitdiebin? Und wenn ja, wie reagieren Sie auf den Diebstahl? Hören Sie halbherzig zu und suchen dabei verzweifelt nach einer Ausrede, endlich abzuhauen? Was würde geschehen, wenn Sie sich bewusst entscheiden, der

Nachbarin bei der sechsten Wiederholung einfach Ihre Zeit zu schenken? Kann geschenkte Zeit noch gestohlen werden? Wie lässt sich zwischen echten und eingebildeten Zeitdieben unterscheiden?

Wie reagieren Sie auf unerbetene Telefonanrufe, vorzugsweise an Feierabend und Wochenende? Jemand will Ihnen einen Wintergarten, billigen Strom oder ein Pay-TV-Abo verkaufen. Legen Sie einfach auf? Verbietet das Ihre gute Kinderstube? Teilen Sie dem Anrufer mit, dass Sie Ihre kostbare Lebenszeit nicht mit diesem Telefonat vergeuden wollen?

Wer stiehlt sonst noch Ihre Zeit? Wie ist das mit der alten Mutter? Dem Kleinkind? Dem Schulkind? Menschen, die von Ihnen abhängig sind, für die Sie Verantwortung tragen? Wie viel Zeit widmen Sie diesen Menschen? Finden Sie selbst noch statt? Zeit für mich gönne ich mir erst, wenn ich das Büro verlassen habe, das Haus blitzblank geputzt ist, alle Hausaufgaben der Kinder erledigt, das Essen gekocht und die Sorgen des Gatten gehört und gewürdigt sind. Die letzten fünf wachen Minuten fühlen wir uns dann als die wahren Märtyrerinnen der Postmoderne und schlummern dem nächsten Tag entgegen, an dem wir wieder alle und alles um uns herum wichtiger nehmen als uns selbst. Agent Nr. XYQ/384/b hat gute Arbeit geleistet. Seinen zarten Einflüsterungen glauben wir unbesehen. »Du bist nicht so wichtig« oder »Die anderen zuerst«, raunt er uns ins Ohr. Und dann fordert er auch noch Dankbarkeit ein, denn er erspart uns auf diese Art und Weise die lästige Entscheidung, was wir mit »unserer« freien Zeit überhaupt anfangen wollten.

## Der »Dieb mit dem Mantra«

Besonders geschickte Zeitdiebe schleichen sich in die Gedanken ein. Sie setzen sich in den Hirnwindungen fest und diktieren unser Zeitgefühl. Die buddhistische Meditationslehrerin Sylvia Wetzel erzählte einmal von einem tibetischen Lama, der westlichen Schülern die Wirkweise eines Mantras erklärte. Skeptische, allem Hokuspokus gegenüber kritisch eingestellte Abendländer glauben nämlich nicht so mir nichts, dir nichts an die Kraft »heilsamer Silben«, leiden jedoch an ihren eigenen, unbewussten Mantra-Rezitationen: »Ich habe keine Zeit!«, »Zeit ist Geld!«, »Ich muss noch schnell …!«. Kommt Ihnen das bekannt vor? Was ist die Lieblingstirade Ihres persönlichen Zeiträubers?

Wer sich stündlich einredet, keine Zeit zu haben, glaubt das, auch wenn es »objektiv« gar nicht stimmt. Trotzdem ist die Wirkung des »Ich habe keine Zeit«-Mantras am eigenen Leib spürbar. Ich fühle mich getrieben, gehetzt und fremdgesteuert. Es besteht also eine Wechselwirkung von Denken, Sprechen und Handeln.

Sage ich »Ich muss noch schnell dies und das erledigen«, wie erledige ich dann dies und das? Gewissenhaft? Aufmerksam? Mit Freude? Und warum sage ich eigentlich »ich muss«? Mit diesem »Müssen« gebe ich die Verantwortung für mein Tun ab. An die Umstände, die Chefin, das Schicksal. Wie fühlt es sich an, etwas zu tun, weil Sie sich dazu gezwungen fühlen?

*Das nächste bitte!*

Wie der »Dieb mit dem Mantra«, so nistet sich auch das nächste Exemplar in unseren Neokortex-Windungen ein. Nennen wir es »Das nächste bitte!« Kennen Sie das? Sie hetzen von einer Aufgabe zur nächsten. Bevor der aktuelle Job getan ist, sind Sie bereits gedanklich beim nächsten Projekt, und dann beim nächsten, und dem nächsten ...

Dazu eine kurze Zen-Geschichte: Ein Schüler fragt seinen Meister: »Was unterscheidet dich von uns?« Der Zen-Meister antwortet: »Wenn ich gehe, dann gehe ich. Wenn ich esse, dann esse ich. Wenn ich schlafe, dann schlafe ich.« »Wieso? Das machen wir doch auch.« Darauf der Meister: »Wenn ihr geht, denkt ihr ans Essen, und wenn ihr esst, dann denkt ihr ans Schlafen. Wenn ihr schlafen sollt, denkt ihr an alles Mögliche. Das ist der Unterschied.« Wie verändert sich Ihr Zeitgefühl, wenn Sie mit der Aufmerksamkeit bei dem bleiben, was Sie gerade tun?

*Gefühl der Vollendung*

Aber der Terminplan ist voll, es gibt viel zu tun. Kaum haben Sie das eine nicht nur gedanklich, sondern auch faktisch abgeschlossen, stürzen Sie sich aufs nächste. Das, was eben noch eine große Bedeutung für Sie hatte, verliert im Moment der Vollendung seinen Wert, spielt plötzlich keine Rolle mehr. Wie würde es sich anfühlen, zwischen den einzelnen Aufgaben eine kurze Pause einzulegen? Für einen Augenblick das Gefühl der Vollendung zu genießen? Es geht nicht darum, sich stundenlang in der eigenen Großartigkeit zu sonnen, sondern mit einem kurzen Innenhalten die eigene Leistung zu würdigen.

Dazu noch eine Geschichte: Es war einmal ein sehr emsiger Holzfäller. Mit seiner Axt fällte er einen Baum nach dem anderen. Wie besessen schuftete er, schnaufte und schwitzte ohne Unterlass. Es dauerte immer länger, einen Baum zu Fall zu kriegen, die Bewegungen wurden immer hektischer und verzweifelter. Da kam ein alter Mann vorbei, sah ihm schweigend eine Weile zu und fragte ihn dann: »Wann hast du denn das letzte Mal deine Axt geschärft?« »Die Axt schärfen?«, entgegnete der Holzfäller verwundert. »Siehst du nicht, dass ich damit beschäftigt bin, Bäume zu fällen? Zum Axt schärfen habe ich überhaupt keine Zeit.«

Wer, statt sich auf die Erfahrung der Gegenwart einzulassen, sagt »Ich habe keine Zeit«, schrieb der Kulturphilosoph Jean Gebser in den 50er Jahren des letzten Jahrhunderts, »der glaubt, er spräche von der Uhrenzeit. Wie würde er erschrecken, realisierte er, dass er in dem gleichen Augenblicke auch sagt: ›Ich habe keine Seele‹ und ›Ich habe kein Leben‹!«

## Work-Life-Unsinn

Impliziert »Zeit haben« dass es unterschiedliche Arten von Zeit gibt und sich die Frage auf die Zeit beschränkt, wo wir frei wählen können, wie wir sie gestalten? Sowas wie Work-Life-Balance? Da ist auf der einen Seite der Waagschale die Arbeit und auf der anderen das Leben, und die Kunst besteht darin, die beiden Gegenspieler ins Gleichgewicht zu bringen.

Das bedeutet jedoch auch, dass es sich bei der Arbeit nicht um Leben handelt, und umgekehrt im Leben die Arbeit nicht enthalten ist. Dieser Ansatz erscheint bei genauerer Betrachtung ziemlich realitätsfern. Welche Antipoden gilt es dann ins

Gleichgewicht zu bringen? Tun und Nicht-Tun? Arbeit und Muße? Verplante Zeit – freie Zeit?

Kann ich Zeit aufteilen in Zeit für mich, Zeit für die Familie, Freunde, Hobbys, Zeit, Geld zu verdienen, Zeit, nichts zu tun? Und wenn ich das tue, mit welchen Auswirkungen muss ich rechnen? Ist da nicht vorprogrammiert, dass ich nur zu einem bestimmten Prozentsatz der täglichen 24 Stunden das Gefühl habe, Zeit zu haben? Und was passiert mit dem Rest der Zeit? Ist dieser Zeitraum dann leb- und seelenlos?

### »Und noch ein Kick«

Ein anderer Zeit-Seele-Leben-Dieb macht sich die neuesten Erkenntnisse über unser subjektives Zeitempfinden zunutze. Vor noch nicht allzu langer Zeit ging man davon aus, dass, je älter ein Mensch wird, desto schneller ihm die Zeit davonrast. Diese Korrelation ist jedoch keine Zwangsläufigkeit, auch wenn in unserer Kindheit und Jugend die Zeit viel langsamer zu vergehen schien als heute. Forscher haben nun herausgefunden, dass das subjektive Zeitempfinden von der Anzahl sogenannter Meilensteine abhängig ist. Babys und Kleinkinder erleben fast täglich Meilenstein-Ereignisse. Je älter wir werden, desto mehr Zeit verstreicht zwischen zwei herausragenden Ereignissen. Für uns gibt es nichts Neues mehr unter der Sonne, und das Leben läuft in rasender Geschwindigkeit seinem Ende zu. Wann haben Sie das letzte Meilenstein-Ereignis in Ihrem Leben gefeiert?

Unter dem Deckmantel dieser Meilenstein-Theorie erringt »Und noch ein Kick« seine größten Erfolge. »Das kann doch noch nicht alles gewesen sein!«, raunt uns die Stimme des scheinbar besorgten Zeitdiebs ins Ohr. »Du verpasst dein Leben, wenn du das nicht gleich ausprobierst!« Und dann überzeugt er uns, dass es nur eine sinnvolle Möglichkeit gäbe, unsere Zeit wieder zu verlangsamen: Kommen die Meilensteine nicht zu dir, geh du zu den Meilensteinen. Fülle die Leere. Suche den nächsten Kick, der deinem Leben Bedeutung verleiht. Wie wäre es mit einer exotischen Reise? Bungee-Jumping? Porsche-Probefahrt? Alles durchgeplant und garantiert perfekt gestaltete Zeit. Ganze Branchen haben sich darauf spezialisiert, perfekte Tage anzubieten. Jedes Wochenende ein neuer Meilenstein! Und wo ist der Haken?, fragen Sie jetzt vielleicht. Macht doch Sinn, wenn sich das Zeitrasen dadurch verlangsamt. Sogar der Dalai Lama empfiehlt, sich einmal im Jahr an einen Ort zu begeben, an dem man noch nie gewesen ist.

## Grießbreibergzeit

Doch egal, wie befriedigend der letzte Kick war, das Intervall zwischen zwei künstlich generierten Meilensteinen ist nicht nur subjektiv empfunden deutlich länger als der Kick selbst. Kleine Kinder, die sich auf bestimmte Ereignisse besonders freuen, sagen gern: »Ich wünschte, es wäre schon übermorgen!« oder irgendwann im Juli: »Ach, wenn doch schon Weihnachten wäre!« Genau genommen wünschen sie sich, das Leben zu verkürzen. Die Zeit vor dem heiß ersehnten Ereignis verkommt zur Zwischenzeit. Aber was bedeutet Zwischenzeit? Ist Zwischenzeit keine echte Lebenszeit, sondern – wie der Name schon sagt – irgendetwas zwischen den richtigen Zeiten? Ist Zwischenzeit der Grießbreiberg, durch den man sich eben fressen muss, um hin und wieder im Schlaraffenland zu landen? Auch wenn wir noch so emsig danach streben, die Zeit abwechslungsreich und spannend zu gestalten, Zwischenzeiten mutieren zu Unzeiten, in denen wir im eigenen Leben nicht vorbeischauen. Dann habe ich keine Zeit, aber die Zeit hat mich. Und das Leben besteht zu 90 Prozent aus Zwischenzeit, die im Rauch des Stundenblumentabaks langsam verglüht.

## Erleben als beneidete Erinnerung

Stellen Sie sich vor, Sie besuchen ein Live-Konzert Ihrer Lieblingsgruppe. Können Sie Atmosphäre und Musik genießen und gleichzeitig alles fotografieren und filmen? Die wogende Menge von Smartphonebesitzern will ihren »Freunden« in den sozialen Netzwerken den ultimativen Beweis liefern, welch tolle Zeit sie gerade hat. Leider verpassen die Konzertbesucher dabei nicht nur den aktuellen Song, sondern das eigene Leben. Sie tauschen den Genuss des gegenwärtigen Augenblicks gegen ein »Like« ihrer Freunde. Das passiert, wenn ich den Sonnenuntergang am Meer knipse, statt der glimmenden Kugel einfach zuzusehen, wie sie allmählich im Wasser versinkt; wenn ich der Freundin schnell per WhatsApp erzähle, wie großartig in Südfrankreich die Melonen schmecken, statt dieses eine Stück Melone einfach nur zu essen. Wann haben Sie das letzte Mal Ihre Lebenszeit auf dem Altar von Facebook & Co. geopfert?

Bin ich also den Zeitdieben wehrlos ausgeliefert? Wie schlage ich ihnen ein Schnippchen? Wie schütze ich meine Zeit vor dem Gestohlenwerden? In vielen Märchen brechen Lügengebäude zusammen, sobald niemand mehr darin ein und aus geht. Als Momo Meister Hora fragt, wo die Zeitdiebe herkommen, antwortet er: »Sie entstehen, weil die Menschen ihnen die Möglichkeit geben, zu entstehen. Das genügt schon, damit es geschieht. Und nun geben die Menschen ihnen auch noch die Möglichkeit, sie zu beherrschen.« Ihre Herrschaft lässt sich nur abschütteln, wenn ich ihren Einflüsterungen keinen Glauben mehr schenke. »Die einzige Möglichkeit, deine Zeit zu nutzen, ist, sie bis zum Rand mit Events vollzustopfen«, raunen sie uns zu. Ihr Motto ist das Unwort des Jahres 2010: alternativlos.

## Bemerkte Augenblicke

Gibt es tatsächlich keine Alternative? Was wäre, wenn ich – statt dem nächsten Kick hinterherzuhecheln – den alltäglichen Verrichtungen mehr Aufmerksamkeit schenkte? Was macht einen gewöhnlichen Augenblick zu einem bemerkenswerten Augenblick? Die Antwort steckt hier schon in der Frage. Grundvoraussetzung ist, dass ich ihn überhaupt bemerke, ihn nicht unbemerkt verstreichen lasse und seinen »Wert« erkenne, oder wie Jon Kabat-Zinn in *Zur Besinnung kommen* schreibt: »Die kleinsten Momente können zu wahrhaften Meilensteinen werden. Wenn Sie wirklich für Ihre Augenblicke präsent sind, während diese sich entfalten, dann entdecken Sie, ganz gleich, was geschieht, dass jeder Augenblick einzigartig und neu und deshalb ein großartiges Ereignis ist. Ihre Erfahrung von Zeit würde sich verlangsamen. Es könnte sogar sein, dass Sie ganz aus der subjektiven Erfahrung verstreichender Zeit heraustreten, indem Sie sich für die zeitlose Qualität des gegenwärtigen Augenblicks öffnen.«

Kommen wir noch einmal zu Momo zurück. Alle Versuche der grauen Herren, auch ihr die Zeit zu stehlen, scheitern. Woran liegt das? Ein Grund dürfte ihre Vorliebe für Tätigkeiten sein, die sich nicht beschleunigen lassen. Sie ist zum Beispiel eine herausragende Zuhörerin und eine begnadete Spielende. Es macht keinen Sinn, schneller zuzuhören oder schneller zu spielen. Was machen Sie gern? Sind darunter Tätigkeiten, die sich nicht beschleunigen lassen? Wann ergibt Schneller-Machen keinen Sinn? Freunde treffen? Im Chor singen? Spazierengehen? Erinnern Sie sich daran, dass zeitloses Tun jeden grauen Herrn in die Verzweiflung treibt.

### Zeit nehmen

»Ja mei, die Zeit, die musst dir nehmen, sonst hast ja keine«, rät Gerhard Polt. Geht es also ums Nehmen, nicht ums Haben? Für was nehmen Sie sich Zeit? Oder konkreter: Wofür haben Sie sich am gestrigen Tag Zeit genommen? Wie haben Sie die vergangenen 24 Stunden gefüllt? Wenn's gutging, konnten Sie einen Teil davon verschlafen. Empfinden Sie Schlaf als Zeitverschwendung? Außerdem sind Sie im Zweifelsfall einer Tätigkeit nachgekommen, mit der Sie Ihren Lebensunterhalt verdienen. Alltagsroutinen verschlingen den Löwenanteil: Zähneputzen, der Weg zur Arbeit, Nahrungsaufnahme, Rechnungen bezahlen, Wäsche waschen etc. Was haben Sie sonst noch getan? Welche zehn Tätigkeiten stehen auf Ihrer persönlichen Dafür-habe-ich-mir-Zeit-genommen-Liste?

Und was ist Ihnen im Leben wichtig? Was liegt Ihnen am Herzen? Wofür wünschen Sie sich mehr Zeit? Welche zehn Stichpunkte finden sich auf dieser zweiten Liste? Wenn Sie nun beide vergleichen, was fällt Ihnen auf? Gibt es eine Schnittmenge? Für welche Herzensanliegen nehmen Sie sich keine Zeit?

Wie fühlt es sich an, sich für etwas wirklich Zeit zu nehmen? Was geschieht, wenn Sie etwas um der Sache willen tun? Wie sieht dann Ihre Beziehung zur Zeit aus? Der Benediktinermönch und Zen-Meister David Steindl-Rast (2005) behauptet: »In dem Augenblick, wo wir unsere Zeit loslassen, haben wir alle Zeit der Welt.« Kann ich die Zeit loslassen wie eine heiße Kartoffel? Wann sind Sie das letzte Mal in einer Aktivität – egal ob körperlich, geistig oder sozial – versunken? Kennen Sie diese magischen Momente, so vertieft in eine Tätigkeit zu sein, dass kein Gedanke an Zukunft, Vergangenheit, die eigene Identität, oder »Wow, das macht aber Spaß« auftaucht? Wie fühlt sich diese zeitgefühlsfreie Zeit an?

## Mit der Zeit fließen

Nehmen wir an, Sie pflanzen Radieschen. Im deutschen Hauptsatz hört sich das folgendermaßen an: Da ist das Subjekt (ich), das etwas tut (pflanze) und ein Objekt (Radieschen), mit dem etwas geschieht. Drei scheinbar klar voneinander getrennte Bereiche. Im Flow-Zustand löst sich diese künstliche (doch zum Zwecke der Verständigung durchaus sinnvolle) Trennung in Luft auf. Einfach nur pflanzen. Da ist kein Ich, das Radieschen pflanzt. Ich, pflanze und Radieschen werden einfach zu »pflanzen«. Leben geschieht dann im Infinitiv, was wörtlich übersetzt das »Unbegrenzte« bedeutet.

Wenn ich alle Zeit der Welt habe, verschwende ich keinen Gedanken an sie. So paradox es erscheint, aber in dem Moment, wo ich aus der Uhrenzeit herausfalle, wird meine Beziehung zur Zeit lebendig. Einfach mit der Zeit fließen, wie ein Fisch, der auch nicht weiß, was Wasser ist.

Ist Fließen ein Allheilmittel gegen Zeitnot? Gibt es ein

Rezept, in den Flow zu kommen? Mit dem Flow ist es wie mit dem Schlaf. Ich kann ihn nicht willentlich herbeiführen. Aber ich kann – auch da trägt der Vergleich mit dem Schlaf – gute Bedingungen schaffen, Flow überhaupt möglich zu machen. Bei welcher Tätigkeit sind Sie das letzte Mal im Tun verschwunden? Waren Sie körperlich aktiv? Geistig? Mit anderen Menschen zusammen? Mit welcher inneren Haltung sind Sie an die Aufgabe herangegangen? Der Psychiater und Neurologe Howard C. Cutler zählt einige günstige Bedingungen auf: Flow kann geschehen, wenn ich die ausgeübte Tätigkeit wertschätze, meine Fähigkeiten und die Herausforderung der Aufgabe im Gleichgewicht sind, wenn ich nicht an die Früchte der Arbeit denke, sondern im »zweckfreien« Tun aufgehe.

Grundvoraussetzung ist, die Aufmerksamkeit auf den gegenwärtigen Moment auszurichten. Diese menschliche Gabe sollte auch ohne eingebaute Flow-Garantie nicht unterschätzt werden. Sie ist in jedem menschlichen Wesen angelegt, verkümmert jedoch leider oft wie ein ungenutzter Muskel.

Es muss ja nicht jeden Tag ein fetter Flow sein. Aber wie sieht es mit der kleinen Dosis aus? Alle zwölf Minuten unserer wachen Zeit nehmen wir Kontakt mit dem eigenen Handy auf. Wie wäre es, ebenso oft Kontakt zum eigenen Leben aufzunehmen? Einfach mal vorbeizuschauen im gegenwärtigen Moment? Kommen wir noch einmal auf Chronos und Kairos zurück. Chronos ist der Gott unserer modernen »Uhrenzeiten«. Kairos steht fürs Jetzt. Und bin ich dafür nicht aufmerksam, sehe ich ihn nicht heraneilen, spüre nicht, wie seine Flügel die Luft streicheln und packe die Gelegenheit nicht beim Schopf. Ist er erst einmal vorbeigerauscht, erinnert nur noch der kahle Hinterkopf an die verpasste Chance.

# Wo findet mein Herz Freude?

Wohin schicken Sie Ihr Herz auf der Suche nach Freude? Wann und wo fühlen Sie sich leicht, unbeschwert und wohl? Von wem oder was ist diese Freude abhängig? Welche Hürden, Irrwege und Hindernisse gilt es auf der Suche nach Freude zu überwinden? Was hilft auf dem Weg? Ist Freude möglich, ohne dass etwas Erfreuliches geschieht? Und was ist überhaupt Freude?

Freude deckt eine bunte Gefühlspalette ab: Da gibt es u. a. Erleichterung, dass ein als unangenehm empfundener Zustand beendet ist, die unterschiedlichsten Sinnesfreuden, Erfolgsgefühle, Schadenfreude, pures Glück, kichernde Vergnügtheit, Belustigung, Erregung, schiere Ekstase, stille Zufriedenheit, Ergriffenheit, wortloses Staunen, reinen Jubel, tiefe Dankbarkeit und lebhafte Mitfreude.

## Freude als Allheilmittel

Schöpfen wir aus dem Reservoir der Freude, gewinnen wir Energie und Lebenskraft. Wir werden stark, tatkräftig und können auch mit Krisen und Herausforderungen besser umgehen. Erledigen wir etwas mit Freude, geht es uns leicht von der Hand. Lernen wir mit Freude, können wir uns konzentrieren und das Gelernte bleibt müheloser in Erinnerung. Wer sich viel freut, verbessert den Herzrhythmus und verringert das Infarktrisiko. Das Immunsystem wehrt entzündliche Prozesse besser ab.

Freude ist ein heilsamer und wünschenswerter Zustand. Gefühle wie Niedergeschlagenheit und Trübsinn gelten in vielen Weltreligionen als Anzeichen spiritueller Verwirrung oder werden gar als sündhaft betrachtet. So verbindet die mittelalterliche Mystik die Traurigkeit mit der »Trägheit des Herzens«. Der Name »Evangelium« stammt aus dem Altgriechischen und bedeutet »Frohe Botschaft«. Franz von Assisi sah in innerer und äußerer Heiterkeit des Geistes den besten Schutz vor Dämonen.

Sein Namensvetter Papst Franziskus, wird berichtet, soll an der Eingangstür seiner kleinen Wohnung im vatikanischen Pilgerheim ein Schild mit der Aufschrift »Jammern verboten« angebracht haben. Und Weihnachten 2015 kritisierte er die »Krankheit des Beerdigungsgesichtes«. Mürrisch und finster dreinzublicken sei steriler Pessimismus und ein Zeichen von Angst und Unsicherheit. »Lasst uns also nicht den Geist der Freude verlieren«, forderte er die Kurie auf, »voll Humor und Selbstironie; er macht uns liebenswert, auch in schwierigen Situationen.«

Der Mystiker Rumi antwortete auf die Frage, was den Sufismus ausmache: »Freude finden im Herzen, wenn die Zeit des Kummers kommt.« Freude wird als Grundbedingung für das Erkennen der Wahrheit betrachtet. »Nirgendwo in der gesamten Menschheitsgeschichte gibt es wirkliche, lebendige Spiritualität ohne Freude. Wo der Mensch die Freude nicht zulässt, da ist auch der Geist Gottes nicht lebendig.« (Kopp 2004, S. 123/4) Im Buddhismus, dieser »gottlosen« Religion, gilt Freude neben Freundlichkeit, Mitgefühl und Gleichmut als einer der vier himmlischen Verweilzustände und Ausdruck höchster Weisheit. Auch hier geht es darum, die Krankheit des Beerdigungsgesichts zu überwinden, wie die folgende Zen-Geschichte demonstriert: Ein älterer Mönch will von seinem

Zen-Meister wissen, warum ihm bisher Erleuchtung nicht zuteilwurde. Er habe jahrelang gefastet, sich dem Zölibat unterworfen, sich kasteit und gelitten. »Ich habe alles aufgegeben«, klagt er, »jede Gier, jede Freude, jedes Streben fallengelassen. Was soll ich jetzt noch tun?« Das Leiden aufgeben, erwiderte der Zen-Meister.

## Wie Freude finden?

Doch Leiden aufzugeben ist leichter gesagt als getan. Nur weil wir das Herz auf die Suche nach Freude schicken, heißt das noch lange nicht, dass es auch fündig wird. Unser Herz verläuft sich, verfolgt trügerische Fährten, gerät in Gefangenschaft, trifft falsche Freunde und fällt auf Trickbetrüger und Scharlatane herein.

Um sich überhaupt auf Freude ausrichten zu können, müssen menschliche Grundbedürfnisse wie Nahrung, Sicherheit und Freiheit erfüllt sein. Wer sich nachts beim Einschlafen vor Bombenhagel, willkürlicher Verhaftung oder heranrückenden Feinden fürchten muss, lebt in einem Klima ständiger Angst und wird wenige Glücksmomente erleben. So geht es auch allen, die sich tagtäglich darum sorgen, sich und die Familie satt zu bekommen, oder denjenigen, die nicht vor Nässe, Kälte und Hitze geschützt sind. Grundvoraussetzung für Freude ist also ein gewisses Maß materieller Sicherheit.

Mit dem Beginn des Industriezeitalters rückte in den westlichen Gesellschaften auch das Versprechen von Wohlstand für alle in Reichweite. »Leben erst alle in Reichtum und Komfort, dann, so nahm man an, werde jedermann schrankenlos glücklich sein«, analysierte Fromm. (Fromm 1976, S. 12) Dass sich diese Verheißung nie erfüllt hat, liegt auch am Irrglauben, Glück und Freude resultierten aus der uneingeschränkten Befriedigung aller materiellen Wünsche.

## *Macht Geld glücklich?*

Weshalb wir uns nun der der Frage zuwenden, inwieweit Geld glücklich macht. Oder genauer: Macht Geld Sie glücklich? Diese Frage mit der Begründung zu verneinen, nur Immaterielles erwärme das Herz, wäre ebenso naiv wie die Annahme, ein fetter Lottogewinn führe zu Glück und Zufriedenheit bis ans Ende aller Tage. Eine Studie von Smith, Langa, Kabeto & Ubel aus dem Jahr 2005 weist nach: Menschen mit mehr Geld leben länger und gesünder, sie ernähren sich besser und erhalten bessere medizinische Versorgung, empfinden ihre Arbeit als sinnvoller, verfügen über einen materiellen »Sorgenpuffer«, mehr Freizeit, die sie mit Familie und Freunden verbringen können, und generell mehr Freiräume in der Gestaltung ihrer täglichen Aktivitäten. Ihr Tisch ist mit sämtlichen Zutaten, die ein zufriedenes Leben ausmachen, überreichlich gedeckt. Und trotzdem sind sie nach dem aktuellen Stand der Glücksforschung nicht so viel zufriedener als die, die weniger haben.

Millionäre geben im Schnitt an, glücklicher zu sein als Menschen, die bloß gut verdienen. Vergleicht man diese Diskrepanz allerdings mit der zwischen Gut- und Geringverdienern, dann erscheint sie vernachlässigenswert. Wer in Deutschland über ein unterdurchschnittliches Einkommen verfügt, erfährt bei einer Verdopplung desselben einen starken Glückzuwachs. Ab dem doppelten Jahresgehalts eines Durchschnittsverdieners steigt das Glücksempfinden nicht mehr parallel mit der Einkommenserhöhung. »Seit 1949 haben sich die Reallöhne beispielweise in den Vereinigten Staaten verdoppelt, während die Anzahl der Menschen, die sich als ›sehr glücklich‹ bezeichnen, nicht nur nicht gestiegen, sondern sogar leicht zurückgegangen ist«, stellt Matthieu Ricard fest (Ricard 2007, S. 244). Geld macht also umso glücklicher, je weniger man vorher davon hatte, und ab einem gewissen Level spielt es keine Rolle mehr, weil der Mensch dazu neigt, sich an den einmal erreichten Lebensstandard rasch zu gewöhnen und ihn dann als Selbstverständlichkeit und nicht mehr als eine Quelle der Freude begreift.

Glücklich der Schwerreiche, dem dann ein orientalischer Eulenspiegel hilft, wieder glücklich zu sein. Der arme Reiche aus dieser Mullah-Nasrudin-Geschichte hatte auf der Suche nach Freude schon viel ausprobiert, diverse Heilige, Weise, Wahrsager und Gurus aufgesucht, doch kein einziges Mal gespürt, was Freude ist. Schließlich riet ihm jemand, Mullah Nasrudin um Rat zu fragen. Mit einem Beutel seiner kostbarsten Diamanten machte er sich auf den Weg und fand Mullah unter einem Baum sitzend. »Ich bin ein sehr unglücklicher Mann«, sagte er, »auf der Suche nach der Freude. Dafür würde ich alles geben. Kannst du mir helfen?« Schweigend besah Mullah sich den Mann, sprang plötzlich auf, schnappte sich dessen Beutel und rannte davon. Der Bestohlene lief ihm jammernd und schreiend hinterher. Tränen der Verzweiflung flossen ihm übers Gesicht. Schließlich kehrte er nach Stunden vergeblicher Verfolgung erschöpft und verzweifelt zu der Stelle zurück, an der er beraubt worden war. Dort lag neben dem Baum sein Beutel. Bei dessen Anblick jauchzte der Reiche, führte einen Freudentanz auf und weinte Tränen der Freude. Da kam der freundliche Dieb hinter dem Baum hervor und rief: »Verrückt, was bei manchen Menschen nötig ist, damit sie Freude finden.«

Das nach Freude ausgeschickte Herz wird blind für die Freuden im eigenen Haus. Den eigenen Besitz mit dem anderer zu vergleichen, ist ein ebenso zuverlässiger Freudeverhinderungsmechanismus. Sich mit anderen zu messen, sorgt oftmals für Unzufriedenheit, da wir die beneiden, die besser abschneiden, und die fürchten, die weniger haben. Dennoch zeigen Studien, dass sich die meisten Menschen am wohlsten fühlen, wenn sie ein bisschen mehr haben als die Nachbarn. Da nicht jeder mehr als der andere haben kann, wird das allgemeine Glücksversprechen niemals eingelöst. Mitunter treibt der direkte Vergleich auch seltsame Blüten. Stellt man Menschen in Experimenten vor die Wahl, für eine Summe x bei einer Firma zu arbeiten, in der alle Kollegen deutlich mehr als x erhalten, oder aber für deutlich weniger als x in einem anderen Unternehmen zu arbeiten, in der alle anderen noch einmal weniger verdienen, dann entscheiden sich die Probanden mehrheitlich für Option zwei, auch wenn sie dadurch objektiv schlechter wegkommen. Ähnliches zeigt sich am sinkenden Glücksniveau der Ostdeutschen nach dem Mauerfall, obwohl dort seit 1990 der Lebensstandard deutlich anstieg. Mit der Wiedervereinigung verglichen sich die Bürger der ehemaligen DDR nicht mehr mit den anderen Ostblock-Staaten, sondern mit Westdeutschland. Mindert sich Ihre Freude am heimischen Rasen, wenn das Gras auf der anderen Seite des Zaunes grüner erscheint?

*Fair verteilt*

Doch der Sinn für einen gewissen Grad an gerechter Verteilung ist ein Wesenszug, über den sogar Primaten verfügen. Man denke nur an das bekannte Video, in dem ein Kapuzineräffchen ein als Belohnung erhaltenes Gurkenstück wieder aus dem Käfig wirft, da ein Nachbaraffe für die gleiche »Arbeit« eine Traube erhalten hatte. Dieser interessante Effekt zeigt sich auch auf volkswirtschaftlicher Ebene. Betrachtet man die Länder mit den zufriedensten Einwohnern, so fällt auf, dass die Plätze ganz oben zwar von wohlhabenden Staaten belegt werden (meist haben die Skandinavier die Nase vorn), aber nicht von den extrem reichen Ländern. Die USA zum Beispiel liegen in der Zufriedenheitsliste deutlich weiter hinten, als der rein finanzielle Wohlstand vermuten ließe. Wie zufrieden die Menschen sind, hängt neben dem absoluten Wohlstandslevel vor allem von der Fairness der Wohlstandsverteilung ab. Klafft zwischen Arm und Reich eine große Lücke, ist der Glückslevel generell niedriger als in egalitäreren Staaten. Profitiert vom Wirtschaftswachstum nur ein kleiner Teil der Bevölkerung, steigt im Mittel zwar der Wohlstand, nicht aber das Wohlbefinden.

*Freudloses Vergnügen*

Auf der Suche nach Freude steht das Herz zwangsläufig irgendwann auch vor dem Vergnügen. Wie die böse Hexe, die im Märchen in die Gestalt der schönen Prinzessin schlüpft, leiht sich das schale Vergnügen die bunten Kleider der Freude. Ein hinduistisches Sprichwort nennt Vergnügen den Schatten der Freude, und im Buddhismus spricht man vom falschen

Freund der Freude, weil die beiden so leicht zu verwechseln sind. Dilgo Khyentse Rinpoche verglich den Glauben, Glück in Vergnügungen zu finden, mit dem Versuch eines Kindes, den Regenbogen einzufangen und als Mantel zu tragen. Viktor Frankl weist Ende der 70er Jahre darauf hin, »dass unter den Besuchern des berühmten Wiener Praters, also eines Vergnügungsparks, der objektivierte Pegel existentieller Frustration signifikant höher war als in der Wiener Durchschnittsbevölkerung«. (Frankl 1978, S. 18)

Erich Fromm differenziert in *Haben oder Sein* zwischen Vergnügen und Freude. »Der Unterschied ist nicht leicht zu verstehen, da wir in einer Welt ›freudlosen Vergnügens‹ leben.« (Fromm 1976, S. 116) Vergnügen definiert er als die Befriedigung eines Verlangens, Freude ist ein Zustand, der sich durch die Abwesenheit von Leid auszeichnet. Gesellschaftlicher Erfolg, Reichtum, durch Alkohol oder Drogen hervorgerufene euphorische Zustände oder die Befriedigung sadistischer Gelüste, all dies kann Vergnügen bereiten, einen Nervenkitzel hervorrufen, aber erfüllt den Menschen nicht mit Freude. »Die Freudlosigkeit seines Lebens zwingt ihn im Gegenteil, immer wieder nach neuen und noch aufregenderen Vergnügungen zu suchen« (Fromm 1976, S. 117), wie jemand, der Durst verspürt und nur Salzwasser zu trinken bekommt.

### Kauffreude?

In den westlichen Gesellschaften herrscht seit Jahrzehnten eine Art Glückskonsens, der besagt, dass das Individuum glücklich und freudvoll zu sein hat. Wer das nicht von sich behaupten kann oder will, gilt als Versager. Fromm wies in zahlreichen Interviews darauf hin, dass die meisten Menschen deshalb zwar beteuern, glücklich zu sein, es in Wahrheit jedoch nur selten sind. Wer den Sinn des Lebens im Konsumieren immer neuer Waren sieht, empfindet Glücksgefühle nur dann, wenn er bekommt, was er begehrt. Sicher haben auch Sie schon den liebevollen Rat wohlmeinender Freundinnen erhalten, shoppen zu gehen und sich etwas Schönes zu gönnen, wenn Sie sich niedergeschlagen oder traurig fühlten. Hat Sie dieser Einkauf glücklich gemacht? Wie lange hielt das Gefühl der Freude an?

Etwas nicht Käufliches zu genießen, erscheint kaum mehr vorstellbar. Amazon, Zalando, Eventim & Co. fungieren als moderne Glücksfeen, die unser aller Wünsche wahr werden lassen. Menschen, die Freude gekauft haben, ordern auch gern Begeisterung, Entzücken und Frohsinn, garantiert innerhalb von 24 Stunden, inklusive unbegrenzter Umtauschgarantie. Sie suggerieren: Kein Kauf, keine Freude. »Die Dinge die du besitzt, werden letztendlich dich besitzen«, warnte in guter alter frommscher Manier Tyler Durden im Film »Fightclub«.

### Wunschlos glücklich

Was geschähe, wenn wir alle plötzlich wunschlos glücklich wären? Der »Yogaphilosoph« Eberhard Bärr erzählt dazu folgende Geschichte: Unzufrieden mit der Schöpfung, beklagten sich die Menschen bei Gott. »Du hast uns erschaffen und diese Welt gegeben, gib uns nun auch die Kraft, dass wir alles bekommen können, was wir möchten. Warum gibt es da immer wieder Einschränkungen?«, wollten sie wissen, und Gott antwortete: »Gut, ich hebe alle Einschränkungen auf, ihr könnt alles bekommen, alles, was ihr wollt, aber nur unter der Bedingung, dass ihr mit glücklichem Herzen danach fragt.« (Bärr 2001, S. 175) Wonach würden Sie mit glücklichem Herzen fragen?

## Der totale Konsument

Unser Wirtschaftssystem weckt ständig neue Bedürfnisse und lebt von permanenten Mangelgefühlen. Ohne diese tragende Säule bräche es zusammen. So verwundert es auch nicht, dass Daten über Konsumenten inzwischen zur wertvollsten Ware schlechthin mutieren. Auch diese Entwicklung hat Fromm bereits in den 60er Jahren vorausgesehen. »Aber die Industrie verlässt sich in ihrem Streben nach steigender Priorität nicht so sehr auf die Bedürfnisse und Wünsche des Verbrauchers als auf seine Beeinflussung durch die Werbung, welche die wichtigste Offensive gegen das Recht des Verbrauchers darstellt, selbst zu wissen, was er braucht«, schrieb er und führte als Beleg die damals unglaubliche Summe von 16,5 Milliarden Dollar an, die im Jahr 1966 in den Vereinigten Staaten für Direktwerbung ausgegeben wurde. (Fromm 1980, S. 42)

»Eine relativ kleine Zahl von Mammutunternehmen ist zum Zentrum der Wirtschaftsmaschinerie geworden und wird sie in absehbarer Zeit völlig beherrschen«, prophezeite er vor einem halben Jahrhundert (Fromm 1980, S. 33). Auch wenn die Geschäftsmodelle von Firmen wie Google oder Facebook außerhalb seines Vorstellungsvermögen lagen, hat sich seine Vorhersage mehr als erfüllt. Die US-amerikanischen Internet-Giganten bestimmen nicht nur den Alltag und das Konsumverhalten in den Vereinigten Staaten, sondern drücken als Global Player der gesamten Menschheit ihren Stempel auf. Sie stellen nichts her, leben von den Daten und erzielen ihre

Erträge aus Werbeeinnahmen. Die Konsumgewohnheiten ihrer weltweiten Nutzer kennen sie besser als diese selbst. Gleichzeitig tarnen sie sich als karikative soziale Netzwerke, die ihren Service kostenfrei zur Verfügung stellen. Ihr Geschäftsmodell ist nicht das Wohl der Menschheit, sondern das Sammeln von Daten und die Anhäufung von Gewinnen.

Fromm fragte schon damals nach der Wirkung dieser Art von Organisation auf den Menschen und lieferte die Antwort gleich mit. »Sie verwandelt ihn in den *homo consumens*, in den totalen Konsumenten, dessen einziges Ziel es ist, immer mehr zu haben und zu benutzen. ... Er ist der ewige Säugling, der ohne innere Aktivität alles in sich aufnimmt, was ihm die seine Langeweile vertreibende (und Langeweile erzeugende) Industrie gerade aufnötigt.« (Fromm 1980, S. 43) Doch die Langeweile bleibt, auch wenn sie den Betreffenden nicht bewusst ist.

»Sie versuchen, unseren Geist zu stehlen« (Ricard 2009, S. 71), sagte ein tibetischer Freund Matthieu Ricards beim Anblick blinkender Leuchtreklametafeln in New York. Einen anderen Tibeter, Yongey Mingyur Rinpoche, überraschte es am meisten, »dass das Leiden von Leuten, die an Orten leben, wo materielle Bequemlichkeiten in großem Ausmaß verfügbar sind, eine ebensolche Tiefe annimmt, wie ich sie bei jenen erlebte, die in materiell weniger entwickelten Regionen zu Hause sind«. (Mingyur 2007, S. 179) Er vertritt die These, dass gerade ein Übermaß an materiellen Dingen und Möglichkeiten für ein Zuviel an äußerlichen Ablenkungen sorgt, sodass die Menschen durch die andauernde Reizüberflutung den Kontakt zu ihrem Innenleben verlieren.

Erich Fromm starb 1980, sodass er weder die Entwicklung des Internets noch die Ausbreitung der Smartphones miterlebte, doch die pathogenen Auswirkungen der technologischen Gesellschaft auf den Menschen sah er bereits 1966 voraus: »das Verschwinden der privaten Sphäre und des persönlichen menschlichen Kontakts«.

## *Erleben statt Besitzen?*

Aber, könnte man nun vielleicht einwerfen, im Vergleich zum letzten Jahrhundert sind sozialer Status und der Besitz gewisser Gegenstände nicht mehr so eng miteinander verknüpft. Mein Haus, mein Auto und meine Yacht verlieren an Strahlkraft. Dafür wird Erleben als das neue Besitzen gepriesen. Laut einer US-Marktforschungsstudie würden Dreiviertel der 18- bis 34-Jährigen lieber Geld für ein Erlebnis als für ein Ding ausgeben. Je mehr die Befragten verdienten, desto intensiver war ihr Wunsch nach »echten« Erlebnissen. Wissenschaftler haben nachgewiesen, dass sich der Mensch daran – anders als beim Kauf eines Dinges – weit länger erfreuen kann. Hat unsere Gesellschaft nun das freudlose Vergnügen des Habens gegen die vergnügliche Freude des Seins eingetauscht?

Doch bei näherer Betrachtung drängt sich eine ganz andere Sicht auf: Die frommschen »Mammutunternehmen« verwandeln einfach das Erlebnis in ein Ding. Da lässt sich dann das dänische Glücksgeheimnis »Hygge« – ein schwer zu übersetzender Begriff, der genauso Gemütlichkeit ausdrückt wie freundschaftliche Verbundenheit – in Form von weichen Decken und anderen »skandinavisch« anmutenden Gebrauchsartikeln in gedeckten Farben als Sonderangebot bei Aldi kaufen. Sogenannte Eventagenturen verkaufen Erlebnisgutscheine mit Bestpreis-Garantie für Übernachtungen im exklusiven Autokinozimmer, Dinner im Bergwerk, Wildnis-Survival-Kurse oder ein Stuntman-Workshop-Wochenende.

Sie bewerben diese Rundum-Sorglos-Ereignisse mit dem Versprechen perfekter und unvergesslicher Momente. Damit die Momente wirklich unvergesslich bleiben, kann man in den USA inzwischen am schönsten aller schönen Tage auch die passende Brautjungfer mieten, die das perfekte Lachen für den Hochzeitsfotografen drauf hat und so der Braut nervenzehrende Wiederholungen erspart. Diese makellosen Bilder teilt man dann in den sozialen Medien, was den Druck steigen lässt, das weitere Leben mit noch mehr medientauglichen Erlebnissen zu füllen.

Die sogenannte Sharing-Ökonomie gaukelt uns die Freuden des Teilens vor, während Shareholder Milliardengewinne an der Börse einstreichen. Mit dem aus Barmherzigkeit geteilten Mantel des heiligen Martin haben Uber, Airbnb & Co. nichts am Hut, auch wenn sie sich gern mit dessen Federn schmücken. Der US-amerikanische Netzkritiker Adam Greenfield sieht die Entwicklung des World Wide Web letztlich auf ein einziges Ziel zustreben: Das Alltagsleben der Nutzer weitmöglichst zu gestalten, zu kontrollieren und zu monetarisieren. (SZ, 23. Juli 2017)

## Freudekiller

Doch es sind nicht nur technische, wirtschaftliche und gesellschaftliche Entwicklungen und der »böse« Kapitalismus, die das rare Gut wirklicher Freude noch weiter verknappen, sodass die Suche danach an die berühmte Stecknadel im Heuhaufen erinnert. Wir finden auch ohne kommerzielle Unterstützung Mittel und Wege, freudvolle Gefühle zu unterdrücken, nicht zu bemerken oder gar nicht erst aufkommen zu lassen. Die größten Freudekiller haben wir bereits ausführlich

untersucht: bedauern, dass angenehme Gefühle vorüberge-
hen, der Wunsch nach mehr davon und die Tendenz, festzuhalten gehören zu den klassischen Methoden. Damit ist das
Reservoir aber lange noch nicht erschöpft.

Wer hat noch nie in dem Moment, als das zarte Pflänzchen
der Freude gerade zu sprießen begann, die warnende innere
Stimme des »Freu dich nicht zu früh« vernommen? Was geschieht mit zu früh gefreuter Freude? Gibt es eine Art virtuelles Freudenkonto, auf dem Ausgleichskummer droht, falls wir
uns zu früh oder aus den falschen Gründen gefreut haben?
Kann einmal empfundene Freude durch einen späteren Moment der Enttäuschung sich nachträglich in etwas Gefähr-
liches oder Schädliches verwandeln?

### Verlust der Vorfreude

Wann konnten Sie das letzte Mal vor freudiger Aufregung
nicht schlafen? Die Professoren Dunn, Gilbert und Wilson
bezeichnen in einer Meta-Studie zum Verhältnis von Freude
und Geld die Vorfreude als eine Quelle kostenfreien Glücks.
In unserer Instant-Gesellschaft ist diese jedoch zunehmend
am Versiegen. Filme, Musiktitel, Bücher stehen jederzeit und
in unbegrenztem Umfang zum Herunterladen bereit. Ich
habe nie vergessen, wie ein älterer Herr meinem vielleicht
zehnjährigen Sohn erzählte, wie sehr er ihn bedaure, weil er
stets an Schokolade herankomme. Als er so alt war wie mein
Sohn, gab es eine einzige Tafel zu Weihnachten, auf die er
sich ein ganzes Jahr freute. Erinnern Sie sich noch an die Zeit
vor Weihnachten, als Sie zehn waren und einen Wunschzettel
vor die Tür legten? SOFORT tarnt sich als Glücksversprechen und liefert das Gegenteil. Wir regredieren zum Säugling,

sind nicht mehr bereit zu warten, und wenn der Paketbote zwei Stunden zu spät kommt, tragen wir ein Trauma davon.

Dabei zeigt die Forschung, dass sich ein Ereignis in der Zukunft vorzustellen große Freude bereitet. Dieses Gefühl wird auch nicht getrübt, wenn sich seine Ursache später als nicht ganz so prickelnd wie ausgemalt herausstellt. Vorfreude bereitet manchmal mehr Freude als das tatsächliche Ereignis, weil sie von der Realität völlig unbefleckt ist. So verwundert es auch nicht, dass Menschen, die sich Zeit für Vorfreude nehmen, generell glücklicher sind. Vorfreude macht auch glücklicher als »Nachfreude«, wie eine weitere Studie herausfand, in der sich Studenten entweder auf ihre Ferien freuten oder sich an diese erinnerten.

Betrachte ich meine persönliche Erfahrung mit Vorfreude, komme ich zu erstaunlichen Ergebnissen. So gestehe ich mir beispielsweise Vorfreude auf einen Urlaub durchaus zu. Ich genieße sie, ohne dabei die Gegenwart wegzuwünschen. Urlaubsvorfreude mindert auch nicht meine Urlaubsfreuden. Geht es dagegen um positive berufliche Aussichten, bekommt mein Geist, malt er sich freudige Ereignisse aus, wie ein vorwitziges Kind sofort einen Lass-das-Klaps auf die Finger. Welche Vorfreude gestatten Sie sich und welche belegen Sie mit einem Tabu?

### Automatische Freudehemmungen

Dürfen wir uns angesichts des Elends auf der Welt überhaupt freuen? Ist es nicht selbstsüchtig, fröhlich zu sein, während überall Kinder verhungern, Flüchtende im Meer ertrinken und Krieg, Terror oder Umweltkatastrophen ihre Schrecken verbreiten? Wir glauben dann, es sei unmoralisch, sich zu freuen und bauen eine Art automatische Freudehemmung in uns auf. Doch: »Niemandem ist geholfen, wenn wir unsere Freude aufgeben«, meint der südafrikanische Erzbischof Tutu. »Schenken wir der Welt unsere Liebe, unser Mithilfe und unseren Trost, aber schenken wir ihr ebenso unsere Freude. Denn auch sie ist ein großartiges Geschenk.« (Dalai Lama, Tutu, Abrams 2016, S. 289)

Jede Art von Freude fühlt sich ambivalent an, wenn wir uns davor fürchten. Das kann aus Angst vor Rührung und Ergriffenheit geschehen, die wir dann unverzüglich mit Sarkasmus und Nüchternheit zupflastern. Der feste Glaube, dass ein Moment der Freude unweigerlich etwas Unangenehmes, Trauriges oder Schmerzhaftes nach sich zieht, ist ebenfalls weit verbreitet. Meist haben wir als Kind einmal eine derartige Erfahrung gemacht und geben uns dann dem unbewussten Glauben hin, dass es unsere Freude war, die das davon völlig unabhängige niederschmetternde Ereignis ausgelöst hat. So entwerten und verkleinern wir sicherheitshalber viele freudvolle Anlässe. Auch Vorurteile und Bewertungen bremsen das Freudewachstum. Haltungen wie Missgunst, Neid, Eifersucht und Geiz lassen höchstens noch das giftige Pflänzchen der Schadenfreude neben sich wuchern.

## Das Glück ist immer schon da

Wie aber das Herz auf Freude ausrichten? Wie aussteigen aus der hedonistischen Tretmühle? »Freude und Glück lassen sich nicht erlangen, indem man eigenen Zielen und Erfolgen nachläuft. Auch in Reichtum und Ruhm sind sie nicht zu finden, sondern nur im Geist und im Herzen des Menschen, und wir hoffen, dass jeder dort Freude und Glück findet«, schreiben Tenzin Gyatso, Seine Heiligkeit der Dalai Lama, und der emeritierte Erzbischof von Kapstadt Desmond Tutu. (Dalai Lama, Tutu, Abrams 2016, S. 10) Die fruchtlose Suche nach Freude und Glück im Außen wird weltweit in vielen Märchen und Mythen beschrieben. So sagen die Tibeter, die Hoffnung, dort Freude zu finden, sei wie in einer nach Norden ausgerichteten Höhle auf die Sonne zu warten. Eine andere Geschichte, wahlweise als Sufi- oder Hindu-Legende erzählt, betont den Aspekt der menschlichen Überheblichkeit und Unwissenheit.

Früher, als die Menschen noch Götter waren, missbrauchten sie ihr göttliches Licht. Das missfiel Brahma, dem Weltenerschaffer, und er berief einen Götterrat ein, um für das göttliche Licht ein unauffindbares Versteck zu finden.

Die jungen Götter schlugen vor, es ganz tief in der Erde zu vergraben, aber Brahma war sich klar darüber, dass der menschliche Forschergeist keine Grenzen kannte. Auch die Tiefen des Ozeans und nicht einmal der Mond erschienen ihm sicher genug. Die jungen Götter wussten keinen Rat mehr. Schließlich dachte Brahma lange nach, bis ihm die Lösung einfiel: »Das einzig sichere Versteck für das göttliche Licht ist das Herz der Menschen. Dort werden sie nicht einmal im Traum danach suchen.« In der Sufi-Geschichte übernehmen die Rolle der jungen Götter die Erzengel Michael, Gabriel und der Prophet Ezekiel, die den Schlüssel zum Himmel verstecken wollen. Auch dieser landet letztendlich im Herzen der Menschen. Und ihr Gott befürwortete das Versteck mit dem Hinweis, dass die Menschen, falls sie den Schlüssel dort fänden, ihn dann auch benutzen dürften.

Ein Märchen aus der jüdischen Tradition handelt von einem alten armen Gelehrten, der eines Nachts träumte, dass er in eine weit entfernte Stadt reisen sollte, weil dort unter einer Brücke ein Schatz auf ihn warte. Und weil er diesen Traum immer wieder träumte, machte er sich eines Tages auf den Weg dorthin. Rat- und planlos stand er schließlich vor der Brücke und wusste nicht, wie oder wo er graben sollte. Plötzlich kam ein Wachmann auf ihn zu und fragte ihn skeptisch, was er hier zu suchen habe. Als ihm der Gelehrte die Geschichte seines Traumes erzählte, lachte der Wachmann ihn aus. »Wer glaubt denn an Träume? Seit Wochen träume ich, dass ich in einem Dorf am Ende der Welt unter dem Ofen eines armen Juden graben soll, weil dort ein Schatz vergraben sei.« Der Gelehrte bedankte sich freundlich, kehrte in sein Dorf am Ende der Welt zurück, räumte die Steine unter seinem Ofen beiseite und barg seinen Schatz.

Und der Buddha erzählte ebenfalls von einem sehr armen Mann, der glaubte, in einer heruntergekommenen Hütte zu leben. Er ahnte nicht, dass in deren Wänden und Boden Unmengen kostbarster Edelsteine steckten. Tag für Tag hungerte und durstete er, im Winter fror er und im Sommer litt er unter der unerträglichen Hitze. Erst als ein Freund ihn darauf hinwies, dass er doch reich sei und sein ganzes Haus mit den wunderschönsten Juwelen gespickt sei, wurde der Mann stutzig. Schließlich kratzte er einen der Steine aus der Wand und brachte ihn zu einem Händler in die Stadt. Zu seiner Überraschung zahlte dieser ihm einen guten Preis. Davon kaufte er sich ein neues Haus, nahm alle Smaragde, Saphire, Rubine und Diamanten mit und führte fortan ein komfortables Leben.

Alle Geschichten weisen darauf hin, dass unser Herz einen Schatz in sich trägt und es des Ausgehens gar nicht bedarf. Die buddhistische Nonne Ayya Khema unterschied vier Ebenen des Glücks, die helfen, den eigenen Umgang mit Freude einmal systematisch zu untersuchen. Diese vier Arten des Glücks entsprechen einer schrittweisen Erweiterung und Vertiefung der Beziehung zu uns selbst, zu den anderen, zum Leben und zum Rest der Welt.

## Sinnesfreuden

Sinnesfreuden bilden die erste Ebene. Und nein, es geht nicht darum, diese zu verteufeln. An Sinnesfreuden gibt es nichts auszusetzen. Nicht sie erschweren uns das Leben, sondern unser Umgang damit. Wer sie als einzige Glücksquelle nutzt, macht sich davon abhängig. Ein Stück Kuchen kann, darf und soll Freude bereiten. Genuss ist erlaubt und erwünscht und geht nicht nebenbei. Und doch: Ein Stück Kuchen ist ein Stück Kuchen ist ein Stück Kuchen. Es löst meine Probleme nicht, wenn ich mich einsam, unsicher oder traurig fühle. Der Genuss des Kuchens ist flüchtig. Kuchen macht nicht objektiv glücklich. Kuchen ist reine Geschmackssache. Es soll Menschen geben, die keinen Kuchen mögen, und zehn Stück davon machen auch die größte Kuchenfreundin unglücklich. Freude ist keine im Kuchen verbackene Zutat, die bei Verzehr ihre Wirkung in unserem Magen entfaltet. Ein Stück Kuchen kann die Freude in mir ein bisschen anstupsen, sodass sie sich zu zeigen wagt. Alle Sinnestore bieten diese Chancen und Risiken und sind auf den äußeren Reiz angewiesen. Ohne den herrlichen Klang, den köstlichen Duft oder exotischen Geschmack gibt es im Herzen keine Resonanz. Sich Genuss zu versagen löst das Problem nicht, sondern verstärkt es, meint Eberhard Bärr und rät zum Maßhalten. »Wenn du lernst, die Freude mit wenig zu bekommen, dann ist die Freude intensiver. Sonst verhätschelst du deine Sinnesorgane, wie manchmal Kinder verhätschelt werden. Solche Kinder müssen alles sofort haben, sonst schreien sie.« (Bärr 2001, S. 171)

Die alltäglichsten Freuden liegen in der Erleichterung, dass sich ein als unangenehm empfundener Zustand ändert. Haben wir Durst, erfüllt uns ein Glas Wasser mit Freude. Sammelt sich der Inhalt mehrerer Gläser in unserer Blase an, verspricht deren Entleerung Erleichterung. Sind wir den ganzen Tag herumgerannt, freuen wir uns, einfach die Beine hochzulegen. Und wer von morgens bis abends am Bildschirm hockt, sehnt sich nach Bewegung. Nichts davon erfreut auf Dauer, der Freude-Effekt liegt im Wechsel.

Sinneserfahrungen »werden zum Ausgangspunkt für das Glück des offenen Herzens, wenn wir daran denken, dass wir schöne Erfahrungen häufig anderen verdanken«, schreibt Sylvia Wetzel. (Wetzel 2013, S. 143) Dankbarkeit als Pflicht-übung im Sinne von »Jetzt sag der Oma brav danke für das schöne Geschenk« ist hier nicht gemeint. Aber Dankbarkeit ist ein wunderbarer Weg, Sinnesfreuden zu verlängern. Und dankbaren Menschen wird niemals langweilig. Stellen Sie sich vor, bevor Sie in einen Apfel beißen, aller Wesen zu gedenken, denen Sie den kommenden Genuss verdanken: Obsthändlern, Großmarktarbeitern, LKW-Fahrern, Obst-pflückern, Obstbauern, deren Vorfahren, Bienen, Hummeln und anderen Insekten. Die Liste ließe sich beliebig erweitern. Wahrscheinlich würden Sie mit dem Apfel in der Hand verhungern, nähmen Sie die Aufgabe tatsächlich beim Wort.

### Verbundenheitsfreuden

Verbundenheitsfreuden sind langlebiger als reiner Sinnes-genuss. Wir brauchen das Herz dafür nicht vor die Tür zu schicken, sondern einfach nur zu öffnen. Dankbarkeit, Großzügigkeit, Vergebung, Geborgenheit und Mitfreude eignen sich als Schlüssel. Wann haben Sie einen dieser Schlüssel das letzte Mal gedreht? Sich mit anderen Menschen, Lebewesen, der ganzen Welt und dem Universum verbunden zu fühlen, lindert den Schmerz von Getrenntsein und Isolation.

Menschen sind die sozialsten Wesen auf unserem Planeten. Christopher Germer meint, dass den meisten Menschen gar nicht bewusst ist, »welche Rolle Verbundenheit in ihrem Leben spielt« (Germer 2010, S. 202), dabei macht bereits das kleine Gedankenexperiment mit dem Apfel klar, dass alle mit allem verbunden sind. Laut Dunn, Gilbert und Wilson gibt es nur drei andere Spezies (Termiten, eusoziale Insekten und Nacktmulle), die fähig sind, ähnlich komplexe Netzwerke zu knüpfen, doch die Menschheit ist die einzige, die auch Nicht-Verwandte in ihr Netzwerk einschließt. Die Wissenschaftler R. I. M. Dunbar und Susanne Shultz vermuten, dass dies ein Grund für die Verdreifachung unseres Gehirns innerhalb von nur zwei Millionen Jahren ist. Angesichts dieser Tatsache erstaunt es nicht, dass die Qualität unserer menschlichen Beziehungen einen bestimmenden Beitrag zu unserem Glückszustand leistet. Dunn, Gilbert und Wilson kommen deshalb zu dem Schluss, dass alles, was wir tun, um unsere Beziehungen mit anderen zu stärken – und dazu zählt auch, für andere Geld auszugeben –, dazu beiträgt, uns selbst Freude zu bereiten. Großzügigkeit ist in allen Weltreligionen von entscheidender Bedeutung, da sie unsere wechselseitige Abhängigkeit zeigt. »Sie ist eine der fünf Säulen im Islam, zakat genannt. Im Judentum heißt sie tzedakah, was wörtlich Gerechtigkeit bedeutet. Im Hinduismus und Buddhismus nennt man sie dana. Und im Christentum Barmherzigkeit«, schreibt Abrams. (Dalai Lama, Tutu, Abrams 2016, S. 279.) Wer also jemandem Geld, Zeit oder Aufmerksamkeit schenkt, ohne dafür eine

Gegenleistung zu erwarten, beschenkt sich selbst. Wie fühlt es sich an, zu teilen?

Ein weiterer Ableger der Verbundenheitsfreuden ist die Mitfreude. Da es um uns herum stets Menschen gibt, die sich über irgendetwas freuen, bräuchten wir eigentlich nichts anderes zu tun, als uns einfach mit ihnen zu freuen, und unsere Freude würde kein Ende kennen. Leider ist es nicht so einfach. Geteilte Freude ist doppelte Freude, sagt ein deutsches Sprichwort, und doch ist es »eine seltene und wunderbare Gabe, wirklich glücklich sein zu können, weil andere glücklich sind«, schreibt Sharon Salzberg. (Salzberg 2006, S. 132) Sie ist sogar der Ansicht, dass sich Freundlichkeit, Mitgefühl und Gleichmut leichter ausbilden lassen als Mitfreude. Der 1984 verstorbene Lama Thubten Yeshe empfahl Mitfreude als den Weg der Faulpelze zur Erleuchtung. Wem es gelänge, sich frei von Neid und Missgunst aus ganzem Herzen an der Freude anderer zu erfreuen, könne sich jahrelange Meditationsübungen sparen.

Wie reagieren Sie auf Freude und Glück anderer? Fällt es ihnen leicht, sich am Reichtum, der Schönheit, Beliebtheit, Intelligenz, Weisheit, Offenheit, Feinfühligkeit anderer zu erfreuen? Wovon ist Ihre Reaktion abhängig? Ob Sie die jeweilige Person mögen? Ob sie so lebt, wie Sie finden, dass sie leben sollte? Ob Sie gerade mit dem eigenen Leben zufrieden sind oder eher Mangel empfinden?

Ein offenes Herz, das nicht mehr jeder trügerischen Verlockung hinterherzulaufen braucht, bildet die solide Grundlage für die Freuden der Sammlung. Diese dritte Ebene hängt noch weniger an äußeren Einflüssen als Verbundenheit. Denn wollen meine »Objekte« der Verbundenheit nichts mehr mit mir zu tun haben, verpufft auch die Freude an ihnen wie ein Soufflé im Ofen. Ein gesammelter Geist

dagegen braucht nicht auf etwas Erfreuliches zu warten.
Sammlung ist Freude.


## Sammlungsfreuden

Wem es einmal für ein paar Minuten gelungen ist, mit der
Aufmerksamkeit beim eigenen Atem zu bleiben, weiß, was
mit Sammlungsfreude gemeint ist. Wir alle kennen Momente
der Sammlung. Dafür brauchen wir nicht stundenlang im
vollen Lotossitz reglos auf einem Kissen zu sitzen. Es geht
um das »Wie«, nicht das »Was«. Einen Grand ohne 4 spielen,
mit der besten Freundin im Gespräch versinken, die »unsäg-
liche« Schublade aufräumen, den Vögeln im Futterhaus zu-
sehen oder einen Kuchen backen, die Liste ließe sich unendlich fortsetzen. Es macht einen Unterschied, ob wir alles tun,
um Freude zu haben oder ob wir alles mit Freude tun. Das
Geheimnis der Sammlungsfreude liegt darin, auf das übliche
»Ichen« zu verzichten. Mache ich es richtig? Was kommt
dabei raus? Der kann es besser! Bin ich gut genug? Was erledige ich als nächstes? Wir sind einfach mit ganzen Herzen bei
der Sache. Und es scheint dem Herzen gut zu tun, wenn es
einfach bei der Sache bleiben darf. »Sammlung fördert das
Gefühl der Selbstwirksamkeit und löst so Selbstzweifel auf,
weil wir praktisch erkennen, dass wir bei der Sache bleiben
können«, fasst Sylvia Wetzel (Wetzel 2014, S. 97) den Zauber
zielgerichteter Aufmerksamkeit zusammen.

Ayya Khemas Liste endet mit der Freude der Einsicht. Auch das braucht man sich nicht als abgehobene Erleuchtungserfahrung vorstellen, die uns frühestens nach 30 Jahren Nonnen-Dasein beschieden sein wird. Im Alltag sind wir mit dieser Art Freude vertraut. Können Sie sich an Ihren letzten Aha-Effekt erinnern, als Ihnen plötzlich ein Licht aufging? Wie hat sich das angefühlt? Womit war dieses Erlebnis verbunden?

»Wenn der Nucleus accumbens, ein daumennagelgroßer Kern im mesolimbischen System unseres Gehirns, aktiviert wird, produzieren die Zellen Endorphine. Zusätzlich laufen Lernprozesse besonders schnell ab, wenn dieses Zentrum aktiviert ist«, betont der Hirnforscher Manfred Spitzer. »Es wird aktiv, wenn sich etwas Positives ereignet, das der Mensch noch nicht kennt. Es handelt sich also um eine Art Lernturbo, bei dem Glücksgefühle ein netter Nebeneffekt sind.« (http://www.enkelfaehig.de/magazine/glueck/gluecksgefuehle-sind-nur-ein-angenehmer-nebeneffekt/)

Das Ur-Aha-Erlebnis wiederfuhr dem griechischen Mathematiker Archimedes, als er herausfinden sollte, ob die Krone des Königs von Syrakus wirklich aus reinem Gold war. Da die Anweisung gleichzeitig lautete, das Ding nicht zu beschädigen, stand er vor einer kniffligen Aufgabe, die ihm viel Kopfzerbrechen bereitete. Irgendwann hat er dann ein Bad genommen, und als er bemerkte, wie das Wasser aus der Wanne schwappte, entdeckte er des Rätsels Lösung. Seine Freude darüber war so groß, dass er vergaß, sich wieder zu bekleiden und »Heureka!« brüllend durch die Straßen lief. Mit seinem archimedischen Prinzip lässt sich anhand der verdrängten Wassermenge die Dichte eines Körpers bestimmen und somit auch, wie viel Gold in der Krone steckte. Diese Art der Einsicht stellt sich nur ein, wenn der Lösung gestattet ist, im eigenen Hirn heranzureifen.

Der deutsch-israelische C. G. Jung-Schüler Erich Neumann behauptet, dass Verstehen Energie freisetzt, was auch Archimedes' Freudentanz im Adamskostüm erklären würde. Sein Zeitgenosse Eugene T. Gendlin, der die Therapie des Focusing entwickelte, geht von einem ähnlichen Effekt aus. Er spricht von »Felt Sense«, einer Art unbestimmtes inneres Wissen, das durch ein »Ach, das ist es also!« eine körperliche Erleichterung auslösen kann, weil Körper, Seele und Geist in Übereinstimmung erlebt werden. Dieser »Body Shift« ist »mysteriös in seiner Wirkung. Er wird immer als positiv empfunden, selbst wenn das, was er zutage fördert, aus distanzierter, rationaler Sicht das Problem keineswegs leichter erscheinen lässt.« (Gendlin 2016, S. 81) Auch unerfreuliche Einsichten können also Freude bereiten.

Habe ich etwas – und sei es noch so banal – verstanden, fällt mir ein Stein vom Herzen. Manchmal ein kleiner Kiesel, manchmal ein Felsbocken. Immer wird mir leichter ums Herz. Dies gilt für rein intellektuelles Verstehen genauso wie Herzenseinsichten. So war mir in der Theorie seit langem klar, dass ich nicht meine Gedanken bin, es zu meinem Wohlergehen beiträgt, wenn ich mich nicht zu sehr mit meinen Gedanken identifiziere oder dass Gedanken nichts weiter als Phänomene sind, die im Geist auftauchen und wieder verschwinden wie Töne im Ohr. Rein gedanklich hatte ich das durchaus verstanden. Doch erst eines Abends, als mir diese besonders heimtückischen Ich-bin-kein-Gedanke-ich-bin-DU-Gedanken durch den Kopf kreisten, hatte ich meinen »Heureka-Moment«. Die rein kopfmäßige Erkenntnis sank plötzlich eine Etage tiefer ins Herz, von dem sich gleichzeitig eine Mühlstein-Lawine löste und sich ein wohliger Schauer im ganzen Körper ausbreitete. Und auch wenn diese Einsicht mich nicht für den Rest des Lebens vor dem Sog meiner Gedankenkraft bewahrt, so gibt es doch etwas in mir, das sich daran erinnert, dass Nicht-Identifikation möglich ist.

Welche Einsicht hat Ihr Herz erwärmt?

## *Erfüllter Sinn*

In der Präambel der amerikanischen Unabhängigkeitserklärung von 1776 ist neben den unveräußerlichen Rechten auf Leben und Freiheit das Streben nach Glück festgehalten. Es geht die Geschichte um, dass Thomas Jefferson ursprünglich »Besitz« schreiben wollte und erst auf Anraten Benjamin Franklins den Begriff »Glück« einsetzte. Zumindest hätte der Besitz anders als das Glück nicht die Tendenz, sich aufzulösen, sobald die Verfolgung beginnt. Viktor Frankl geht davon aus, dass es dem Menschen letztendlich nicht ums Glücklichsein geht, sondern um einen *Grund* zum Glücklichsein. »Sobald nämlich ein Grund zum Glücklichsein gegeben ist, stellt sich das Glück, stellt sich die Lust von selber ein.« (Frankl 1978, S. 70) Freude und Glück sind so nur eine Art angenehme Nebenwirkung erfüllten Sinns und begegnenden Seins. Sobald wir uns das Ziel setzen, nach Freude und Glück zu streben, ist unser Scheitern vorprogrammiert, wie Søren Kierkegaard mit folgendem Bild demonstriert: »Die Tür zum Glück geht nach außen auf – wer sie ›einzurennen‹ versucht, der verschließt sie nur.«

Wie also Balance finden? Wie das Herz nicht auf die Jagd schicken und dennoch der Freude im Herzen Raum geben? Wie zwischen freudlosem Vergnügen und vergnüglichen Freuden unterscheiden? Wie lernen, nicht alles zu tun, um ein freudiges Gefühl zu bekommen, sondern alles mit einem freudigen Gefühl tun? Vielleicht helfen zwei Einsichten Albert Einsteins, um dieses labile Gleichgewicht immer wieder neu zu entdecken: 1. »Freude am Schauen und Begreifen ist die schönste Gabe der Natur« und 2. »Das Wichtigste ist, dass man nicht aufhört zu fragen.«

# Wie bei sich ankommen?

Wie helfen Schokoladenfragen im Alltag? Wie lassen sie sich ins Leben integrieren? Welche Hindernisse stehen im Weg? Was macht den Weg zu sich selbst frei?

## *Fragen im Alltag*

Erinnern Sie sich noch an die modernisierte Zen-Geschichte zu Beginn des Buches? Wie das selbstfahrende Auto die Autobahn entlangrast, und nur das ominöse Navi den Weg kennt? Was könnten Sie also ganz konkret tun oder lassen, um die Frage des weisen alten Mannes am Straßenrand als Einladung zum Innehalten anzunehmen und nicht mehr blindlings daran vorbeizupreschen? Die vorangegangenen Kapitel decken Möglichkeiten auf, uns von unbewusster Fremdsteuerung zu emanzipieren. Sie untergliedern diesen Raum des Gewahrseins, in dem alles geschieht, und ermutigen dazu, sich nicht mit oberflächlichen Antworten zufriedenzugeben, sondern immer noch ein wenig tiefer zu schürfen. Schokoladenfragen – auch wenn sie manchmal zartbitter schmecken – helfen, im eigenen Leben anzukommen. Sie schützen vor Perfektionswahn, Achtlosigkeit, Gleichgültigkeit, ständiger Geschäftigkeit und der Tendenz, Lebensziele dem Navi zu überlassen. Vielleicht mögen Sie die einzelnen Stationen dieser Fragen-Tour noch einmal Revue passieren lassen?

»Wie geht es mir – jetzt?« öffnet den Vorhang für die Bühne des Lebens. Wie fühlt sich der Körper an? Welche

Gedanken und Gefühle sind gerade präsent? Die Frage lädt dazu ein, einen Schritt zurückzutreten – denn auch »Rückschritte« können zielführend sein – um einfach zu betrachten, was gerade geschieht.

»Was tue ich eigentlich gerade?« ist eine wunderbar hilfreiche Frage, falls wir uns ihrer auch in größter Hektik erinnern. Denn mit der Aufmerksamkeit nicht bei dem zu sein, was ich gerade tue, macht unglücklich. So kann allein die Frage, was ich eigentlich gerade tue, schon Rettung bringen. Ich entkomme für einen Moment dem zweckorientierten Leistungsdenken und schenke mir die Gelegenheit, das Bestehende zu hinterfragen und vielleicht sogar zu erkennen, dass nichts zu leisten manchmal die größere Leistung ist.

»Wie gehe ich mit meinem Körper um?« erinnert daran, dass wir verkörperte Wesen sind. Dass unser kostbarer, wunderbarer Geist sich nicht irgendwo im undefinierbaren Äther aufhält, sondern sehr konkret an einen Rumpf, vier Gliedmaßen und einen Kopf gebunden ist. Jeder Körper leistet einen einzigartigen Beitrag zur menschlichen Vielfalt auf diesem Planeten, auch wenn uns die Körperoptimierungsindustrie einen einheitlich globalisierten Idealkörper aufschwätzen will.

»Wie fühle ich mich in meiner Haut?« katapultiert uns vom Denken ins Spüren. Die Frage ermutigt dazu, uns immer wieder in den Körper zurückzuziehen und uns aus Sicht des Körpers zu erleben. Sie hilft uns, zu erfahren, dass der »Körper« kein Gegenstand ist, sondern eher einem Prozess gleicht, der von Moment zu Moment die unterschiedlichsten Empfindungen freisetzt.

»Wie nehme ich die Welt wahr?« lockert das Korsett steifer Gewissheiten, das Leben sei so und nicht anders. Der Ausspruch, dass wir die Dinge nicht so sehen, wie sie sind, sondern so, wie wir sind, wahlweise dem Talmud oder der Schriftstellerin Anaïs Nin zugeschrieben, erinnert daran, dass Charakter und momentane Stimmung mein Weltbild beeinflussen. Werte, Erfahrungen, Glaubenssysteme, Erwartungen, Erinnerungen, Empfindlichkeiten, Gewohnheiten, Kultur, Vorurteile und Vorwissen spielen ebenso eine bedeutende Rolle. Gerade wenn ich mich an etwas festgebissen habe, lockert diese Frage den Zubeißreflex und macht Platz für einen Perspektivwechsel.

»Wie komme ich zu Sinnen?« kann ein achtlos in sich hineingestopftes Essen in ein Festmahl verwandeln oder uns davor bewahren, Kreuzzüge gegen lästige Geräusche zu führen, die sich eben nicht abstellen lassen. Ganz allgemein bringt uns die Frage schnell zur Be-sinnung, denn alltäglicher Sinnesgenuss funktioniert nicht nebenbei, wir dürfen uns ihm hingeben und uns Zeit dafür nehmen.

»Was sind eigentlich Gedanken?«, »Wie gehe ich damit um?« und »Was sind meine Top-Ten-Gedanken?« machen uns darauf aufmerksam, dass der Geist sich weder das Denken noch Nicht-Denken befehlen lässt, doch wir den kreisenden Gedanken im Kopf nicht hilflos ausgeliefert sind. Die Fragen weisen den Gedanken im Kopf ihren Platz zu. Wir können sie bemerken wie Farben und Geräusche. Sobald ich darauf achte, was ich eigentlich gerade denke, bin ich mehr als nur meine Gedanken. Da ist etwas in mir, das Gedanken als Gedanken wahrnehmen kann. Und so gelingt es auch, mich mutig und neugierig mit den eigenen Gedankenmustern vertraut zu machen.

»Wer hat Angst vorm unangenehmen Gefühl?«, »Und wenn es aber kommt?« und »Wie verderbe ich mir angenehme Gefühle?« weisen darauf hin, dass Gefühle gewürdigt werden wollen. Die Art Fragen unterbrechen das bekannte Muster, uns entweder von ihnen überrollen zu lassen oder sie zu unterdrücken. Schwierige Gefühle wollen gewürdigt werden wie kleine Kinder, die so lange nerven, bis wir uns ihnen zuwenden; sie wollen anerkannt, angenommen, erforscht und losgelassen werden.

Und die Fragen »Habe ich Zeit?« und »Wo findet mein Herz Freude?« erweitern noch einmal den Horizont und helfen herauszufinden, was uns wichtig ist im Leben, wie wir unsere Prioritäten setzen und ob wir unsere Wünsche und Vorstellungen im Alltag auch berücksichtigen.

## Der Geist hinter den Fragen

»Eine Reise von eintausend Meilen beginnt mit dem ersten Schritt«, soll der chinesische Philosoph Laotse gesagt haben. Das gilt auch für eine achtsame Entdeckungsreise ins Reich des Bei-sich-Seins, doch diese Art Reise ist kein linearer Weg von A nach B. Eher gleicht sie einer Pendelbewegung vom Land des Tuns und Denkens zurück und gleich wieder weg. Nur den wenigsten Menschen auf Erden dürfte es gelingen, jeden wachen Augenblick ganz bei sich zu sein. Für Normalsterbliche ist schon viel damit gewonnen, im Laufe des Tages immer wieder einmal kurz bei sich vorbeizuschauen, hin und wieder dem Autopilot zu entkommen, innezuhalten und für kurze Momente dank einer hilfreichen Schokoladenfrage im Reich des Bei-sich-Seins anzukommen.

»In welchem Geist Fragen gestellt werden«, schreibt Jon Kabat-Zinn, »ist wesentlich für ein achtsames Leben. Fragen ist nicht nur eine Art, Probleme zu lösen. Es ist eine Methode, die dazu dient, sicherzustellen, dass wir mit dem grundlegenden Geheimnis des Lebens selbst und unserer Gegenwart hier in Kontakt sind.« (Kabat-Zinn 1998, S. 194/95) Eine achtsame Entdeckungsreise braucht Zeit, Mut und absichtslose Entschlossenheit. Sie lässt sich nicht als All-Inclusive-Pauschalreise mit allwissender Reisebegleitung buchen, die ihr Baedeker-Wissen unseren individuellen Körper-, Gedanken- und Gefühlslandschaften überstülpt. Eine Erkundungstour ist auch kein Kurztrip zu einem festen und fertigen Ich, über das wir, einmal betrachtet, dann definitiv und dauerhaft Bescheid wissen. Wir brechen jeden Tag von neuem auf. Ins Reich des Bei-sich-Seins führen keine schnellen Abkürzungen und ausgetrampelten Wege.

## Hindernisse auf dem Fragenweg

Es geht darum, dranzubleiben, zu vertiefen, immer wieder in den gegenwärtigen Moment einzutauchen, auch wenn das oft genug bedeutet, gegen den Strom zu schwimmen. Da hilft es, sich bewusst zu machen, dass eine konsumorientierte digitale Wettbewerbsgesellschaft wie die unsere ein wohlwollendes Mit-sich-selbst-vertraut-Machen in der Tendenz eher erschwert als fördert. Denn klare Geister mit offenen Herzen in wachen Körpern eignen sich nicht als brave Konsumenten, süchtige Mangelwesen und gehorsame Mitläufer. In einer alten Geschichte beklagte sich einmal eine Schülerin bei ihrer Meisterin, dass diese zwar Geschichten erzähle, aber ihre Bedeutung nie enthülle. Woraufhin die Meisterin antwortete: »Wie würde es dir gefallen, wenn dir jemand vorgekautes Essen anböte?«

Doch die werbefinanzierten börsennotierten sozialen Medien-Riesen, deren Einfluss auf unser Leben ständig wächst, tun genau dies: Sie füttern uns mit vorgekautem Denken. So schwärmte Google-Chefentwickler Ray Kurzweil von seinen Plänen, einen »kybernetischen Freund« zu entwickeln, der einen besser kennt als man sich selbst. »Ich stelle mir vor, dass in ein paar Jahren die Mehrheit der Suchanfragen beantwortet wird, ohne dass man tatsächlich danach fragt.« Google werde dann verstehen, warum Nutzer nach Informationen suchen, und ihnen Antworten präsentieren, von denen sie gar nicht wussten, dass sie sie brauchen können.

Autor Franklin Foer vergleicht die heutigen Strategien großer Big-Data-Firmen, unseren Geist zu beeinflussen, mit denen der Fastfood-Industrie vor 50 Jahren. Nahmen die Lebensmittelkonzerne damals billigend in Kauf, die Bevölkerung süchtig und fettleibig zu machen, so geht es heute darum, den Menschen das selbständige Denken abzugewöhnen und sie zu entmündigen.

All die flotten Apps, Tipps und Ratschläge sind geistiges Fastfood – sehr schnell bei der Hand. Fertig zubereitet, brauchen wir sie nur noch in den Mund zu stecken, ihre Zubereitung kostet weder Zeit noch Mühe. Was drin ist, wollen wir lieber nicht so genau wissen. Hauptsache, es schmeckt und macht (vorübergehend) satt. Zu viel und zu oft verzehrtes Fastfood führt zu Blähungen, Mangelerscheinungen, Trägheit und Übergewicht.

Sich selbst immer wieder »in Frage zu stellen« ist wie selber kochen. Es bedarf eines gewissen Aufwands. Lebensmittel müssen besorgt, verarbeitet, zubereitet, gegart, gebraten oder gebacken, gewürzt und abgeschmeckt werden. Die Anzahl der Haushalte, wo das Essen noch in der eigenen Küche zubereitet wird, geht seit Jahren kontinuierlich zurück; genauso wie gemeinsame Mahlzeiten. Gleichzeitig boomen Kochshows und Kochbücher. Sie suggerieren Gourmet-Küche, und wir essen beruhigt Fastfood, weil wir ja – theoretisch – genau wissen, wie man eine Forelle im Salzmantel oder ein veganes Fünf-Gänge-Menü zubereitet. Doch oft strengen wir uns lieber nicht an und wählen den scheinbar bequemeren Weg.

## *Selber denken, spüren und überprüfen*

Die Kunst des Selber-Denkens ist allerdings nicht erst seit der Digitalisierung ein bedrohtes Pflänzchen. Wie Sokrates war auch sein Zeitgenosse, der Buddha, davon überzeugt, dass Einsicht nicht durch das ungeprüfte Übernehmen fremder Ansichten geschieht. Die Menschen vom Kalama-Klan wollten von ihm wissen, wem sie glauben sollten. Sie waren verwirrt ob all der unterschiedlichen Gurus, Mönche und Lehrer mit ihren einander widersprechenden Belehrungen, die jedoch alle für sich in Anspruch nahmen, die absolute Wahrheit zu kennen. Der Buddha riet ihnen, nur das zu glauben, was sie selbst bestätigen könnten und nicht die Lösung von anderen zu erwarteten. Wenn sie in ihrem eigenen Geist nachschauten, würden sie feststellen, dass sie die Antworten bereits wüssten.

Jede gestellte Schokoladenfrage bringt uns näher zu uns selbst. Diese Art des Erforschens schließt das »Nicht-Wissen« mit ein. Es bedeutet nicht, wie Erich Fromm schreibt, »im Besitz von Wahrheit zu sein, sondern durch die Oberfläche zu dringen und kritisch und tätig nach immer größerer Annäherung an die Wahrheit zu suchen«. (Fromm 1976, S. 48) Fromm geht es um *tieferes* Wissen, Google & Co. um *mehr* Wissen. Das Wunderbare an all diesen Schokoladenfragen ist, dass sie nicht abschließend zu beantworten sind. Niemals geht es uns so wie am Tag zuvor. Empfindungen, Gedanken und Gefühle kommen und gehen. Ziele und Prioritäten wechseln im Leben.

Doch auch die allerschönste Frage kann ihre hilfreiche Wirkung, uns ins Reich des Bei-sich-Seins zu befördern, nur dann entfalten, wenn wir sie tatsächlich auch stellen. Und so wie Kinder unsere Liebe am meisten brauchen, wenn sie sie am wenigsten verdienen, hätten wir die Fragen am nötigsten, wenn wir am wenigsten daran denken. Wie lässt sich dieses Dilemma auflösen? Was unterstützt die Fragefreude und sorgt dafür, dass wir im Alltag öfter bei uns ankommen?

Es gibt nichts Gutes, außer man tut es, hat Erich Kästner einmal gesagt. So hilft es wenig, wenn der Wunsch, bei sich selbst anzukommen, eine zerebrale Reizung im Großhirn bleibt. Solange eine nette Idee nicht ins Handeln übertragen wird, bleibt sie eben eine nette Idee. Zwischen morgendlichem Stau, Termindruck, kranken Kindern, verärgerter Kollegin und abendlichen Rückenschmerzen immer wieder bei uns selbst vorbeischauen, gelingt in der Regel nur, wenn wir es immer wieder üben. Sich für sich selbst Zeit zu nehmen ist eine ungewohnte Tätigkeit und oft das erste Opfer in hektischen Zeiten. Das regelmäßige Rendezvous mit dem wichtigsten Menschen im eigenen Leben kann gern auf einem Meditationskissen oder einem Stuhl stattfinden – muss aber nicht. Sie dürfen es sich auf dem Sofa gemütlich machen, einen Spaziergang unternehmen oder auf der Gartenbank herumlungern. Entscheidend ist, die Verabredung nicht zu verpassen und die Lust am Fragen aufrechtzuerhalten: Was ist gerade los mit mir? Wer bin ich? Was will ich anfangen mit diesem Leben? Was beschäftigt mich heute? In welcher Stimmung bin ich? Welche Gedanken gehen mir durch den Kopf? Alles Fragen, die kein »kybernetischer Freund« für Sie beantworten kann.

Regelmäßig zu üben, mit sich selbst vertrauter zu werden,

die eigenen Schwächen und Stärken, Macken und Talente, Körper-, Gedanken-, Gefühls- und Handlungsmuster zu bemerken und nicht wertend anzunehmen, ist der erste Schritt. So entwickelt sich eine Art Frühwarnsystem, das Anspannung in den Schultern bereits wahrnimmt, bevor sie zu chronischen Schmerzen mutiert, negative Gedanken über sich selbst als Stresssymptome erkennt oder unangenehme Gefühle schon im Ansatz erkennt, um sich ihnen dann zu- statt von ihnen abzuwenden.

## Austausch mit anderen

Und schließlich sind wir, damit wir nicht irgendwann in der eigenen Empfindungs-, Gedanken- und Gefühlssuppe untergehen, auf den Austausch mit anderen angewiesen. Dies ist der entscheidende zweite Schritt, Fragefreude im Alltag zu integrieren – und erscheint ebenso wenig wie das Selber-Denken gesellschaftlich erwünscht und gefördert.

Bereits im antiken Griechenland herrschte in den demokratischen Versammlungen eine Redekultur, die nicht wechselseitiges Verständnis in den Mittelpunkt stellte, sondern Gewinnen und Verlieren. Diskussionen wurden als Wettkampf betrachtet, der Gegner und seine Argumente verunglimpft, von niemandem wurde erwartet, die Meinung des anderen nachzuvollziehen oder gar die eigene zu ändern. Auch heute noch verlaufen viele Unterhaltungen, Parlamentsdebatten, Talkshows, Chats und Stammtischgespräche in dieser Tradition: Jeder hat die Wahrheit für sich gepachtet, nur ist das jeweilige Gegenüber einfach zu bescheuert, dies auch zu erkennen. »Für den anderen Platz zu machen« in Herz und Geist, wie es die Religionswissenschaftlerin Karen

Armstrong ausdrückt, sind wir nicht mehr gewohnt. Unsere liebgewonnenen Glaubenssätze und toxischen Gewissheiten nehmen den ganzen Raum ein, sodass für den anderen keiner mehr bleibt. Höchstens buhlen wir noch um die Zustimmung derer, die sowieso schon die gleichen Ansichten vertreten; verbale Verunglimpfungen und Demütigungen der Gegenseite nehmen wir dabei in Kauf. Diskutanten »fürchten sich davor, von ihrer Meinung zu lassen, da diese zu ihren Besitztümern zählt und ihre Aufgabe somit einen Verlust darstellen würde«, sagt Erich Fromm. (Fromm 1976, S. 42)

Und auch hier arbeiten die sozialen Medien mit ihren von Algorithmen generierten Filterblasen als Brandverstärker. Ebenso die im Netz verbreitete Tendenz, alles und jeden mit einem Klick sofort zu bewerten. Erklärtes Ziel der Programmentwickler war von Beginn an, wie der ehemalige Facebook-Präsident Jean Parker heute eingesteht, Mitglieder möglichst lange am Bildschirm zu fesseln. Dafür nutzte man wissenschaftliche Erkenntnisse über die menschliche Psyche. Man sorgt für regelmäßige Dopamin-Kicks, indem andere Nutzer auf die Posts reagieren, was wiederum dazu motiviert, noch mehr Inhalte und Reaktionen zu produzieren. So ist eine Schleife sozialer Bestätigung entstanden, in der wir nach Zustimmung gieren und uns vor Ablehnung fürchten. Ein »Ich teile diese Meinung nicht, kann sie aber nachvollziehen – Button« passt hier nicht ins System.

### Psychosozialer Stress

Und so verwundert es nicht, dass heutzutage die Angst, Erwartungen anderer nicht zu erfüllen oder von ihnen negativ beurteilt zu werden, einer der häufigsten Stressauslöser ist. »In unserer Gesellschaft leiden wir am meisten unter psychosozialem Stress. Ständig haben wir das Gefühl, wir müssten die Besten, Schnellsten und Tollsten sein, und es allen anderen zeigen«, meint die Forschungsleiterin der ReSource-Studie des Max-Planck-Instituts für Kognitions- und Neurowissenschaften, Veronika Engert. Das Team unter der Leitung von Tania Singer untersuchte die Wirkung verschiedener mentaler Trainingstechniken auf soziale, emotionale und geistige Fähigkeiten.

Stellen Sie sich vor, Sie tauschten sich drei Monate lang sechs Tage die Woche mit einer ihnen relativ unbekannten Person zehn Minuten lang aus. Sie erzählten ihr von einem unangenehmen Erlebnis und mit welchen Körperempfindungen das verbunden war, und dann von einem Ereignis, das Dankbarkeit oder Freude in Ihnen ausgelöst hat und wie sich das im Körper angefühlt hat. Dann wechseln Sie die Rollen, und Sie hören Ihrem Gegenüber zu, ohne das Gesagte zu kommentieren. Wie würde sich diese Übung auf Ihr Leben auswirken?

Diese sogenannten kontemplativen Dyaden in Verbindung mit weiteren Meditationsformen zeigten erstaunliche Wirkungen. »Unsere Idee ist es, dass es dank dieser Austausch-Erfahrung zu einer Art Stress-Immunisierung kommt«, fasst Engert die bisherigen Ergebnisse zusammen, »gerade was die Angst vor negativer sozialer Fremdbewertung angeht.« Und genau dieser Effekt trat auf, als die Teilnehmer bei einem Test, der sie einer stressigen Leistungssituation aussetzte, nur etwa halb so viel des Stresshormons Cortisol ausschütteten wie die Vergleichsgruppe. Sich gegenseitig regelmäßig »das Herz auszuschütten« stärkt das Verbundenheitsgefühl und macht gleichzeitig unabhängiger vom Urteil anderer. Um sich regelmäßig mit anderen auszutauschen, bedarf es nicht zwangsläufig der klaren Struktur einer Partnermeditation. Was wir brauchen, sind jedoch Menschen, mit denen wir angstfrei kommunizieren und unsere scheinbar schützenden Masken voreinander abnehmen, damit sie nicht festwachsen.

Wer ausschließlich im eigenen Saft schmort, wird sich ausschließlich in bekannten Bahnen bewegen, nur gemeinsam entdecken wir Neuland. Denken, meinte die Philosophin Hannah Arendt, müssen wir alleine: »Es trifft natürlich keineswegs zu, dass Sie die Gesellschaft anderer brauchen oder auch nur ertragen können, wenn Sie gerade denken. Andererseits, wenn Sie nicht auf irgendeine Weise kommunizieren und das, was Sie herausgefunden haben, als Sie alleine waren, ... der Prüfung anderer aussetzen können, wird die in Einsamkeit ausgeübte Fähigkeit verschwinden.« (Arendt 1998, S. 57) Miteinander kommunizieren ist also die Grundvoraussetzung, die unser Denkvermögen aufrechterhält. Allein der Versuch, einer Freundin meinen derzeitigen Zustand verständlich zu machen, hilft mir, selbst mehr Klarheit darüber zu gewinnen. Sobald ich Worte zu Sätzen forme, nehmen sie schärfere Konturen an, und der undefinierbare Gefühls- und Gedankenkuddelmuddel, der davor dominierte, löst sich auf. Um zu verstehen brauchen wir ein Gegenüber. Erst im Gespräch, wenn wir versuchen auszuformulieren, was wir erkannt haben, können wir das Erkannte überprüfen und konkretisieren. »Ohne Beziehungen«, ist Sylvia Wetzel überzeugt, »können wir uns nicht selbst erkennen.« (Wetzel 2010, S. 101)

### *Sich selbst ein Navi sein!*

Je näher wir bei uns sind, desto seltener übernimmt der Autopilot das Steuer. Wir rasen nicht mehr pausenlos in schweißtreibendem Tempo die Lebensautobahn entlang, ohne zu wissen, wo es hingehen soll. Nur weil das ominöse Navi uns dazu auffordert, weiterhin geradeaus zu fahren, landen wir nicht gutgläubig im Acker, schleichen nicht falsch herum durch Einbahnstraßen und stürzen den Wagen nicht in den Fluss. Uns selbst ein Navi zu sein, garantiert nicht, überall und immer pünktlich exakt dort anzukommen, wo wir hin wollten. Auch wer sich auf den eigenen Orientierungssinn verlässt, sitzt plötzlich in der Sackgasse fest. Doch wenn wir mit uns selbst vertrauter sind, reicht manchmal der Blick in den Rückspiegel. Weil uns tote Winkel und blinde Flecken bekannt sind, befreien wir uns müheloser aus scheinbar ausweglosen Lagen. Und manchmal bleiben wir einfach sitzen, werden uns der Tatsache bewusst, dass wir uns verfahren haben und widerstehen dem Drang, sofort eine Lösung parat haben zu müssen. Später rufen wir vielleicht den Abschleppdienst, weil wir erkannt haben, ohne fremde Hilfe nicht mehr vom Fleck zu kommen.

Dennoch können weder regelmäßiges Üben noch gegenseitiger Austausch völlig verhindern, dass wir immer wieder fremdgesteuert mit 180 km/h die Lebensautobahn entlangrasen. Doch am Standstreifen wimmelt es nur so von weisen alten Männern und Frauen, die uns auf die nächste Ausfahrt ins Reich des Bei-sich-Seins aufmerksam machen. Wir brauchen nur hinzuschauen! Sie rufen »Wohin des Weges?«, »Wie geht es Ihnen jetzt?« oder »Was machen Sie da eigentlich?« und erinnern daran, dass es die Fragen sind, nicht die Antworten, die helfen, bei uns selbst anzukommen.

# Literatur

Ardell, Donald B. (1977): *High Level Wellness.* Emmaus, Pens.: Rodale Press

Armstrong, Karen (2010): *Twelve Steps to a Compassionate Life.* New York: Anchor Books

Arendt, Hannah (1998): *Das Urteilen.* Texte zu Kants Politischer Philosophie. München: Piper Verlag

Arendt, Hannah (2013): *Vita activa.* 12. Auflage. München: Piper Verlag

Bärr, Eberhard (2001): *Upasana. Das gute Gefühl.* Genf: Edition Heuwinkel

Chapman, Susan Gillis (2013): *Die fünf Schlüssel zur achtsamen Kommunikation.* München: Goldmann Verlag

Chödrön, Pema (2007): *Geh an die Orte, die du fürchtest.* Freiamt: Arbor Verlag

Cohen, Darlene (2000): *Turning Suffering Inside Out.* Boston: Shambhala Publications Inc.

Dalai Lama. Cutler, Howard C. (2004): *Glückregeln für den Alltag.* Freiburg: Herder Verlag

Dalai Lama. Tutu, Desmond. Abrams, Douglas (2016): *Das Buch der Freude.* München: Lotos Verlag

Ende, Michael (1973): *Momo.* Stuttgart: Thienemann

Ende, Michael (1990): *Jim Knopf und Lukas der Lokomotivführer.* Stuttgart: Thienemann

Ennenbach, Matthias (2011): *Buddhistische Psychotherapie.* Oberstdorf: Windpferd Verlagsgesellschaft

Estés, Clarissa P. (1996): *Die Wolfsfrau.* München: Wilhelm Heyne Verlag

Frankl, Viktor E. (1978): *Das Leiden am sinnlosen Leben.*
Freiburg: Herder Verlag

Fromm, Erich (1976): *Haben oder Sein.* Stuttgart: Deutsche
Verlagsanstalt

Fromm, Erich (1980): *Die Revolution der Hoffnung.* Reinbek
bei Hamburg: Rowohlt Taschenbuch Verlag

Fromm, Erich (2015): *Authentisch leben.* Freiburg: Herder
Verlag

Gendlin, Eugene T. (2016): *Focusing.* Reinbek: Rowohlt

Germer, Christopher (2010): *Der achtsame Weg zur Selbstliebe.*
Freiburg: Arbor Verlag

Hanson, Rick (2010): *Das Gehirn eines Buddha.* Freiburg:
Arbor Verlag

Hanson, Rick (2013): *Denken wie ein Buddha.* München:
Irisiana Verlag

Kabat-Zinn, Jon (2009): *Gesund durch Meditation.* Frankfurt
am Main: Fischer Verlag

Kabat-Zinn, Jon (2006): *Zur Besinnung kommen.* Freiamt:
Arbor Verlag

Kabat-Zinn, Jon (1998): *Im Alltag Ruhe finden.* Freiburg:
Herder Verlag

Kaltwasser, Vera (2010): *Persönlichkeit und Präsenz.*
Weinheim: Beltz Verlag

Kopp, Zensho W. (2004): *Zen und die Wiedergeburt der
christlichen Mystik.* Darmstadt: Schirner Verlag

Kornfield, Jack (2007): *Meditationen für Anfänger,* Buch und
CD. München: Goldmann Arkana

Kornfield, Jack. Goldstein, Joseph (2006): *Einsicht durch
Meditation,* Freiamt: Arbor Verlag

Kornfield, Jack: (2008): *Das weise Herz.* München: Goldmann Arkana